JN099145

法学部生のための
小論文教室

古田裕清・森 光［編著］

中央経済社

まえがき

　法学部卒業生は，法曹界のみならず，国や地方自治体や様々な企業で活躍している。こうした法学部卒業生に社会が期待している能力は何であろうか。いろいろな答え方があろうが，さしあたりここでは，高度な問題解決能力と答えておこう。事件や紛争や社会問題の解決は，まずは既存の法律を適用することで図られる。この方法でうまく解決できればそれでよいだろう。しかし，どの法律を使うべきかはっきりしない場合もあるし，既存の法律ではうまく解決できず，政治的討議を経て新たな立法や政策が必要とされることもある。こうした簡単に解決できない問題にぶつかった際に，一種のジェネラリストとして解決の指針を提言することこそ，法学部卒業生に期待されている。

　もちろん解決の在り方には様々な立場があり得る。適切な解決のためには，それぞれの主張の根拠，その射程を明確に整理した上で，その一つひとつにどの程度の説得力があるかを冷静に評価しなければならない。こうした整理をすることも重要であるが，それだけでは十分ではない。可能な選択のうちのどの選択をとるべきかについて，自分の良心に照らして一つの立場を選択すること，すなわち価値判断を行うことも重要である。そして自分の価値判断にしたがって，立論し，他者を説得していくこと，こうした行動をとることこそが紛争解決のプロフェッショナルとして求められる。その際には，他の立場にも一定の合理性があることを理解しつつ，しかしそれよりも自説が優れていることを言葉でもって説得していくことが重要である。ここで独善的であったり，暴力やプロパガンダに訴えるものであってはならない。

　上に述べた社会の期待に応えるためには，まずは法学の各分野の専門的知識が必要であることは言うまでも無い。しかし，単なる知識のみでは不十分である。その知識を紛争解決に活かす技能があわせて必要である。それではその技能とは何か。さしあたり，それは，次のような作業のサイクルをまわしていく能力であるとしておきたい。① 紛争や社会問題そのものを直視し，分析のための問いをたてる。② 問いに答えるための情報を文献等から集める。③ 集めた情報を整理する。④ 価値判断を行い，自分の立場をきめる。⑤ 立論する。⑥ 他人と議論し，説得を行う。⑦ そして，その状況を踏まえ，もう一度①に

戻る。このサイクルは，らせん状を描きつつ少しずつ上昇していくことが望ましい。こうしたサイクルを自らまわすことができる者は，どのような状況であれ，自らのおかれた状況を踏まえ，適確な提言を立案していくことができるであろう。

　それではこの技能はどうすれば獲得できるのであろうか。かつてのように長い教養課程の勉学の時間がとれるのであれば，１万字程度の長いレポートを数ヶ月かけてまずは一本書き，次にまた同様の時間をかけてもう一本書く。こうした手法をとることができた。ただ，近年の大学法学部カリキュラムにあっては，こうした時間をゆったりと持つことは難しい。それではどこから手をつけていけばよいのだろうか。いろいろな考え方があり得るところであるが，本書は，まずは上記の⑤，すなわち立論の練習であろうという立場をとっている。比較的賛否のはっきりわかれる問題をとりあげ，結論としていずれの立場をとるという形で立論を行い，その内容を比較的短めの小論文（100字から3000字程度）にまとめるという練習を第一歩としてはじめることで上記の技能の獲得が促進されると考えている。

　もちろん学生が自力で情報を集め議論状況を整理するということも重要である。しかし，この作業は大学一年生がすぐに始めるには現状ではややハードルが高い。またここに多くの時間を割くと，立論の練習を行う回数が減ってしまう。そこで，本書では，まずは，様々なテーマ（事件・紛争・社会問題）を賛否両論を示す形で紹介することにした。本書の各章を読めば，さしあたり問題の概要と賛否の議論状況については整理されている。それを熟読すれば，すぐにでも立論にかかることができるようになっている。

　本書は全部で17章からなり，あわせて27のテーマを解説つきで提供している（また，各章には類題を付しており，すべてあわせると100以上のテーマが列挙されている）。第１章〜第３章は，導入部である。ここでは，自由・平等・美徳という原則が具体的紛争や社会問題において相互にどのように交錯・衝突しているか理解することを目指している。第４章〜第６章は，賛否のわかれる司法判断が主題となっている。第７章〜第９章は，司法判断以外の場における判断を取り上げている。法学部生の問題解決能力を必要とするのは法曹界のみではない。社会の様々なところでその能力は活用されている。第７章は行政判断，第８章は立法判断，第９章は経営判断が主題である。第10章から第15章は，現代

における法の限界を浮き彫りにする問題をとりあげた。第13章と第14章は個人と公共善の衝突, 第15章は科学技術と法の関係が主題となる。第16章は, 経済活動の自由を規制することの是非を巨大企業という現代的現象から考えていく。第17章は, 本書の姉妹編ともいうべき森光著『法学部生のための法解釈学教室』(中央経済社) への橋渡しのための章である。法学部生は, 法解釈という手法を駆使することが求められる。本書の小論文作成で培った能力を, 次の段階では, 法解釈論という枠の中でも展開できるようにならねばならない。

　本書は, 法学部一年次・二年次に開講される導入系の演習での教材として使用することも想定している。小論文作成をどのような形で授業に組み込むかは, 担当者によって様々な考え方があり得るところであるが, 仮に半期の演習の大部分を小論文にあてるとするならば, 次のような授業展開のあり方があり得よう。

　まず一つのテーマにつき 2 時限使うことを想定し, 本書の中から, 5 つ程度のテーマを選定する。学生に情報を調べさせるという課題を課すのであれば, 「類題」も活用してもらいたい。

　一つのテーマにつき 2 時限をあてることにし, まずは学生に当該の章を熟読した上で, 賛否を立論する小論文 (1000〜2000字) を書かせる。可能であれば, 賛・否のそれぞれについて別個に小論文を書いておく方が望ましい (この立論を行うための手助けとなるのが各章におかれている「論点整理」である。特に冒頭の二つの章では, 手ほどきの意味で, かなり突っ込んだ形での解説が付されている。論点整理の仕方には様々な方法があり得るが, 本書では, マイケル・サンデル『これからの「正義」の話をしよう』(早川書房) にならい, 自由・平等・美徳という立法原則に沿って整理をしている。第 3 章以降は意図的に「論点整理」は概略的なものとなっている)。

　演習という場の利点は, 少人数での議論を行うことができる点である。そこで, 小論文作成をうけ, 一時限を使い, 小論文を読み合い, 相互に批評し合う機会を設ける。そして, その批評をうけ, 改稿した上で, 次の時限では賛成のグループ, 否定のグループ, そして勝敗を判定する陪審にわかれてディベートを実施してみよう。これを通じて, 各学生は, 自分の書いた立論のもつ説得力の程度に気づかされるであろう。自分に不足していた点を自覚させた後, 次のテーマへと進んでいこう。

　通年のゼミであれば，本書を使って前期は小論文トレーニングに専念し，後期にはもうすこし長めのレポートを書くという課題へと進むことができるであろう。半期のゼミであっても，ゴールデンウィークの休みを利用し参考文献調査を行い，最後の段階では長めのレポート作成へとつなげていってもらいたい。

　本書を手に取っている読者の中には，法学を独習している人もいるであろう。そのような人にも，本書は是非活用してもらいたい。本書を通読すれば，法学に関連する領域にあって，現代社会が抱える諸問題をある程度俯瞰する目が養えるはずである。また，是非，自分で小論文を書いてみよう。本書を通して言いたいことは，専門知識を活用する技能を磨く必要性であり，そのためには自ら主体的に価値判断を行う能力を養うことである。この能力は，専門分野の講義を漫然と聞いたり，文献を読むだけで身につくものではない。各専門分野の論点の中の議論の中でも価値判断はもちろん行われているのであるが，主体的に自らそこに関わろうとしないと，その議論の中に入っていくことができず，結果的にはただ莫大な情報を無意味に暗記するという隘路に陥ってしまう。主体的に議論に参画する力を養うために本書の記述を参考にして小論文を書いてもらいたい。まずは賛否いずれかの方で書き，そして今度は逆の方で書く。そのあと自分の書いた文章を読み直し，あらためて自分の良心の命ずる立場にたち，反対の立場の者を理を尽くして説得するつもりで書く。こうした作業をくり返すことで，説得力ある立論ができるようになるはずである。なお，可能であれば，同学の友を得て，議論を行う場をもってもらいたい。

　法学部生が身につけるべき基本的能力とは何か，またどのような授業を行うことでその能力を獲得させることができるのか。こうした議論はまだ始まったばかりといえよう。本書はその議論に一石を投じることを目指すものであるが，これが唯一の最善の教授方法と主張したいわけではない。読者の皆さんとともに教授方法の改善を図っていきたいと考えており，そのためのご意見・ご叱正をいただければ幸である。

　2023年1月

編著者　古田　裕清

森　光

目　次

第1章　通学途中の交通事故
——架空状況における賛否　　　　　　　　　　　　1

1　論点整理メモ …………………………………………………… 2
コラム　目的と手段（目的論思考）／6
2　シナリオの決定，大きな流れを作る，攻撃と防御 ……… 7
コラム　攻撃防御方法／9
3　シナリオ通りに作文する ……………………………………… 10
4　合評会 ……………………………………………………………… 10
コラム　論点の拡張／11
5　類　題 …………………………………………………………… 11

第2章　原発推進の是非
——世論を二分する現実の問題　　　　　　　　　　12

1　論点整理メモ ………………………………………………… 16
コラム　自由について（1）／19
コラム　情報とデータの収集／21
2　シナリオ決定 ………………………………………………… 21
3　実際に書く，合評会，ディベート ……………………… 22
4　類　題 …………………………………………………………… 22

第3章　尊厳死法案への賛否
——立法への賛否　　　　　　　　　　　　　　　23

1　論点整理メモ ………………………………………………… 26
コラム　自由，平等，美徳　サンデルを読んでみよう／28

2 賛否のシナリオ ······················· 29

コラム 事実認識の重要性 法学部の第一歩／29

3 実際に書く，合評会，そしてディベート ·················· 30

コラム 自由のデメリット／31

4 類 題 ······················· 31

5 自分の関心事を法学部のツールで把握し，調査研究しよう

······················· 33

第 **4** 章 **ゴーン氏逮捕の是非**
——法律における事実認定（1） 34

コラム 法的三段論法 法適用の基本／37

1 論点整理メモ ······················· 37

コラム 取締役の責任（会社法の基礎）／39

2 賛否のシナリオ ······················· 40

コラム 因果関係／41

3 類 題 ······················· 41

コラム 用語の定義／44

第 **5** 章 **名張毒ぶどう酒事件**
——法律における事実認定（2） 45

コラム 証拠（『法学入門』127頁）／49

1 論点整理メモ ······················· 49

コラム 合理的疑いを超える／50

2 賛否のシナリオ ······················· 50

コラム 冤罪事件／51

3 類 題 ······················· 52

4 発展的探究 関心事を調査して論点整理しよう ·········· 55

第6章　大川小学校事件
──法解釈：要件の要素分析　　56

1 論点整理メモ ……………………………………………… 59
　コラム　自然人と法人（『法学入門』103頁）／62

2 賛否のシナリオ ………………………………………… 63
　コラム　責任とは（『法学入門』169頁）／63

3 類　題 …………………………………………………… 64
　コラム　法解釈の実務／65

4 発展的探究　自分の問題意識を鮮明にする ………… 66

第7章　コロナ禍での東京五輪開催
──行政判断・原則と例外　　67

1 五輪開催　政治決断の是非 …………………………… 67
2 国家賠償請求の是非 …………………………………… 70
3 原則と例外 ……………………………………………… 74
4 類　題 …………………………………………………… 76

第8章　選択的夫婦別姓・代理懐胎
──憲法判断と立法裁量　　77

1 選択的夫婦別姓 ………………………………………… 77
　コラム　最高裁判所／79
　コラム　条理，社会通念，公序良俗，信義則／81
　コラム　違憲審査権（『法学入門』79頁，88頁）／83

2 代理懐胎 ………………………………………………… 84
3 類　題 …………………………………………………… 86

第9章　トヨタ・ユニクロ
──企業の経営判断　　87

1 トヨタの電動車戦略 ……………………………… 87

コラム　ライフサイクルCO2排出量／89

コラム　自由とは何か（2）　カントと功利主義／91

2 ユニクロのウイグルリスク ……………………… 92

コラム　国際的な労働問題と経済性／93

コラム　会社経営と就活／94

3 類　題 ……………………………………………… 95

第10章 水俣病・コンパクトシティ
——責任の所在と法の限界 　　98

1 水俣病事件 ………………………………………… 98

コラム　私企業への国費投入の是非／101

2 類題　豊島産廃不法投棄事件 …………………… 102

コラム　生物の基礎知識の重要性／103

3 コンパクトシティとイオン　誰がツケを払うのか …… 104

コラム　囚人のジレンマ／107

4 類題　ふるさと納税 ……………………………… 107

コラム　平等原則による自由への合理的介入・制限／108

第11章 元徴用工裁判・台湾有事・GAFAの徴税逃れ
——国内法の限界 　　109

1 元徴用工裁判　国と企業 ………………………… 109

2 台湾有事　企業の判断，政府の判断 …………… 112

3 国際的課税逃れ　企業の判断，政府の判断 …… 115

4 類　題 ……………………………………………… 117

第12章 違法ダウンロード・過労死
——法の支配と日常生活（1） 　　120

1 違法ダウンロードの是非 ………………………… 120

コラム　著作権法／123

2　身近なグレーゾーン行為 ……………………………… 124

3　過労死しても泣き寝入り？……………………………… 125

コラム　長時間労働と業界慣行／128

4　類題　訴え出ることの難しさ ………………………… 129

第13章　小田急高架訴訟・連帯保証人
——法の支配と日常生活（2）　131

1　小田急高架訴訟　行政裁量の合理性 ……………… 131

コラム　事情判決／132

コラム　公共の利益（『法学入門』46頁）／134

2　連帯保証人　司法が救済してくれない ……………… 135

3　類　題 ……………………………………………………… 139

第14章　死刑制度・外国人政策
——法制度設計への賛否　142

1　死刑制度 ………………………………………………… 142

2　外国人政策　ウルトラ極右国家・日本？ …………… 145

3　類題　法制度の設計と改善 …………………………… 150

第15章　科学技術の発達と法律　153

1　ブロックチェーン企業の日本脱出 …………………… 153

2　ゲノム科学と個人情報 ………………………………… 157

3　類題　科学技術と法 …………………………………… 162

第16章　巨大企業と経済社会と法規制　165

1　巨大IT企業だけを規制するルールは必要か？ ………… 165

コラム 共通点＆相違点を探して分類する／167

コラム 古くて新しい問題？／172

2 類　題 ……………………………………………………… 173

3 発展的研究　関心事を調査し論点整理してみよう …… 174

コラム 海外と日本を比較するきっかけに……それはなぜ？／176

第17章 裁判官たちの議論に参入しよう　　　　179

1 死刑の決め方　多数決か全員一致か？ …………………… 179

2 父とは何者か？ …………………………………………… 183

3 発展的探究 ………………………………………………… 189

あとがき／191

参考文献／192

第 1 章

通学途中の交通事故
——架空状況における賛否

■議論の前提

　狭い道路を自動車が高速で通過し，歩行者（特に通学中の子供）を巻き込む。こうした事故が全国で多発している（最近では2021年6月の千葉県八街市の事故など）。自動車側は，生活の利便性や仕事上の必要に駆られて，危険を感じながらもスピードを緩めたくない。道路拡幅や歩道整備は様々な理由で難しい。一方通行化して歩道設置する案には利便性が損なわれると反対運動が起きる。対策は見回りなどに限られがちになる。しかし，見回りで100％の安全性は担保できない。悲惨な事故が繰り返される。

　歩行者の生命，交通の利便性。二つの利益が衝突した際，どちらを優先すべきか。もちろん，どちらも重要である。道路拡幅やバイパス新設ができれば，二つを両立させられよう。しかし，用地買収難や自治体の財政難などで一挙両得的な解決案は暗礁に乗り上げることが多い。すると，生命か，利便性か，という二者択一を迫られることになる。

　人命は法律が守るべき最たるもの。だが，危険な道路があちこちに放置されている現実は，社会が（必ずしも意図せず）人命より利便性を優先してしまっていることを示している。では，次の問題ではどちらに軍配を上げるか？

　幅員6mで交通量の多い相互通行の生活道路（歩道なし）が通学路となっている。スクールゾーンの表示があっても一日を通して減速しない車が多く，接触事故もたびたび起きている。通学中の事故防止のためPTAが見回りを行っていたが，見回り要員の確保に窮した有志がこの道路にハンプ（減速を促すための高さ10cm程度の小突起構造）を何か所か設置するため署名活動を行った。ハンプは初期投資が必要だが，設置後の維持管理費は高くない。物理的に減速

2

を強いるので，多人数での見回りの必要もなくなる。ただし，ハンプを自動車が通過する際，隣接住民に騒音や振動が発生するデメリットがある。署名は数多く集まったが，市長はハンプ設置に反対した。市の商工会議所が「登下校時間帯以外なら多少スピードを出してもいいはずだ。この地区には迂回路が他になく，業務用車両はこの道路を通らざるを得ない。ハンプを時速20キロ以上で通過するとトラックの積荷が損傷する危険もある。ハンプ設置は反対」と圧力をかけたからである。市長は見回りの応援職員を市から派遣する，県警に巡回と摘発の強化を要請する，という代替案をPTAに示した。PTAは「それでは危険性は除去できない」と反発した。この道路の拡幅や迂回路の建設は地域住民の反対が強く自治体財政上も不可能であり，市としては手が付けられない。ハンプ設置に対する賛否を論ぜよ。

　似たような状況は全国各地で見られるが，本件は国内の架空状況とする。事実関係は上記した以外，一切判明していないと仮定する。現実の社会問題には多岐にわたる論点が含まれ，事実関係の調査にも骨が折れる。いきおい，賛否の立論が複雑になる。架空状況なら，論点を絞り込める。まずは限られた論点，千字程度で賛否を立論し，法学部生に求められる基本を身につけよう。

1　論点整理メモ

　無戦略にいきなり作文し始めてはいけない。まず論点整理メモを作ろう。「論点」とは議論に関係する問題点のこと。賛成論も反対論も，様々な根拠を挙げて自説を正当化しようとするはず。両者はどんな論点を持ち出すだろうか。まず課題文をよく読み，賛否両論の対立構造を把握しよう。本件の争点（対立点）はハンプ設置の是非。賛成派が持ち出すだろう根拠は，物理的障害物を設置すれば車が必ず減速する，初期投資は必要だが維持管理費は高くない，見回りのマンパワーを節減できる，等々。反対派が持ち出すだろう根拠は，通学時間帯以外はスピードが出せる，通過時の衝撃による積荷破損リスクがない，騒音振動がない，等々である。

　これだけでも論点整理と言えるし，さっさと作文を始めてもよい。しかし，我々は法学部目線で更に整理したい。賛否が対立するとき，対立する双方は，実は多くの事実認識や価値評価を共有している。本当に対立しているのは（す

なわち，争点となっているのは），ごく一部の事実認識や価値評価だけ。本件では，たとえば「事故リスクの高い生活道路が存在している」という事実認識は共有されている。事故リスクを低減すべき，という価値評価も共有されている。だが，リスク低減のためハンプを設置すべきか，という点で意見は割れている。リスク低減手段はハンプの他，ソフト対応（通学時間帯の見回り強化），道路拡幅，バイパス建設など，様々あろう。本件では道路拡幅やバイパス建設などの選択肢は排除されている。ハンプかソフト対応か，の二者択一になっている。

　ハンプ設置もソフト対応も，人命保護という目的を遂げるための手段である。日本国民は，憲法を通して，あらゆる人（交通弱者を含む）の生命を平等に保護すべし，と国に命じている（13条の生命権，14条の平等権）。国はこれを実現すべく適切な立法行政を行う義務を負う。他方，日本国民は自らの利便性追求や経済活動の自由を守るよう，国に命じてもいる（13条の自由権と幸福追求権，22条の移動の自由，29条の財産権）。経済活動の自由はしばしば生命保護と対立する。ドライバーの自由度を大きくしたままだと事故リスクは増大する。日本国憲法は，公共の福祉に合致するなら自由を一定程度制限するのはやむを得ない，というスタンスを取る。道路交通の自由に対しては，道路交通法などが最低限の制限をかけている。だが，ハンプの是非について法的規定はない。

　本件におけるハンプの是非には「生命保護」と「経済活動の自由」という二つの価値が関係する。ハンプ賛成派は「生命保護」のために「経済活動の自由」を物理的構造物による強制減速で制限すべき，という立場。反対派は，そのような制限を行わず「生命保護」と「経済活動の自由」を両立させるべき，という立場である。ハンプ設置とソフト対応には，それぞれメリットとデメリットがある。箇条書きにすると，

> ハンプのメリット：否応なく通過車両が減速（盤石の事故抑止），
> 　　　　　　　　　　初期投資は必要だが維持管理費は高くない，
> 　　　　　　　　　　PTAのマンパワー集めに苦労せずに済む，等々。
> 　　デメリット：規制不要な時間帯まで規制をかける（過剰規制），
> 　　　　　　　　通過時の衝撃（積荷損壊リスク），
> 　　　　　　　　騒音振動，
> 　　　　　　　　本市の経済発展への悪影響，等々。
> ソフト対応のメリット：通過交通が衝撃を受けない，

> 騒音振動がない，
> 通学時間帯以外はある程度のスピードが出せる，
> 警察などの動員でPTAのマンパワー節減，等々。
> デメリット：見回りでは安全性を十分担保できない，
> 見守る大人をも巻き込んだ事故が起きるリスク，
> 警察などのマンパワーにも限界あり，等々。

　これらメリット・デメリットは一つ一つが「論点」と呼べる。しかし，これら「論点」は十分に分析されていると言えない。「物理的構造物で減速強制」「マンパワー」「車両通過時の衝撃」「騒音振動」といった項目が複数回，登場する。これらカッコを付けた項目が，より分析された「論点」である。これら「論点」を，賛否両論はそれぞれの仕方で評価し，立論の中に取り込む。たとえば「物理的構造物による強制減速」をハンプ賛成派は「生命保護」のために必要だ，と肯定的に評価し，反対派は「経済活動の自由」への過剰介入だ，と否定的に評価する。他方，「衝撃」や「騒音振動」は誰もが否定的に評価するだろう。反対論はこれを直接的根拠に使うだろう。賛成論は，「生命保護」と比較衡量すれば多少の「衝撃」や「騒音振動」は甘受すべき，という仕方で立論するしかなかろう。

　本文中に伏在するが明示されていない論点もある。たとえば「暴走車リスク」。確信犯的な暴走車，ブレーキとアクセルを踏み間違えた暴走車は，ハンプでも制止できまい。暴走車リスクをゼロにすることはできない。すべての車を自動運転化して強制的に速度制御すればリスクゼロに近づくが，システム不具合による暴走車は発生し得る。それゆえ，賛成派も反対派も暴走車リスクに目をつぶりたいかもしれない。あるいは，反対派は暴走車リスクをあえて持ち出してハンプの限界を強調し，賛成派を潰そうとするかもしれない。不都合な点は触れずに済ませたいのが人情だが，相手方が触れてきたら自分も触れないわけにいかなくなる。なので，賛成派は最初からハンプが完璧でないと譲歩して自説を練り上げる方がよい。最初から可能な限り多くの論点を洗い出して自説の立論に活かす，これが自説の説得力を上げるコツ。

　以上，論点は大きく見て次の3群に分かれる。

A）　法律上の価値：「生命保護」と「経済活動の自由」

　我々の社会は「生命保護」と「経済活動の自由」という二つの理念的目的を掲げており，これらを共に実現させるため法律を整備している。自動車運転の自由は「経済活動の自由」の一例だが，「生命保護」と衝突し得る。二つの理念を両立させるには一定程度，「経済活動の自由」が譲るべき。ハンプ設置とソフト対応は，「生命保護」という目的を遂げるために「経済活動の自由」へ介入する手段である。介入の度合いが異なる両手段の優劣が本件の争点。

B）　手段の物理的特性：「物理的減速強要」「通過時の衝撃」「騒音振動」等々

　それぞれメリットにもデメリットにもなり得る。ハンプは1日24時間，例外を許さず物理的に減速を強要する構造。事故防止に有効だが，過剰規制かもしれず，衝撃や騒音振動が出る。ソフト対応は衝撃や騒音振動はないが，時限的（通学時間帯のみ）であり，見回りの目が行き渡らず，有効性は劣る。暴走車リスクを完全に封じる力はどちらの手段にもない。なお，これら物理的特性について本件で客観的データは一切与えられていない。

C）　手段の経済的特性（コスト）：「ハンプ設置・維持コスト」「マンパワー」「（ハンプ設置で交通利便性が低下することによる）当市の経済へのマイナス」等々

　これらもメリット，デメリット，どちらにもなり得る。特にマンパワーのコスト評価は難しい。保護者は見回りしたくても仕事を休めない，県警予算が逼迫し警察のマンパワーは限られる，といった事情があれば（本文に記載はない），コストは高くなる。一般に低コストで高い効果を得る方策を提示すると説得性が高まる。だが，人間は経済合理性だけで動いているわけではない。自尊心を傷つける仕方で金銭解決を持ち出すと，感情的にこじれて問題が解決できなくなることも多い（裁判で金銭解決を図るのは最終手段）。コストは要素の一つでしかなく，これをどう評価するかは人それぞれ。なお，本件ではコストに関しても具体的な数値やデータは一切与えられていない。

　これは法学部生向けの論点整理の一例である。他にも整理の仕方があるだろう。論点整理に唯一無二の正解があるわけではない。説得的に立論するためにどういう整理が望ましいか，感じ方は人それぞれかもしれない。法実務（実定

法解釈）の現場では，典型的な事案についてどう論点整理するか，ひな型が出来上がっている。司法試験を目指す人はこれを学ぶ。しかし，我々はまだその前の段階。論点整理とは何なのか，概略つかめば十分。その上で，自分で論点整理するトレーニングへと進んでほしい。本書では冒頭2章で論点整理のサンプルを提示するが，その後の各章では各自，自分で論点整理を試みてほしい。

　実は，論点は細かく分析し始めたらきりがない。本件が現実の事案なら，B）とC）に関して手段の有効性評価のために客観的データを集めることが欠かせない。集めれば集めるほど，更に多くの論点が関係することが判明するかもしれない。たとえばハンプには強化ゴム製やアスファルト製，コンクリート製などがある。それぞれ強度，耐久性，騒音，振動などのデータが違う。強度や耐久性は温度条件や湿度条件によって変わってくる。こうした枝葉的な論点まで考慮に入れると，際限なく論点が拡大し，収拾がつかなくなる。実務では，費用対効果を考えながらどこかで論点整理にけりをつけている。

　客観的データがない架空状況では立論できない，という人がいるかもしれない。本件は「この道路に何か所かハンプ」（具体的にどの程度の交通量がある道路の，どこに何か所設置するか？），「摘発強化」（具体的にどう強化するのか？）など，曖昧な表現であふれている。しかし，あえてこの課題でウォーミングアップを始めよう。厳密な立論はできないが，千字程度の粗削りの流れなら賛否どちらも容易に作れる。弁護士は立場上，賛否どちらの弁護を引き受けるか分からない。公務員になったら，賛否どちらかに肩入れすることは公平性の観点から許されない。会社に入っても同じで，公平な判断を冷静に下さないと会社は倒産するかもしれない。賛否どちらにも一定の言い分があるのが世の常。なので，あえて賛否どちらも立論する。しかも，千字程度で，賛否どちらも盤石を期すよう努力してみる。これが最初のトレーニングである。

コラム　目的と手段（目的論思考）

　社会問題は，人が各自の思惑で動くことにより発生する。人は何らかの目的を達成するために，いろんな行為に打って出る。人の思惑には，目的と手段という構図が必ず潜んでいる。法律も，一定の目的を達成するための手段。憲法は，放任すると国民に横暴を働きかねない国家権力に対して，主権者たる国民が最低限の縛りをかける目的で制定される。民法は市民どうしの私的

紛争を解決する目的で，刑法は国の秩序を乱す者を処罰する目的で，制定される。多くの法律は第1条で立法目的を述べる。すべての法律は正義の実現を究極目的として制定される。法律や政治に目的論思考は不可欠。法学部生は目的と手段という図式でものを考えるくせをつけよう。論点の分析・整理も容易になる。

2　シナリオの決定，大きな流れを作る，攻撃と防御

　論点整理が終わっても，いきなり作文し始めてはならない。どんなシナリオ（流れ，段落分け）で立論するのか，メモ書きして構想しよう。複数のシナリオが想定できよう。そのうちどれにするか，まず決定する。作文開始はそのあと。シナリオを練らずに作文を開始すると，途中で気が変わる，急に別のアイデアが湧いてきて傍論や枝葉に入り込む，などの危険がある。これを避けるため，まずある程度の時間をかけてシナリオ構成を決めてしまう。賛否どちらを立論するにせよ，シナリオは次の手順で構成する。

（1）　賛成か，反対か，結論を先に言う（相手に自分の立場が鮮明に理解されるように。判決では，まず主文，次に判旨すなわち根拠を述べる。これと同じ）。
（2）　根拠を明示する。根拠は複数，提示したい。一つだけでは弱い。それぞれの根拠にどんな論点を使うか，戦略的に構想する。
（3）　相手方の立論を予想し，攻撃する。相手方が持ち出すだろう根拠，並びに根拠から結論への流れを吟味して「説得的でない」あるいは「誤りである」などと批判・論難する。
（4）　相手方からの攻撃を予想し，自説を防御する。（3）の手順は相手方も自説に対して踏んでくるはず。なので，相手方からの攻撃に耐え得ることを，先回りして示しておく。

　この手順で，ハンプの賛否あらすじを作ろう。実際に作文する際には，適切な段落分けを行い，そのあらすじに肉付けをしていくことになる。それをイメージしながら，どういう順番で何を主張していくのか，シナリオを決めよう。
　本件では次のようなシナリオが可能だろう。

8

〔賛成論〕────────────────────────

（1）「ハンプを設置すべき」と結論を宣言。

（2）　根拠を列挙。物理的減速を強要するから事故リスク低減効果は大きい，設置維持管理コストがトータルで低い，見回りのマンパワーが節減できる，見回り役の大人の二次被害も防げる，等々。

（3）　反対論の立論を攻撃。反対論が持ち出す根拠（ソフト対応で十分，積荷損壊の危険，等々）を想定して叩く。見回りに頼ったのでは不十分，通学時間帯以外の事故リスク低減ができない，積荷の破損は時速20キロまで減速したら発生しない（その程度の減速は甘受すべき），騒音振動は許容範囲内（生命保護という価値の方が重い），等々。総じて，反対論の根拠は薄弱，ハンプとソフト対応を比較衡量するとハンプに軍配，という立論となろう。

（4）　相手方からの攻撃に対する防御。「過剰規制」という批判は的外れ（人命保護のためにハンプは必要）。

────────────────────────

　賛成論の根拠のうち，設置維持管理コストの安さ，PTAのマンパワー節減，二次被害リスク低減については反対論から攻撃を受ける余地はないだろう。また，上述した限りでは，（3）と（4）に「ハンプが過剰規制でない」という点が重なっている。この場合，（4）で（3）と同じことを繰り返す必要はないし，繰り返してはいけない。結果的に（4）は書かなくていいかもしれない。重要なのは，言いたいことを簡単明瞭かつ完全に主張すること。漏れや誤解があるべきではないが，冗長な繰り返しがあってもいけない。言葉を変えてくどくどとダメ押ししたがる人が世の中にはいるが，実社会では「時は金なり」。皆忙しい。一言で言えるなら一言で済ます。筋肉質の文章を書くくせを学生時代からつけてほしい。

〔反対論〕────────────────────────

（1）「ハンプ設置すべきでない」と結論を宣言。

（2）　根拠を列挙。昼間の時間帯に20キロまで減速する必要なし，20キロ以上で走ると積荷に損害が出る危険あり，等々。総じて，「ハンプは経済活動の自由を不当に制限する過剰規制」「ドライバーの自由と自発性を活かしたソフト対応が望ましい」という主張。

（3）　賛成論の立論を攻撃。ハンプには騒音振動や経済活動の過剰制限などの

デメリットがある（比較衡量してデメリットが上回る），ソフト対応が不十分とは言えない（警察の動員や取締り強化で効果は十分ある），ソフト対応と同様に暴走車リスクには無力。

（4）　賛成論からの攻撃を想定して防御。ソフト対応は十分効果がある，20キロへの減速は市内経済に甚大な影響をもたらす，騒音振動に付近住民は耐えられない，等々。

ここでも「ソフト対応で十分効果あり」という項目が（3）と（4）で繰り返されている。ならば，（3）で敷衍し（4）では冗長な繰り返しを避けよう。

以上は一つの例。もっと論点を入れ込むことも可能だろう。どんな論点をどう取り込むかは，書き手の自由。どれか一つだけが正解，というものではない。相手を説得するためにどういうシナリオを作ったらよいか。いろいろ考えてみてほしい。緻密で説得力が高いシナリオほど，当然，評価は高くなる。

コラム　攻撃防御方法

　民事訴訟で原告の陳述を「攻撃方法」，被告の陳述を「防御方法」と呼ぶ。攻撃は，請求趣旨，訴訟物，請求原因に区分される。原告はこの三つを訴状に記載して提訴する。請求趣旨は，裁判所に認めてほしい結論（たとえば「被告は1千万円支払え」）。訴訟物は，その結論の直接的な根拠となる権利関係（たとえば「代金支払請求権1個」）。請求原因は，訴訟物の存在を根拠づける要件事実（たとえば，被告と原告の間に民法555条に基づく売買契約が成立済みであり，原告は売買の対象物を被告に引渡済みである，という事実）。被告側は，請求原因の否認，または抗弁（たとえば「まだ支払期日が来てないよ」など）により防御する。詳しくは民事訴訟法の授業で勉強を。

　原告は提訴前に被告からの反撃をある程度，予想できる。原告側弁護士は相手の反撃をかわす戦略も立て，訴訟に臨む。本書ではそのまね事をやってみよう。本書は，相手の反撃をかわす，という意味で「防御」という語を用いている。民事訴訟法の用語法から外れるが，ご容赦いただきたい。提訴前に原告が被告の反撃を想定し尽くすのは不可能。両者の攻撃防御の全体構造が明らかになるのは，原告被告裁判官の三者が揃う争点整理を待たねばならない。事件で争われる訴訟物は多様で，その数は民法の条文以上にあり，そ

れぞれ何らかの抗弁が関係してくる。これらに習熟していないと弁護士は務まらない。その習熟の困難さが，司法試験のハードルの高さに相当する。

3　シナリオ通りに作文する

　シナリオを決めたら，メモ書きを卒業していよいよ文章化。シナリオを長めの具体的な日本語表現へ落とし込む作業。書いている途中でシナリオを変えてはいけない。もし変えたくなるのであれば，シナリオ決定前のバリエーション想定が甘かった，未想定のシナリオに誘惑された，つまり，シナリオを練る作業が足りなかった，ということ。途中でシナリオを変えると，全体の辻褄が合わなくなり論文が瓦解しかねない。変えるなら，シナリオ決定の前。その分，シナリオ決定には十二分に時間をかけ慎重に行う必要がある。

　実際にどう書くかは読者に委ねる（文章力が問われる）。次の点に注意。
- 必ず段落分けをする（結論，根拠，攻撃，防御など各段落の役割を明確に）。
- 相手を理詰めで説得する論述を心がける。
- 簡潔で筋肉質の文章を心がける（繰り返しや無駄な情報は徹底排除）。
- 誤字脱字変換ミスを避ける。書いたら少し時間を置いて読み返してみる。すると，意外に穴があちこちにある。人に読ませる文章であることをたえず意識する。相手が一読して分かる文章になっているよう心がける。

4　合評会

　高校までの作文は，先生に読んでもらうだけだったかもしれない。実務文は，不特定多数に読ませるためのもの。誰が読んでも納得できる文章が求められる。実務文の書き方を法学部生はマスターしておく必要がある。賛否の立論は，盤石に行ったつもりでも，他人が読むと穴だらけであることが多い。誤字・脱字・変換ミス以外に，文意不鮮明，重要論点の見落とし，論理の飛躍，等をやらかしている可能性がある。なので，ゼミの全員で読み合わせをして合評会を行おう。不明な点，奇妙な点があれば，指摘してあげよう。

　人の文章のあら捜しをするのは気が進まないだろう。人から批判されると怒り出す人もいる。批判には建設的批判と破壊的批判がある。後者は悪意すら

持って相手を叩きのめそうとする。人を論破してマウンティングしてくる人には腹が立つだろう。だが，合評会は建設的批判の場，善意で助け合うトレーニングの場である。改善すべき点を感じたら互いに指摘し，謙虚に耳を傾け合おう。もし「筋違いだ」または「誤解だ」と感じたら，感情的にならず純粋に論理的に反論しよう。本当に筋違いなのかもしれない。他方，自分の舌足らずで相手が誤解したのなら，舌足らずを矯正すべき。そうやって，お互いに高め合うのが法学部のゼミ発表の場。楽しんで知的時間を過ごしてほしい。

コラム　論点の拡張

　本件は道路拡幅や迂回路建設が不可能，という設定だが，現実には道路拡幅や迂回路建設が選択され得るかもしれない。また，そうなると道路用地の地権者の意向はどうなのか，自治体財政に与える影響はどうなのか（新市役所建設コストが大きすぎて住民が反対する，といった事例は全国に多い），国費投入の可能性はないか，国費投入するとただでさえ千兆円以上累積している国の借金が更に増えるが，この点をどう考えるのか，などと論点は広がっていく。現実の社会問題は，無数の論点の複合状態。解きほぐす必要がある。次章以降は現実の社会問題について賛否を立論しよう。

5　類　題

　日弁連法務研究財団が2018年まで実施していた法科大学院（ロースクール）適性試験第4部は，架空状況で賛否立論させていた。巻末掲載の過去問集を入手して解いてみよう。

12

第 **2** 章

原発推進の是非
——世論を二分する現実の問題

■議論の前提

2011年の福島第一原発事故まで，日本は国策で原発を推進していた。現状，世論は割れている。各種調査では，既存原発の再稼働，原発の新増設，どちらも否定的な意見が多いが，双方肯定する人も産業界を中心に相当数いる。政府は長らく原発新増設について口を濁し，再稼働は進める中途半端な姿勢（選挙で負けにつながることはしたくない）だったが，最近はインフレやウクライナ危機による電気料金高騰を受けて新増設に舵を切りつつある。

既設原発の再稼働に賛成か，反対か。原発新増設に賛成か，反対か。この二つは争点が異なる。前者は，再稼働一般についての賛否か，それとも日本に50基以上ある発電用原子炉のどれか特定の一つの再稼働についての賛否なのか，によって立論の仕方が違ってくる。それぞれの原子炉は構造（加圧水型か沸騰水型か）や立地（活断層や活火山からの距離など），築年数が異なる。詳しいデータを集めないと再稼働の是非は判断できない。この判断は原子力規制委員会の仕事だが，規制委が再稼働を承認しても裁判所がストップさせた例が複数ある。再稼働の賛否は論点が多岐にわたり，複雑である。関心ある方は規制委の審査報告書，あるいは裁判所の判決文を調査してほしい。

原発新増設についても，新増設一般についての賛否か，立地場所と規模を特定した上での賛否か，により立論の仕方は違ってくる。一般論は概して具体的データに基づく緻密な立論がしづらい。しかし，できる範囲で根拠を明示して立論，という法学部初年次のトレーニング主題には，逆によい素材となる。本章では，新増設と再稼働を区別せず，日本で原発を今後も利用し続けることについての賛否を1000〜2000字程度で立論してみよう。

原発利用の賛成論・反対論の根拠はよく知られている。箇条書きにすると，

〔賛成論の根拠〕

(1)　安価，大量かつ安定的な電力供給：原発は新設に何千億円単位の資金が必要だが，稼働後は安価，大量，安定的に電力を供給できる。原発立地から大消費地まで大容量の送電線を敷設せねばならないが，既存原発からの送電線網は設置済み。少なくとも既存原発は再稼働させて耐用年限まで利用すべき。ロシアのウクライナ侵攻により電気代が高騰したが，こうなると化石燃料に頼らない原発はコストの面で比較優位に立てる。

(2)　温暖化対策：化石燃料を使う火力と違い，原発はCO_2フリーである。

(3)　エネルギー安全保障：石油とLNGは産出国が特定の国（特に中東諸国）に偏る。有事の輸入停止を想定し，エネルギー源は分散させておくことが地政学的に望ましい。原発の燃料（ウラン）はカナダ，豪州，アフリカ南部，中央アジアに分散する。また核燃料はリサイクル可能。使用済み核燃料を再処理してウランとプルトニウムを取り出し，これを再び燃料に加工できる（軽水炉サイクル）。また，高速中性子による核分裂連鎖反応を利用する高速炉を実用化すれば，理論的にはプルトニウムを発電利用しながら増殖させられる（高速増殖炉サイクル）。ウランを新規輸入せずエネルギー自給自足が可能になる。

(4)　潜在的核抑止力：核燃料再処理で得られたプルトニウムからは核兵器が容易に製造できる。中国や北朝鮮の動向を見る限り，日本が望めばいつでも核武装できるインフラを確保し続けることは安全保障上，重要である。

(5)　産業力維持と雇用維持：東芝，日立，三菱重工などが保有する原発関連技術は福島第一事故まで世界最先端だった。その継承は日本の経済力維持に重要である。また原子力産業に関わる国民の雇用維持も重要である。

　これ以外にもあろうが，賛成論は総じて，電力を大量消費する経済活動の自由を国民が最大限享受することを重視する。安い電力を大量消費できるなら，その分，国民の選択肢は豊富になり，国民の自由度は上がり，産業経済の発展に資するはず。なお，最近は米国を中心に安全性を高めた小型原子炉による数万キロワット程度の小規模発電を推進する動きもある。小型炉1基だけで大量発電はできないが，1か所に何十基も小型炉を設置すれば「大量」に発電可能。ならば，「大量」という論拠は維持できる。

〔反対論の根拠〕

（1）　過酷事故リスク：放射線は生物の遺伝子をずたずたにする。原発はその完全な制御を前提とするが，人間が使う技術に100％安全なものはない。チェルノブイリや福島第一のような過酷事故が発生する。日本は地震が頻発する火山列島であり，東日本大震災級の大津波は千年に一度，半径100キロを火砕流で破滅させる破局噴火は一万年に一度の頻度で起きる。過酷事故の発生確率はその分，地質が安定した地域より高い。

（2）　放射性廃棄物：放射性物質は半減期が長く，無害化に数万年かかる。廃棄物の無害化速度を上げる技術が開発途上だが，実現は見通せない。適地を選んで地層処分（安定した地下深くに埋蔵）するしかない。そんな迷惑物質を受け入れる自治体はない。もし受け入れを決断したら，その人たちは孫子（将来世代）から「悪しき祖先」と恨まれよう。補助金目当てに調査を受け入れた自治体があるが，処分場を受け入れるとは考えにくい。

（3）　経済合理性のなさ：事故やテロの予防費用をかけるほど，放射性廃棄物の処理が困難であればあるほど，原発の経済性は薄れる。現に多くの国（独伊など）や企業が原発に経済性なし，と判断している。日本が原発技術を学んだ米GEはこの理由で原発事業を止めた。日本では福島第一事故の処理費が数十兆円規模に膨れ上がっており，この費用を算入すると原発による発電コストは今や太陽光のそれよりも高い。

（4）　再生可能エネによる代替可能性：再生可能エネ関連技術は世界中で進歩が著しい。火力や原子力を再生可能エネが完全に代替する日が遠からず来る。日本も原発関連から再生可能エネ関連へ投資先をシフトすべき。

（5）　有事の危険性：日本が有事に巻き込まれた場合，敵軍が日本の原発をミサイル攻撃する可能性が高い。命中すれば福島第一事故より大規模な放射能汚染が国土に広がる。ウクライナ侵攻で原発が危険にさらされた。同じリスクを自ら望んで抱え込むべきでない。

これ以外にもあろうが，反対論は総じて生命への危険をはらむ技術の利用を拒絶する。つまり生命保護重視である。賛成論が将来世代の利害を考慮せず現在世代の自由と利益のみを論拠とするのに対し，反対論は将来世代と現在世代の衡平（世代間衡平）を強調し，将来世代を犠牲にしてまで高リスクの原発を利用する自由は現在世代にない，と訴える。

　日本では国の監督の下，民間の電力会社が原発を設置運営している。国が原発推進を決めたのは1950年代。賛否を巡り活発な国民的議論があり，推進派が勝った。以降，次第に「原発安全神話」が形成された。国と国民は福島第一事故までこの神話にまどろみ，思考停止状態に陥った。原発関連の法制度は原子力基本法（昭和30年）や原子炉等規制法（昭和32年）が骨格をなす。必要に応じて何度も法改正や新規法整備が行われてきた。現在，原発の安全性を審査する原子力規制委員会は，2012年に発足した新しい組織。

　国と電力会社は法的にどう責任分担しているのか。実は曖昧で分かりにくい。福島第一事故の責任が国と東電でどう分担されるのかも曖昧なまま。事故の被害者が何件も裁判を起こしているが，司法判断は割れている。確かなのは，事故後の東電が債務超過に陥って国に救済され，損害賠償は実質的に国民の税金でなされていること。

　日本における核燃料サイクルの現状は概略，次の通りである。1980年代，軽水炉サイクル完成のため日本政府は英仏に使用済み核燃料の再処理を委託した。英国への委託分は再処理後の品質に問題ありとの理由で英国に滞留したまま。フランスからは燃料が残滓の廃棄物と共に日本に戻り，2009年から一部の原発で使われている。日欧間の航送はテロリストの標的となり得る。沈没リスクも伴う。世界中の環境保護団体が日本政府に抗議している。日本独自の再処理工場は青森県六ケ所村に建設中。完成は遅れている。因みに，仏英のみならず米独も1980年代から90年代にかけて軽水炉サイクルを完成させたが，米英独はその後，経済性なしとして再処理工場を操業停止してしまった。

　高速増殖炉サイクルは世界的に実用化未達。フランスが先行したが，1986年に完成した実験炉スーパーフェニックスは建設と維持管理に膨大な費用がかかり，しかもトラブル続きで1998年に廃炉決定，今も廃炉作業中。日本の実験炉「もんじゅ」は稼働すらできず廃炉となった。中印露は国の威信をかけて計画維持している。米英独も計画したが，経済性なしと判断して後に中止した。

　原発の経済性や安全性の評価は難しい。日本の現行法制度は，安全確認した原発を動かすためのもの。世論次第で，ドイツのように脱原発のための法律も新たに制定され得る。国民が現状維持や原発推進を求めるなら，現行法制度の骨格は維持されよう。日本ではこうした難しい態度決定を迫られると判断が先送りされる傾向にある。原発はその経済性の薄さから現状を放置しても市場で自然淘汰されていく，という意見も根強い。

1 論点整理メモ

（1） 目的と手段

上述の根拠はそれぞれ論点とみなせる。即座に賛否立論してもよい。だが，我々は法学部流にもう少し整理しよう。手段と目的という観点が手助けになる。

原発は発電の手段である。現代社会は電力を大量消費する。初期の民生用発電手段は水力だった。後に火力，原子力，地熱，風力，太陽光など様々な発電手段が実用化された。それぞれにメリット・デメリットがある。原発を含めて主なものを並べてみると，

> 石炭火力のメリット：石炭は世界的に豊富，比較的安価
> 　　　　デメリット：CO_2排出量が極めて多い
> 天然ガス火力のメリット：天然ガスは世界的に豊富（産出国は限定される）
> 　　　　デメリット：石炭より高価，CO_2排出，地政学的リスク（価格高騰）
> 再生可能エネのメリット：CO_2を出さない
> 　　　　デメリット：太陽光や風力は不安定（適地と不適地がある）
> 原子力のメリット：エネルギー安保，CO_2フリー，大量安価安定供給
> 　　　　デメリット：過酷事故リスク，放射性廃棄物処理

重要論点として経済性，CO_2排出，供給の安定性，エネルギー安全保障，事故リスク，廃棄物処理などが浮かび上がる。これら論点は概して値段に換算可能。国ごとにどの発電手段にどの程度の経済合理性があるかをデータ化することもできよう。ただ，原発に関しては福島第一事故の後，安全対策費用を従来以上に見込む必要が生じている。原発の経済性はどこに立地した場合でもかなり低下したと計算されている。

それぞれの発電手段は排他的でない。どの国も固有の事情に合わせて様々な電源を様々な割合で組み合わせている。原子力は，石油やガスが豊富な国では使用されない。資源に乏しいドイツはかつて利用を推進したが，1986年のチェルノブイリ原発事故で大量の放射性物質が国土南部に降り注ぎ，15年に及ぶ国

民的議論を経て脱原発へ舵を切った。フランスはチェルノブイリの直接的被害を受けず，世論は原発を支持しており，電力の8割近くが原子力由来。米国は1979年のスリーマイル島原発事故の後30年以上，原発新設を停止したが，最近は原発新増設へ方向転換しつつある。ロシアや中国は一貫して原発推進。各国の電源構成比は，各々にとっての経済合理性に国益を加味した均衡点上に成立している。

　日本の場合は原発のメリットとして潜在的核抑止力が加わる。これは安全保障という論点であり，経済性で測れない。以上まとめると，日本における原発利用の是非は，

- 経済性
- CO2排出
- 供給の安定性
- エネルギー安全保障
- 事故リスク
- 廃棄物処理
- 潜在的核抑止力

などの論点を組み合わせて立論されることになる。

　供給の安定性について補足しておく。電力消費量は昼と夜で変動する。年間を通しても季節変動がある（冬と夏の消費量が多い）。消費量が急増しても，絶えずそれを上回る電力供給を続けないと，大規模停電が発生して社会が混乱する。たとえば医療機器が作動せず患者の生命が危うくなる。病院など多くの重要な社会インフラは法令に従い非常用電源を備えているが，そもそも大規模停電は未然に防ぐのが望ましい。それには消費量の変動を予測し，絶えずそれを上回る量を安定供給する必要がある。そのために，どこの国でもベースロード電源（昼夜問わず一定量を安定的に供給し続ける電源）を土台とし，その時々の消費量に合わせて他の発電手段で供給量を調整している。出力が安定した原子力はベースロード電源にふさわしい。日本の経産省は2030年の電源構成計画で約2割を原子力に充てている。欧州の電力市場は国境をまたいで形成されており，21世紀に風力がベースロード電源の地位を占めるに至った。しかし2021年はたまたま風が弱く，ガス依存が高まってエネルギー価格が高騰，このためフランスは原発の新増設を決めた。

　ここまで，発電手段としての原発という観点で論点整理してきた。これ以外

に，A）目的（大量の電力供給）自体が間違っている，という論点がある。「大量生産や大量消費は間違い」「電気に頼らぬ生活を」といった自然志向の社会への転換を呼びかける立場（ルソー的な「自然へ帰れ」），あるいは省エネ技術で消費電力を減らせば大量発電は不要になる，エネルギー地産地消を実現できる，といった技術信仰的な立場，などがある。確かにLEDは電力消費削減に寄与した。だが，現代生活に必要不可欠な鉄鋼業や化学工業は大量の電力消費が不可避。A）に依拠した反対論は，観念的な夢物語に終わりがち。

　もう一つ，B）原発は単なる手段でなく目的だ，という論点がある。原発は立地自治体に国の補助金をもたらし，保守管理を通して地域経済を潤す。どんな手段を使っても守りたい。原発で働く人にとって愛着ある職場でもある。「原子力ムラ」内部で原発は自己目的と化している。この論点を賛成論の根拠に使うことは可能だろう。ただし，他の論点を考慮に入れたとき，どの程度の説得性を持つか，分からない。擁護可能か試してほしい。

（2）　自由と平等

　前章と同様，自由と平等という観点でも整理してみよう。まず，法学部生に必要な基礎知識を確認したい。世界人権宣言は，現代を生きる人間がみな自由を享受し，尊厳と権利を平等に与えられた個人として尊重されるべき旨を謳っている（前文，第1条，等々）。だが，実際の世の中は，個性や出自，性別や肌の色などによる差別があふれ，経済格差もある。強者が弱者を蹂躙し，ホッブズ的な弱肉強食になりがち。誰もが自由で平等な個人たるべし，という理念を掲げて努力しないと，自由で平等な個人が尊重される社会は実現しない。こうした努力は近代欧州で始まった。淵源の一つは中世英国のマグナ＝カルタ。17世紀に自由権と社会契約説を唱えて名誉革命の理論的支柱となったロックも大きな役割を果たした。平等思想はキリスト教に古代から伏在していたが，これを近代的な文脈で強調して影響力があったのは18世紀フランス語圏のルソー。近代欧州の歴史は，人々が自由で平等な個人として扱われる社会を建設すべく，闘争を続けてきた歴史である。理念実現のツールとなるのが法律である。権利章典，米国独立宣言，フランス革命の人権宣言など，自由と平等を実現するための政治行動や立法が，欧米社会を漸進的に変えていった。欧州大陸法（特にドイツ法）を継受する日本の法律も，この系譜にある。日本が自由で平等な個人を普遍的に実現すべく舵を切ったのは，日本国憲法になってから。

　個人の自由と平等は，我々の社会が実現を目指す理念的目的（価値の所在）

である。しかし，自由と平等は必ずしも両立しない。人々を自由放任状態にすると，平等はまず達成されない。格差が発生し，強者と弱者が生まれる。格差は世代を超えて固定されることもある。平等は，機会の平等（同じスタートラインから競争開始）と結果の平等（競争結果が均等になるための再分配）に大別される。どちらを実現するにも，一定程度は国家権力の介入が必要である。原発問題も，自由と平等が対立する局面の一例と見なせる。

　原発賛成派は，自由を最大限行使して経済繁栄を享受したい，と考える。原発の利用が我々の幸福増大に資するなら，功利主義的にも利用しない手はない。少なくとも，自分が原発を利用する自由を他人から制限される理由はない。自由行使して何が悪いのか。

　他方，反対派は，生命の平等な保護を重視する。皆が安心して生命維持できる環境がないと，自由の行使すらできなくなる。原発はその環境を破壊しかねない。過酷事故リスクを伴う技術を使う自由は誰にもない。また，放射性廃棄物は現在世代が利益を得た残渣であり，これを将来世代に押し付けるのは世代間衡平に反する。

　前段で，原発は手段，目的は電力供給，と述べた。電力供給もそれ自体，我々が豊かに生きるための手段である。人間はより豊かな生活を送るべく技術的手段を駆使して社会変革を遂げてきた。今後も変革は続くのだろう。豊かさを求める人の欲望は果てしない。その欲望を満たす手段として，原発は優位にあるか，劣後するか。ここで賛否が分かれる。

コラム　自由について（1）

　自由とは何か。「自由」は英freedomやlibertyに充てられた翻訳語。freedomはfree（解放する）の名詞形。拘束状態からの解放を意味する。「（席などが）空いている」もfree。誰かに拘束された状態から解き放たれた，の意。マグナ＝カルタの時代から，諸侯や臣下たちは王権による拘束から逃れようと法律を作り，王権にブレーキをかけようとした。近代になると，自分たちを過度に拘束しない，という条件で国王を雇い，国家権力を委任する，というロック流の社会契約説が登場した。このようにして確保される私的自由を20世紀の心理学者フロムや政治学者バーリンは「消極的自由」と呼んだ。

　libertyはラテン語liber（自分で決める）に由来。自分のことは自分で決めるローマ市民のあり方を指す。彼らは元々，土地に縛りつけられた農民で

あり，自由行使の選択肢は限られていた。だが，人類は技術を発展させ，生活を変容させ，選択肢を増やしてきた。現代の我々は自分の好きな道を歩める。ロック流の理想社会を実現することも，ヒトラーを支持した大衆のように全体主義に傾くことも，地球を温暖化させて自分の首を絞めることも，自由である。選択肢が多すぎて自分を見失い，不安になることもある。こうした選択の自由をバーリンは「積極的自由」と呼び，その行使が時に自己破壊をもたらすと指摘した。これを未然防止するには，社会的合意に基づく立法が欠かせない。

（3） データと将来予測

　具体的データを欠いたまま立論しても根拠薄弱。原発について自分で各種データを調べ，根拠として引用しよう。1000〜2000字程度で賛否立論する場合，詳細なデータに依拠した緻密な立論は無理だが，可能な範囲で心がけてほしい。

　データは発生済みの事実の集積。原発に関しては，不確実な将来予測も関係してくる。たとえば，原発反対派が再生可能エネで必要な電力を賄うと主張する場合，それが技術的経済的に可能なのか，という論点が関係してくる。反対派は「可能」と主張する傾向にある。どうしても「集中投資で技術発展させ発電単価もダウンさせ，将来的に賄えるようになる」「これにより日本の産業競争力も高まる」といった希望的観測が入る論調となる。

　原発賛成派も同じ論法を使う。たとえば，核燃料サイクル関連技術。高速増殖炉はどれだけ税金を投入しても成功していない。賛成派は，成功を信じて税金投入を続けるべき，と主張する傾向にある。この楽観論がどの程度の説得力を持つかは別問題である。

　放射性廃棄物の無害化技術も同じ。半減期を短くし，数百年で無害化する研究が進行中。しかし，実用化できるか分からない。理論的可能性に賭けて技術開発を進めるのは重要だが，実用化の成否は別問題。やみくもに技術の未来を信じて邁進するのは，勝利を信じて太平洋戦争に突き進んだのと同じ無責任のそしりを免れない。冷静な評価が求められる。

　原発反対派は，代替エネの計画的導入を含めた脱原発の工程表を示す必要もあろう。立論を緻密に行うと，次々と別の論点が関連して現れてくる。しかし，本書のトレーニングでそのような精緻な論述を展開する必要はない。将来の演習問題として取っておこう。

コラム　情報とデータの収集

　ネット検索するといろんな情報やデータが出てくる。ガセネタや信用できないデータも多い。パンデミックをもじって「インフォデミック（真偽不明な情報の急拡散)」という言葉も生まれた。ネット上の情報やデータは信用できるか，絶えず疑うことが望ましい。日本政府や大学などが実名で公表するデータは概して信用できるが，絶対確実ではない。福島第一の事故は，原発の安全性に関するそれまでの日本政府の主張やデータが如何に杜撰だったかを露呈した。最近でも厚労省や国交省の統計不正が相次いで発覚した。新型コロナの重症者数推移データは，東京都と大阪府が途中から重症者の定義（基準）を変更したので意味をなさなくなった。権威あるデータに対しても健全な疑いの目は持つべき。その上で，データ引用時に必ず出典を明示すること。そうすれば，データの信憑性を相手に確かめてもらえる。出典明示は大学生が身につけるべき基本的マナーである。

2　シナリオ決定

　原発は絶対反対，逆に絶対推進，と主張が凝り固まっている人も多い。ぜひ，自分と異なる意見を立論するトレーニングをしてほしい。世の中にはいろんな人がいる。賛否それぞれに一定の根拠がある。どちらにも耳を傾けて真摯に吟味する。これは法学部生に必須の能力。弁護士のように，原告被告どちらの弁護もできる柔軟性を涵養してほしい。

　シナリオは前章同様の要領で，賛否どちらも構築しよう。要領を再掲すると，

（1）自分の主張を簡明に述べる。
（2）その根拠を敷衍する。
（3）相手方主張及びその根拠を攻撃する。
（4）相手方から自説への攻撃を予測想定し，防御する。

　1000字程度の立論でも，根拠として何を強調するか，どこに力点を置くか，人によって違いが出る。シナリオにも個性が出る。自分の判断で構築しよう。

3　実際に書く，合評会，ディベート

　シナリオ構築が終わったら，前章と同じ要領で文字化し，合評会を開催しよう。合評会ではお互い建設的批判に徹すること。最近のSNS上では相手を論破して一人悦に入る独善的態度が横行しているらしいが，そういう態度はご法度。級友に親身に寄り添い「こうすればもっと改善する」という姿勢で指摘してあげてほしい。また，本章以降は，合評会の後で賛否両チームと陪審団に分かれてディベートもやろう。賛否はそれぞれ事前に戦略会議を持ち，自軍の根拠を整理列挙，相手方との攻撃防御のポイントを明確化した上で，ディベート本番に臨むこと。できれば各メンバーの本番における役割分担（誰がどの発言を担うか）も事前に行ってほしい。陪審は，本番で賛否どちらがより説得的かを判断する。合議で評決，各陪審が単独評決して多数決，どちらでもよい。各陪審は自分の判断の根拠（判決理由）を説得的に述べること。合評会後にディベートもやれば，参加者に「こうすればもっと説得的に立論できる」という気づきが与えられ，トレーニング効果が高まる。

4　類　題

　賛否が分かれる社会問題は枚挙に暇ない。本書全体を通して例示するが，最近話題となる幾つかを列挙する。事実関係を調査し，賛否立論してほしい。

（1）投票義務化の是非（国政選挙の低投票率を受けて）
（2）衆議院のカーボンコピーと揶揄される参議院は廃止すべきか
（3）パンデミック時のロックダウン導入（立法措置）の是非
（4）石油や小麦が価格高騰しても（ウクライナ侵攻した）ロシアに制裁すべきか
（5）上下水道（公共性の高い基本インフラ）民営化の是非

　日本ディベート協会や全国教室ディベート連盟などのHPにディベート大会の設題例が紹介されている。各自，参照して賛否立論してほしい。

第 **3** 章

尊厳死法案への賛否
——立法への賛否

■議論の前提

　医療技術の発達に伴い，先進国の平均寿命は延びている。2021年の日本は男性が81.47歳，女性が87.57歳（厚労省による）。新型コロナ感染症の影響で前年より少し短くなったが，中長期的には長くなる一方。他方，日常生活を健康で支障なく送れる期間を示す「健康寿命」は，男性72.68歳，女性75.38歳（2019年の厚労省データ）。平均寿命と健康寿命の差が10年前後ある。この10年間は医師の助力が必要。「スパゲッティ症候群」という言葉がある通り，チューブで医療機器につながれ病院で寝たきりとなり終末期を迎える人も増えている。このような人は，法律で自由を保障されても，自由を行使できない。自分の好きなように人生を組み立てられない。これはしばしば，生活の質（quality of life, QOLと略記）が低い状態だ，と形容される。この状態は嫌だ，人生を自分の意思で自己決定できる状態こそが人間の尊厳に相応しいあり方だ，無駄な延命治療を拒否し尊厳を保って死期を迎えたい，と考える人が増えている。

　医師がこの希望に従い延命治療を停止するとどうなるか。医師は職業上，患者を診療する責務を負う。古代ギリシア以来，医師の職業倫理綱領とされてきたヒポクラテスの誓いによれば，本人に頼まれても患者を死へと至らしめる薬を施してはならない。患者が「死にたい」と言っても，医師は「分かった，死なせてあげる」と応じてはならない。治療を続けて延命を図るのが大原則である。医師に限らず，本人に頼まれて死に至らしめる行為は嘱託殺人（刑202）に該当し，刑事罰を科される。医師が患者に頼まれて投薬や栄養点滴を中止する，人工呼吸器を抜く，これらの行為は嘱託殺人に該当し得る。

　もちろん人の命にも医学の力にも限りがある。医師が努力しても人はいつか亡くなる。では，患者本人が「私の死期が迫り医学的に回復の見込みがなく

なったら，延命を中止してほしい」と事前に意思表示し，医師がこれに従ったら，嘱託殺人になるのか。これは判断が難しい。死期が迫り回復の見込みがない状態でも，多くの場合，人はすぐ死を迎えるわけではない。諦めず延命治療を施せば，死期を多少先延ばしすることは技術的に可能なことが多い。この状態で延命中止するのはやはり嘱託殺人，との疑念が残る。

　現代日本の世論は，「こうした延命中止はやむを得ない」「患者本人の意向を尊重すべきだ」と考える傾向にある。日本医師会の職業倫理指針（2008年改訂版）も，本人が希望しているなら主治医が複数の医師や関係者の意見を聞いた上でその是非を決めるべき，と述べて延命中止を容認している。そこで，延命中止にかかわった医師を明確に免責（違法阻却）するために，「尊厳死法」を制定しようとする政治的動きがある。1976年に日本尊厳死協会という団体が結成され，国会議員を巻き込んで立法促進活動を行ってきた。会員数約10万人で，リビングウィル普及活動も行っている。リビングウィル（直訳すると「生前意思」）は「終末期の延命はやめて」という事前指示書。病気で意識を失う前に自分の意思を明示し，いざというとき家族と医師に伝えるためのもの。患者の事前指示書に従って延命中止した医師は殺人容疑に問われないことを明文規定するのが尊厳死法。ここで言う「尊厳死（英 death with dignity）」とは，人間としての尊厳を保った死，という意味。その際，「尊厳」とは自由に自己決定できる能力を備えた状態，一定のQOLを備えた状態，と理解されている。

■尊厳死法への反対論

　しかし，尊厳死法は今も制定されていない。反対論が根強いからである。反対論の一つに，「尊厳」を次のように理解する立場がある。すなわち，QOLの如何にかかわらずそもそも生きていること，これこそが尊厳の所在だ。生命を宿している限り，誰しも平等に尊厳を持つ。これは多くの宗教と親和的な考え方で，キリスト教では「生命の神聖さ（英 sanctity of life，SOLと略記）」と標榜される。この立場によれば，人間の尊厳をQOLと結びつけるのは間違っている。植物状態のようにQOLが低い人の尊厳を否定する優生思想につながりかねないからである。もちろん，尊厳死肯定派は，そのような危険思想を提唱しているわけではない。肯定派は「自分の人生でQOLが低い状態は耐えられない，だからいざとなったら尊厳死させてほしい」，つまり個人の人生観に応じた自由な自己決定を認めてほしいだけ。人間の尊厳はQOLで決まる，という普遍的な主張をしたいわけではない。他方，SOLを擁護する人たちは，「尊厳」と

いう語を尊厳死肯定派のように使用すること自体，尊厳についての間違った理解を広め，一部の社会的弱者の人権侵害を惹起する，と批判的である。生命は本人の意思とは独立に保護されるべきものであり，「尊厳死」の自由は認められるべきでない。尊厳死肯定派とSOL擁護派は，それぞれ「尊厳」を異なる仕方で定義して使っているのみならず，個人の自由を重視するか，例外を許さぬ平等を重視するか，という対照的な立場となっている（前章参照）。

　これに対して，日本では尊厳死法反対派の多くがSOLとは異なる理由を持ち出す。リビングウィルに基づく尊厳死が法律で認められると，実際には尊厳死したいと思っていない患者が「親族や医療関係者に迷惑かけてはいけない」と圧力を感じ，尊厳死を希望するよう暗黙裡に強いられる事態が発生し得る。日本では，触れたくない話題，触れると気まずくなる話題を避け，さも問題自体が存在しないかの如くふるまうことが，家庭や学校，友人どうしや職場など，様々な場面で当然のように行われている。死を話題にすることは概して忌避される。尊厳死について日頃からよく考え態度決定している人は少数だろう。他方，「寝たきりになって人に迷惑かけるべきでない」と考える人は多い。本気でそう考える人もいるだろうが，周囲の目線を感じてそう考えてしまう人もまた多い（コロナ禍で他人の視線が気になってマスクをするのと同じ）。後者のタイプの人たちは，尊厳死法ができると，いわば同調圧力に屈して尊厳死させられることになりかねない。己を殺して姥捨て山に赴くべし，という美徳に殉ずることになりかねない。国民医療費が高騰する昨今，まかり間違うと，「自ら欲して尊厳死しない奴はけしからん非国民だ」に類する風潮（太平洋戦争中に似たような風潮があった）さえ社会に生じかねない。

　美徳とは，特定の時代，特定の人間集団に共有される価値規範。戦時中の日本では滅私奉公的な戦争協力が美徳とされた（現在は消失した）。「人に迷惑かけるべからず」は「先輩は『さん』付けで呼ぶべし」などと同様，今も日本で広く定着している美徳。これらは法律と別次元の倫理的道徳的な価値規範であり，従わなくてもお咎めはない（嫌な顔をされることはある）が，概して遵守される。尊厳死法は，誰もが等しく自分の望む終末期を自由に選べる社会を実現するための法律。日本の尊厳死法反対派は，尊厳死法の理念を尊重しつつ，今の日本で尊厳死法を制定すれば法の趣旨に反して美徳に殉ずる死を強いられる人が多発しかねない，と懸念する。そもそも日本では誰もが等しく十分な医療を受けられる環境が必ずしも整っていない。誰もが等しく他者から独立に自由

な自己決定ができる環境も，整っているとは言い難い。立法の前にまずはこうした環境を整備すべきである。日弁連はこの理由で尊厳死法に反対している。

日本で尊厳死法を制定すべきか，すべきでないか。賛否を立論してみよう。

1 論点整理メモ

本章では，尊厳死法反対論として，SOL擁護派ではなく，日弁連のような立場を想定しよう。すると，本章の賛否は「自由・平等」と「美徳」の衝突として整理できる。すなわち，誰もが等しく自分の望む終末期を自由に選べるように，医師の治療停止を免責する法律を作るべきか，それとも，美徳の力が強い日本ではそうした法律がかえって自由と平等を阻害してしまうのか。前章までの素材は，自由と平等の対立だった。本章では，自由と平等が手を携え，美徳と衝突している。

自由と平等は，近代欧州が掲げた理念である。我々は皆，一人一人が自由で平等な個人，相互に独立して自己決定する個人たるべし。そうした個人が尊重される社会の実現を目指すべき。ホッブズやロック，ルソーやフランス啓蒙思想がこの理念を掲げて社会変革を推進し，これが現代社会へとつながった。他方，世界各地には昔からその土地その時代に固有の様々な美徳が根づいている。江戸時代の人々は自由でも平等でもなかった。士農工商，武士には武士の，農民には農民の美徳があった（幕府が奨励していただけかもしれないが）。明治から太平洋戦争までは，天皇のために死ぬべし，という美徳があった。これらの美徳は概して廃れた。他方，今も日本に根づく美徳も多い。「人に迷惑かけるべからず」は，和を尊ぶ聖徳太子の時代から不変なのかもしれない。こうした美徳は概してどれも離反する自由を許さない。離反者に制裁を加える傾向すらある。美徳は往々にして自由で平等な個人を実現する妨げとなる。

自由と平等が法的に定着したかに見える現代においても，美徳は我々の生活や発想を強く縛っている。人は身近な他者と共同体を形成して生活する。最小単位は家族。ここを起点に親族，友人，地域，学校のクラス，会社のオフィス，様々なレベルで共同体が形成される。共同体には何らかの美徳が自然に，あるいは人為的に，発生する。家族の雰囲気や方針や家訓，友人同士やクラスを支配する空気，学校の校訓，会社の社風や社是などがその例。いずれも，その共同体のメンバーに期待される働き，メンバーが体現すべき姿，メンバーが従う

べき価値規範である。日本の法律は古代ローマ法を継受したものだが，実はローマ法とは元来，都市国家ローマの市民が従うべき美徳だった。日本民法にも取り入れられた信義則（民1-2）や良俗規定（民90）は，元々そうしたローマ法由来の美徳。当時の自由民は，今ほど自由を持っていなかった（第4章参照）。

　近代法の歴史は，「自由で平等な個人」という近代欧州的な理念が，旧来の美徳と衝突を繰り返しながら，次第に実現されていく歴史である。「女性は家を守るべし」という美徳はかつて日本のみならず世界中で支配的だった。宗教的に，慣習的に，法的にも，そうだった。今は男女同権が当然だが，日本では女性の社会進出が遅れ気味。守旧的な美徳が家族や会社などあちこちの共同体に残存している。これらはもはや美徳ではなく悪徳だろう。あなたが社会に出たら，こうした悪徳は克服すべく力を発揮してほしい。法の支配が広まるか否か，根づくか否かは，あなた自身の規範意識と行動にかかっている。

　他方，「人に迷惑をかけるべからず」は悪徳ではなく，やはり美徳だろう。だが，この美徳は，尊厳死法問題が示している通り，自由で平等な個人を基調とする近代法と齟齬を来たし得る。尊厳死法への賛否は，目的と手段という観点でも整理できる。日本国民は個人の自由と平等を理念（実現されるべき目的）として憲法に掲げた。国は立法行政司法を総動員してこの理念を実現する義務を負う。尊厳死法はそのために立法が講じ得る手段の一つだろう。だが，この法を制定すると，日本の伝統的美徳の影響で自由と平等が逆に阻害される結果が生じかねない。美徳もまた我々が無意識に固執する価値の所在，実現されるべき自己目的と言える。自由平等という目的，美徳という目的，両者が衝突する。賛成派は前者の貫徹を主張する。極論すると，美徳を完全脱却した自由で平等な個人の集合体としての市民社会（ロックやルソーの掲げた理念）を実現すべき，との主張になろう。反対派は，自由平等の貫徹を伝統的美徳が妨げる日本の現実を直視する。尊厳死法は一部の人に朗報だろうが，社会全体としてみれば自由と平等をむしろ形骸化させかねない。

　自由平等を貫くか，美徳に殉ずるべきか。個人の選択としては，各人の自由に委ねられる。本章で論じたいのは，個人の選択でなく，立法の是非。美徳に殉ずる人が多い日本社会で，自由平等の貫徹を目指す尊厳死法を作るべきか。

コラム　自由，平等，美徳　サンデルを読んでみよう

　サンデル『これからの「正義」の話をしよう』（早川書房）は初年次にぜひ熟読してほしい。法律や政治は正義（正しさ）を実現するためのもの。では，正義とは何か。アリストテレスの配分と矯正など，昔から様々な考え方がある。サンデルは正義を捉える文脈として，幸福量，自由，美徳の三つを提示する。幸福量を重視するのはたとえばベンサムの功利主義。人は各自，自分の幸福量（取り分）の最大化を目指して生きており，その総量を社会全体でも最大化するのが正しい，と彼は考える。他方，社会の成員各自の自由意思に委ねることこそが正しい，というロックやカントの立場もある。しかし，自由はしばしば共同体に根を張る美徳に制限される。美徳に従うことこそが正しい，というアリストテレス以来の伝統的立場もある。サンデルは三つの立場を具体例に即して吟味し，美徳に軍配を上げる。彼に同意するか否かは人それぞれ。知的に格闘してほしい。

　本書はサンデルとやや異なる視角から執筆してある。幸福量最大化は，自由と平等がある程度は保障されていないと不可能。自由や平等は，放っておけばひとりでに実現されるものではない。近代欧州はその実現を理念的目的として掲げ，努力してきた。その延長線上に我々もいる。しかも，自由と平等はしばしば対立する（第1章）。英語圏では，自由がより重視される傾向にある。フランス革命の影響が強い欧州大陸では，平等も自由と同程度に重視される。どちらも美徳の縛りからの脱却を目指すが，両者の立法論は違ってくる。他方，美徳も共同体全体の利益につながり，必ずしも否定できない。自由，平等，美徳という三つの観点で捉えた方が，法学部生には正義論がより理解しやすいと思われる。

　「自由で平等な個人」という近代欧州の理念は，日本法の根幹をも成している。だが，日本では人を「人」として捉えず，「女性」「障碍者」「外国人」などレッテルを貼ってそれぞれのあるべき姿を固定し，時に差別する傾向が昔から日常思考に根ざしている。ここに法の支配を及ぼして個人の尊厳を実現するのは難しい。それでも日本国憲法の施行後，差別解消の努力が続けられ，事態は改善してきた。今後も努力を続けるしかない。

2 賛否のシナリオ

　上記した様々な論点を組み合わせて，賛否どちらも立論しよう。まずはシナリオ構築。第1章の「2　シナリオ決定」の要領でやってみよう。十分な医療を受ける環境が整っている中で，他者から独立して自由に自己決定された上でなされる尊厳死は，嘱託殺人ではなく是認されてよい。この点で賛否両論の認識は一致していることに注意しよう。

〔賛成論〕
- *根拠*　嘱託殺人のリスクなしで誰もが等しくかつ自由に尊厳死を選択できる
- *相手方への攻撃*　十分な医療提供と本人の丁寧な意思確認により美徳の強制を排除できる
- *相手方への防御*　美徳の力が及ばないような制度設計をすれば事足りる

〔反対論〕
- *根拠*　立法すると美徳により尊厳死を強いられる人が多発する（立法は尚早）
- *相手方への攻撃*　根拠と同じ
- *相手方への防御*　十分な医療提供も本人の丁寧な意思確認も実際には不可能

　以上は概略の骨格である。反対論は，「賛成論に従うと理不尽な結果に至る」という背理法を使った立論。根拠部分は，賛成論への攻撃と内容的に同じ。メモ書きで肉付けしシナリオ構築しよう。上記した骨格とは異なるシナリオも可能かもしれない。自力で事実関係を調査探究して論点整理を行い，本章の解説とは違う独自のシナリオを構築してもよい。

コラム　事実認識の重要性　法学部の第一歩

　見たいものだけを見る。見たくないものは見ない。スマホやSNSが普及した現代，人間は情報の偏りにさいなまれている。ネット上には様々な一面的情報が垂れ流されているが，その中で自分と意見が合う人たち（錯覚かもしれないのだが）と居心地のよい閉鎖空間を形成し，その内部に引きこもるこ

とができてしまう。情報機器が未発達だった時代，それは不可能だった。異論を持つ人々との対峙は不可避で，相互尊重の言論空間をまず確保する必要性を誰もが認めていた。だが，今は違う。見たくないものは見ない。見たくないものの存在を許容しない狭量さすら感じられる。ホームレス，難民，宗教二世，自分に都合の悪いものはすべてなかったことにして自分の殻に閉じこもる。これは不健全だろう。

　法学部生にとって事実認識はすべての出発点。見たくない不都合な事実も含めて，すべてを直視する。そうしないと，法律による紛争解決はできないし，世の中にどんな法律が必要かを探る政治活動もできない。メディアの報道には概して偏りがある。安倍晋三氏銃撃まで，旧統一教会問題は20年以上にわたりほとんど報道されなかった。原発神話も偏向したメディアにより醸成された。ニュースが報じない隠された真実を見抜こう（騙されないよう），心がけてほしい。フェイクニュースを見極めるリテラシーも身につけてほしい。原発事故やコロナ禍では「専門家」も当てにならない局面が多かった。事実を正しく認識するのは困難だが，少なくともそれを求める心がけは常時保持してほしい。さもないと，真偽錯綜する偏った情報洪水の中で自らの命を危険にさらすこともあり得る。

　日本の学生には友人と気まずくなる話題を避ける傾向がある。特に政治的話題は避けられる。外国からの留学生はこれに驚く。日本の大学生はバイトやサークルなど当たり障りのない話しかしない。和の精神を貴ぶ美徳のなせるわざなのかもしれないが，あまりに子供じみている。何のために大学進学したのか。なぜ対立を厭わずに重要な社会問題について議論し合わないのか。留学生の素朴な疑問である。あなたはどう答えるか。

3　実際に書く，合評会，そしてディベート

　熟慮の末にシナリオを決めたら，わき目を振らず文字化しよう。そして合評会，更にディベートへ進もう。要領は前章と同様。ディベートでは，どう論点整理するかで賛否双方とも様々な戦略を立てられよう。出発点となる事実関係も適宜，自分たちで調べよう。重要なのは，立論を通して相手方を，陪審を，説得すること。陪審も，賛否双方を理詰めで説得できる評決を心がけよう。受講者には様々な素材でディベートに参加し，賛否と陪審すべての役割を体験してほしい。これを繰り返して場数を踏めば，論点整理のノウハウが自然と身に

ついていくはず。次章以降も合評会とディベートは繰り返してほしい。

コラム　自由のデメリット

「私は自由だ」とあなたは思っているかもしれない。実際には，我々は偏った事実のみを眼中に入れ，無意識のうちに既存の美徳に縛られ，実質的な思考停止に陥っているかもしれない。縛りからの解放（バーリンの言う消極的自由）は完全に実現されてはいないだろう。終戦直後の日本のように，縛りに耐えていた人々が解放されると，歓喜する。しかし，縛られている意識がない人を縛りから解放しようとしても，喜ぶどころか怒り出す可能性がある（プラトンの洞窟の比喩，ベーコンのイドラ）。無意識は恐ろしい。縛りからの完全解放は可能か，また望ましいのか。これについては議論の余地がある。サンデル氏は美徳からの完全解放に否定的な立場である。

太平洋戦争直後と違って選択肢に満ちた現代を生きる我々には，自由が逆に過酷なのかもしれない。「自由にしてよい」と言われても，どうしたらよいか迷う。サルトル流に言うと，人は自由という刑罰に服している。自己責任でその都度，合理的に選択して生きるしかない。欧米には数百年かけてこうした自己決定を人々に習慣づけてきた歴史がある。日本ではその歴史がまだ浅い。同調圧力に流される，何でも国に頼る，等の発想が目立つ。自由の過酷さに耐えられずカルト宗教に走る人もいる。法学部生は自由の過酷さに耐える力，主権者として自由を合理的に行使し行動する力を，磨いてほしい。

4　類　題

本章が主題化したのは賛否が割れて立法に至らない状況。多くの問題についてこうした状況が生まれている。以下の三つを自力調査し，賛否立論しよう。

（1）LGBTQ理解増進法案

2021年，自民党有志がこの法案の国会提出を企図したが，党内で反対論が続出して頓挫した。反対論は，日本のみならず世界中で「LGBTQは人があるべき姿に反する」といった美徳に訴える。他方，LGBTQの権利を擁護し，彼らの自由と平等を法律で確保しようとする運動も活発である。世の中の約10人に

1人はLGBTQだが，それを隠して生きていると言われる。授業で賛否を論じあうと当事者を傷つけかねないテーマなので注意を要するが，賛否立論トレーニングの素材としては重要。理解増進法への賛否を問う。

（2） 女性宮家創設

天皇家は代々，男系で継承されてきた。推古天皇など女性天皇はワンポイントリリーフだった。皇室典範によれば，女子は結婚すると皇籍を離脱する。1947年，大正天皇の直系でない11宮家が皇籍を離脱している。最近の皇族は男性が少なく，このままでは国事行為の執行も危うい，との懸念から，2021年末に政府の有識者会議が女性宮家創設案と旧皇族の男系男子を養子に迎える案を出した。皇室典範を改正して女性宮家を創設すべきか。

（3） 女性クオータ制

日本の国会議員は女性が少ない。欧米も昔はそうだった。1978年，ノルウェーの男女平等法で世界初のクオータ制が採用された。公的機関の委員会等では男女の構成比を各々40％以上とする，という内容だった。同様の法律は世界に広がり，今では各国で女性首相も生まれている。日本では「政治分野における男女共同参画推進法」が2018年にできたが，もっと踏み込んで，ノルウェーのような強制クオータ法を作るべきか。

法案が固まり国会提出されても廃案になることがある。最近では2020年春に政府提案の検察庁法改正案が国民からの抗議で廃案となった。地方議会でも，外国人に住民投票への参加を認める条例案を2021年12月に武蔵野市議会が否決した。

法律は制定されたら終わりではない。様々な問題が浮かびあがり，改正を迫られることも多い。成立後も異論や批判が絶えない法律もある。最近では，
（1）集団的自衛権の限定的行使を合憲とする閣議決定を踏まえて2015年に制定された新安保法制（憲法違反との批判が学者から絶えない），
（2）2021年の改正国民投票法（テレビコマーシャル規制が不十分と批判される），
（3）2021年の改正民法（出自を知る権利が導入されず不備を批判されている），
などがある。他の実例も自力で探し，事実関係を調査して賛否立論しよう。

日本では毎年100本近い法律が成立する。約半数は全会一致。野党の修正案を与党が受け入れることも多々ある。与野党は必ずしも対立ばかりではない。

5　自分の関心事を法学部のツールで把握し，調査研究しよう

　新たな社会問題が表面化すると，既存の法律で解決できないことも多い。新規立法や法改正が必要となる。どんな法制度が望ましいか，具体案作りで賛否が分岐する。賛否立論して立法するのが政治家の仕事。法律が施行されると，法制度が立ち上がる。税法，社会保障法，消費者法，労働法，経済法，環境法など，法制度は我々の生活の全局面に浸透している。霞が関は1府12省庁に分岐してこれら法制度を管轄する。憲法や民法，刑法など基本七法（永井和之・森光編『法学入門〔第4版〕』（以下，本書で『法学入門』）18頁）はどの分野にも関係し，法学部の学習の中心となる。

　あなたの知的関心は，違うところにあるかもしれない。ヤングケアラーやネット上の著作権などが身近な関心の対象かもしれない。何にも関心が持てない人もいよう。個人的な趣味であっても必ず法律や政治と関連がある。どう関連するか調査し，事実関係を把握して自分の言葉で理解を深めてほしい。

　たとえばサッカーや野球に関心があるのなら，プロ選手の契約はどうなされるのか。代理人交渉はどんなものか。企業のロゴが入ったユニフォームを着用する場合，スポンサー契約はどうなっているのか。支援企業や親会社との関係はどうなっているのか。代理人がいない状態で待遇改善を求める場合，どんな手段を講ずればよいか。スポーツ選手が事故に備えて加入する保険は，本人が契約するのか，所属チームが手配してくれるのか。コーチにパワハラを受けたらどうするのか。ファンサービスでトラブルに巻き込まれたらどうするのか。海外遠征には外国の法律も関係してくる。五輪ともなれば世界の政治情勢にも影響される。スポーツ選手も多種多様な法律で守られている。法制度が不十分なら，政治的手段で法改正を働きかける必要もあろう。

　自分の関心の所在を見定め，法律政治という観点でクリアにし，社会への洞察を深める。そうした学部4年間の蓄積が，社会へ出てからの強い武器となる。

第4章

ゴーン氏逮捕の是非
──法律における事実認定（1）

■議論の前提

　2018年秋，日産自動車会長だったカルロス・ゴーン氏が金融商品取引法（以下，金商法と略）違反と会社法違反容疑で逮捕された。2019年末，ゴーン氏は国外逃亡した。民法709条によれば，故意または過失により他人の権利や利益を侵害した者は，その損害を賠償する責任を負う。ゴーン氏は会長の地位を利用して悪事を働き，日産の権利利益を侵害した。日産はそう主張し，約100億円の賠償を求めて同氏を訴えた。裁判は今も継続中。

　法律の条文は，要件と効果からできている。709条は前半の「故意または過失により他人の権利や利益を侵害する」が要件，後半の「その損害を賠償する責任を負う」が効果（『法学入門』200頁以下）。誰であれ，この要件に当てはまることをしたら，損害賠償責任を負う。709条はそう命じている。要件に該当する個別具体的な事実は，無数に発生し得る。709条はこれら事件を一手に引き受けてさばいている。では，ゴーン氏はこの要件に該当する事実を発生させたのか。あなたが裁判官なら，どう判断するか。

　どう判断するにせよ，あなたは709条の要件と効果を的確に理解している必要がある。それには，709条に登場する語（「故意」「過失」「人」「権利」「利益」「侵害」など）一つ一つの意味を正確に理解していることが前提となる。では，「故意」とは何か。「過失」とは何か。「人」とは誰か。「権利」とは，「利益」とは，「侵害」とは，何か。多くの法律は用語の定義を冒頭部分（第2条が多い）に示している。だが，民法は生活に密着した法律であり，そのような定義を示していない。基本的に，辞書で調べれば分かる言葉で書かれている。日本にも大きな影響を与えたフランス民法典は，ナポレオンが自分に分かる言葉を使って条文を最終確定させた。実は，709条の「故意」「過失」「人」「権利」

「利益」「侵害」などの定義は，そう簡単でない。その理解を巡って学説が対立することもある（民法の授業で解説される）。初学者がいきなりこの泥沼にはまると先へ進めない。まずは，辞書で説明される程度に用語を理解した状態で，709条を読もう。こうした条文解釈を「文理解釈」（『法学入門』198頁）と呼ぶ。

　ゴーン氏が発生させた日産の権利利益の侵害とは具体的に何なのか。話を簡単にするため，本章では金商法違反に限定しよう。事実関係は以下の通り。

　金商法24条は，上場企業が有価証券報告書を適時開示するよう義務付けている。これは市場の透明性確保のため，つまり各企業の内部情報を市場参加者が遅滞なく取得し，適切に判断できるようにするためである。重要事項について報告書に虚偽を記載したら，同法197条1項に従い刑事罰が科される。2010年以降，同法に付帯する内閣府令により，年間報酬1億円超の取締役は個別報酬額を開示せねばならなくなった。ゴーン氏は2010年以降，自分の年間報酬を10億円弱と開示してきた。

　実際には，彼は毎年，約20億円を日産に要求していた。しかし，有価証券報告書等に毎年「20億円もらう」と書けば，世論から「ゴーンは強欲だ」とブーイングが起き，日産のイメージが悪くなる。トップが一人だけ突出した報酬をもらうのを嫌う日本の美徳を，ゴーン氏はよく知っていた。また，彼は仏ルノーCEOも兼務しており，フランスにも同じ美徳がある。のみならず，ルノーの大株主であるフランス政府はCEOに報酬制限をかけていた。ゴーン氏がルノーからもらっていた年間報酬も10億円弱。米国では，日産規模の大会社CEOは100億円超もらうこともある。世界の経営者が集うパーティーで，ゴーン氏は「米国へ来いよ」と引き抜きの誘いも受けたはず。しかし，日本を愛するゴーン氏は日産に留まった。20億円は日本の美徳を尊重した謙抑的要求だったろう。だが，それでもガラパゴス日本では高額すぎる。そこでゴーン氏は事を荒立てぬよう，帳簿上，毎年10億円弱もらうに留めた。残りの約10億円は先延ばしし，退職後にこっそりもらう，という密約を日産と結んだ。先延ばし額は2010年から17年までの8年間で累積約92億円。内閣府令によれば，退職後の元取締役に支払う顧問料などは個別開示義務がない。92億円は退職後に顧問料として受け取れば開示せずに済み，日本国民からブーイングを浴びることもない。これがゴーン氏（及びゴーン会長率いる法人である日産）の判断だった。

　だが，捜査当局の見解は違った。退職後にもらう金額は，もらう約束が結ば

れた年度の報告書にその都度金額を記載して開示すべき。92億円を記載しなかったのは，金商法の虚偽記載に該当する。これは実務家の法令解釈慣行に従った見解。ゴーン氏は逮捕された。それでは済まない。代表取締役が虚偽記載を主導して日産の信用を失墜させ，92億円分の同社利益を侵害した。日産は民法709条に基づきゴーン氏に損害賠償請求した。

　ゴーン氏自身，実務家の法令解釈慣行を知っていた節がある。彼は報告書に「支払われた報酬は以下の通り」と記していた。「その年に実際に支払った額だけを記した」，つまり未払い額は不記載，と匂わせる書き方である。未払い額の存在をほのめかし虚偽を回避する意図が透けて見える。だが，これを読んだ投資家はどう理解するだろうか。法令に明るくない一般市民なら，「ゴーン氏の報酬は毎年10億円」と考え，未払い額が裏にあるとは思わないだろう。法実務に詳しいプロなら，報告書には未払い額も含めた金額が書いてあるはずだ，未払い額も含めて10億円なのだろう，と理解するはず。素人プロどちらも，未払い額を意図的に記載しないのは虚偽だ，と考えるのではないか。

　虚偽か，虚偽でないか。やはり文理解釈で考えよう。「虚偽」は，嘘をついて相手を欺くこと。金商法197条における虚偽記載は，報告書に嘘を書いて投資家を欺くこと。確かにゴーン氏は投資家に正確な情報を伝えなかった。では，嘘をついて欺いたのか。専門家の判断は割れている。検察は「嘘をついて欺いた」，弁護側証人（東京大学の田中亘教授）は「単なる不記載」，と主張している。単なる不記載なら行政処分の対象となり得る（金融商品等取引委員会の勧告に基づき金融庁が課徴金納付を命令できる）が，刑事罰はない。ゴーン氏は無罪である。どちらが正しいのか。この賛否を立論しよう。なお，ゴーン氏の元側近ケリー氏の裁判でこの点が争われ，一審（2022年3月）は虚偽記載を認定した。この判決とは独立に立論してほしい（ケリー被告は控訴した）。ゴーン時代の日産取締役会はワンマンの彼にとても抗える雰囲気ではなかったらしい。周囲全員イエスマン。取締役内部でしか通用しない「ゴーンには従うべし」という美徳が支配していたようだ。なお，件の92億円は，ゴーン氏との間に結ばれた密約により，日産に支払義務が生じてしまっている。日産はこの92億円をゴーン氏に払わずにすませたいようだ。

コラム　法的三段論法　法適用の基本

　法的三段論法は，要件，事実，効果の三段ステップ。条文が規定する要件に該当する事実があれば，効果が発生する，という論理の流れ。ふつう民事訴訟の原則とされるが，実際には刑法や憲法など実定法すべてに共通する方法論である。「人を殺す」という要件に該当する事実があれば，死刑または無期もしくは5年以上の懲役という効果が生じる（刑199）。「故意過失により他人の権利や利益を侵害する」という要件に該当する事実があれば，損害賠償責任という効果が生じる（民709）。「日本国民であり，かつ公共の福祉に反しない」という要件に該当すれば，「居住，移転及び職業選択の自由」という効果が発生し，国はこれを侵害してはならない（憲22）。要件事実の有無が文理解釈で判明すれば話は簡単。実際には，条文により踏み込んだ解釈（行政解釈や司法解釈）を施さないと判断できないことが多い。詳細は後段第6章，更に『法学入門』第5章や森光『法学部生のための法解釈学教室』（以下，本書で『法解釈学教室』）などの初年次専門教材で学んでほしい。

1　論点整理メモ

　実際には文理解釈だけで金商法197条1項の運用はできないのだが，本章ではあえて初学者目線で文理解釈に留ろう。

　本件の争点は大きく見て二つある。最初の争点は，単なる不記載か，虚偽なのか。不記載は情報不開示，虚偽は嘘。報告書の文面を文理解釈すると，「既払い金額は記した。未払金額は不記載」と読める。ならば内閣府令違反だが，嘘ではない。しかし，未払い額の意図的な不記載は，真実を隠蔽する嘘である。どちらの立場も立論可能。

　人間誰しも自分に不都合なことには口を閉ざしたい。人間にはその自由が認められている。政治家が問い詰められて，嘘を言わないよう巧妙に言い逃れをすることがある。民事裁判の原告は，自分に都合の悪いことは沈黙し，いざ明るみに出ると相手方に立証責任を転嫁する（民事訴訟のルールがそうなっている）。被疑者や被告人には黙秘権がある。ゴーン氏とて不都合な真実は伏せたいだろう。だが，代表取締役たるゴーン氏に，日産のお金の流れを伏せておく

自由はない。信義則（民1-2, 取引でお互いに相手の信頼を裏切らないよう振舞うべし，『法学入門』123頁）に反するからである。では，どこまで真実を伏せると信義則違反なのか。司法判断はケースバイケースである。

　嘘をつくな。これは洋の東西を問わず人間社会に深く根差した美徳である。モーゼの十戒にも出てくる。単なる美徳に留まるものではなく，法律にも取り込まれている。信義則の他，刑事の詐欺や文書偽造もその実例。裁判における自白も，嘘でない前提で初めて証拠採用される（虚偽の自白は証拠力なし）。人間には嘘をつく自由があるのかもしれない。「だまされる方が悪い」と開き直る人も世の中にはいる。だが，皆が嘘をつくと，相互に疑心暗鬼が生じて取引が成立しなくなる。なので，嘘をつく自由はない，という法律が必要になる。他人の生命財産を奪う自由がないのも同様。近代法は自由を強調するが，法律で美徳が自由を制限する局面は極めて多い＊。

　　＊カントによれば，「嘘をつくな」は美徳でなく，自由と平等から必然的に出てくる絶対的命令（定言命法）。『道徳形而上学の基礎付け』で展開されるこの学説は有名だが，彼の立証は成功していると言い難い。本章は「嘘をつくな」が美徳だと割り切って話を進める。

　ゴーン氏の「支払われた報酬は」という文言は，次の意味で虚偽でない，という主張も可能。この文言を読んだプロ投資家は，「なぜ既払いのみ記載と匂わせる表現なのか。額面不明の未払い金が不記載で隠されているかも。ゴーン氏は退職後に多額のカネを要求しているのかも」と疑ったかもしれない。これならゴーン氏は「時限爆弾が隠れているぞ，日産の株は売れ」という適切なメッセージをプロ投資家に発したことになり，だましたと言えなくなる。だが，この主張にあなたは説得力を感じるだろうか。

　本件にはもう一つ争点がある。それは金融商品取引法197条1項1号の「重要な事項につき虚偽の記載」という文言に関係する。つまり，重要事項でないなら，虚偽でも罪に問われない。ゴーン氏の未払い金は重要事項なのか。日産は好調時に年間数千億円の利益を上げる大企業。逆に数千億円の損失を出す年もある。こうした事業規模の日産にとって92億円ははしたガネ。その不記載は重要と言えないだろう。この意味で，ゴーン逮捕は不当である。

　他方，現行の内閣府令を踏まえれば，92億円は重要事項である。内閣府令が報酬額1億円超の取締役について例外なく個別開示を義務付けるのは，その金額が投資家の判断を左右する重要事項だからである。日本で1億円以上もらっ

ている取締役は2021年度現在，日本企業全体でわずか500人強。この希少性からしても，開示は重要である。

　これに対して内閣府令そのものに反対することもできる。東証一部上場企業は日産のような株価時価総額２兆円以上の巨大企業から同100億円程度の企業まで，大小様々。92億円の重要度は大と小で異なる。それを一律のルールで縛る内閣府令は不合理だ。事業規模に応じた別のルールに改正すべきだ。東証は2022年，事業規模や株式流動性を基準に市場を再編したが（従来の一部・二部・新興市場二つの計４市場からプライム・スタンダード・グロースの３市場へ），この再編では不十分。プライム市場の上場基準は株価時価総額100億円以上で直近２年間の利益が25億円以上。規模が100倍違っても同じ市場で売買される状態は変わらない。更なる市場再編と内閣府令改正を求める声は強い。

　92億円が重要か否かは，日産が置かれるその都度の具体的状況にも依存しよう。そもそも「重要」は意味曖昧な語。何が金商法197条１項の「重要」に該当するのか，文理解釈に留まったのでは，判然としない。実際には，実務解釈や行政解釈，司法解釈を待たねばならない。判例は少ない。西武鉄道が長年にわたり大株主に関する虚偽情報を報告書に記載した，として同社元会長が有罪判決を受けた（2005年10月東京地裁）。この判決は，投資家を欺いたとして東証が西武鉄道を上場廃止処分にしたこと，つまり市場の判断を，踏まえてのもの。東証はゴーン氏の件で日産を上場廃止にはしていない。

　本章では判例を度外視して，自分の考えで賛否を立論してほしい。

コラム　取締役の責任（会社法の基礎）

　株式会社は，財やサービスを社会に効率よく提供するための法的な仕組み。近代英蘭で生まれた。最初の株式会社はオランダ東インド会社。地中海貿易を独占するイタリアやフランスの大商人に対抗して，新興国オランダの市民たちは少額ずつ資本を出し合い，共同で喜望峰経由の事業を興した。大航海を成功させるには，専門的なノウハウが必要。そこで，事業の舵取り（経営）は専門家に委ねる。専門家は船や船員を手配し，航海先で売り込む商品を調達し，アジアやアフリカの各地に拠点を置いて現地でビジネスを行い，買い付けた商品を本国へ航送して売りさばく。上げた利益は資本提供者に還元する。オランダはアジアからの輸入品を欧州一円に販売して富を蓄積，国力が急激にアップした。

この図式は今も会社法の基礎を成す。法人としての会社には，株主総会（資本提供者）と取締役会（舵取り役）という二つの機関がある。株主総会が取締役を選任し，会社が取締役と委任契約を結んで事業の舵取りを任せる。取締役だけでは事業ができないので，会社は従業員を雇用して指揮系統を構築する。指揮系統が取締役会の手足となり，事業が展開される。日本でも坂本龍馬や渋沢栄一がこの仕組みを積極的に取り入れた。

現代米国では，巨大企業のCEOはその責任に見合う額として数百億円の報酬をもらうことも多い。米の一部世論は反発するが，この慣行は変わらない。日本の世論は米国よりはるかに厳しい。日本を選んでくれたゴーン氏はその意味で，気の毒ではある。

2　賛否のシナリオ

概略，次のようなシナリオを構築できよう。

〔賛成論〕
ゴーン氏は嘘をついて投資家をだました
- **根拠**　意図的な報酬不記載が原因となって投資家が財産権を侵害された
- **相手方への攻撃**　結果が重大であり単なる不記載では済まない　悪質だ
- **相手方への防御**　因果関係はある

〔反対論〕
嘘をついてだましたとまでは言えない
- **根拠**　単なる不記載であり，そこから生じる投資家の不利益は軽微である
　　　　投資家の財産権侵害の原因とまでは言えない
- **相手方への攻撃**　因果関係はない
- **相手方への防御**　結果は重大でない　悪質だとも言えない

これはあくまで概略。シナリオは多様に構築可能だろうし，それぞれ説得力に一長一短あろう。メモ書きで思考錯誤して自力でシナリオを構築しよう。シナリオが決まったら執筆して合評会を開こう。ディベートもやってみよう。

コラム　因果関係

　ゴーン氏の嘘が原因となって日産の信用喪失（権利侵害）が結果する。民法709条の要件には，「原因から結果が発生」という因果関係が潜んでいる。自然科学は因果関係を重視する。ニュートン力学は，物体の運動を支配する因果法則がある，という自然観に導かれている。量子力学は因果的な自然観を破綻させたが，我々の日常生活ではニュートン的な自然観が今も通用している（彼の不注意が原因で花瓶が割れた，降雪が原因で電車が遅延した，等々）。法律の世界も同じ。民事でも刑事でも，法的責任の追及に因果関係は欠かせない。民法709条は，故意過失と損害の間に因果関係があれば，責任を問える，と解釈されている。ふつう，因果関係がないと責任を問えない。ただし，法律における因果関係は，物理学におけるような厳密で法則的なものではない（第9章参照）。

3　類　題

　発生した事実は，法律の要件に該当するか。この観点で，毎日幾多の事件が法廷で争われている。店舗の濡れた床で客が転んで商品を壊したら，客に賠償責任があるのか。認知症を発症しかけた高齢者が押印した契約は有効か。狭い部屋で日本刀を振り回して卒倒させたら暴行か。民法や刑法の授業ではこうした設例が多数出てきて詳しく解説される。どう論点整理し，どう結論導出するのか，判例に沿って学習することになる。ここでは判例を度外視し，以下の具体例が民法709条の要件に該当するか，文理解釈して賛否どちらも自由に立論しよう。根拠を示して相手の説得を試みるトレーニングだと考えてほしい。

（1）　交通事故：高齢の某がトヨタのプリウスを運転中，ブレーキペダルを踏んでもブレーキが効かなくなり，横断歩道を自転車で横断中の母子をはねて死なせてしまった。某はプリウスの電子制御系統の誤作動が事故原因だ，と主張した。が，被害者側は某がブレーキとアクセルを踏み間違えて車を暴走させ，母子の命を奪った，と主張した。トヨタは，電子系統の異常を感知する仕組みがプリウスには複数組み込まれており，常識的に誤作動は考えられない，と主張した。某のプリウスのブレーキラ

ンプは事故発生時に点灯していなかった，との目撃証言が3件ある。某
の不法行為は成立するか。

（2） 超勤とパワハラで自殺：大学卒業後，広告代理店A社に入社した某は，
インターネット広告制作の部署に配属され，月100時間超の超勤を何か
月も強いられた。この間，上司からは「仕事の質が低い」「書類の出来
栄えが悪い」と繰り返し叱責された。入社年の12月，某は社員寮の上層
階から飛び降り自殺した。労基署は超勤や上司の言動によるうつ病発症
が原因の労災と認定した。上司の不法行為は成立するか。

（3） マンションのベランダで喫煙：某のマンションのすぐ下の階のベラン
ダでAがいつも喫煙する。午前中は6，7本，午後から夜にかけて20本
以上。某が窓を閉めても煙が室内に入ってくる。嫌煙家である某は窓の
隙間にガムテープを貼るなどしたが，効果は薄かった。某は身体の不調
を覚え，精神を病み，心療内科に通院を始めた。転居も考えたが，某は
年金生活者で費用負担に耐えられなかった。Aの不法行為は成立するか。

（4） 検査ミスでダウン症の子が生まれた：某は40歳になって待望の妊娠を
した。高齢出産はダウン症児の出生確率が高い。某は検査を受けた。検
査結果はダウン症陽性だったが，産科医Aはこれを誤読し，某に「陰性
だ」と告げた。産まれてきた子はダウン症のみならず呼吸器障害や消化
器障害も併発しており，3か月の闘病生活の後，亡くなった。某は検査
結果を見誤ったAに損害賠償を請求した。Aの不法行為は成立するか。

（5） ペットの犬が吠えて怪我させた：某は鎖をつけた状態でペットの大型
犬を散歩させていた。腕白な近所の子供Aが通りかかり，犬を棒でつつ
いていたずらした。某は制止しようとしたが，犬はAに吠えかかった。
驚いたAは逃げようとして躓き，硬い石に顔面をぶつけて骨折，全治1
か月の重傷を負った。某の不法行為は成立するか。

（6） いじめ自殺：某は中学1年生の2学期，同級生数名によりSNS上に悪
い噂を拡散され，精神失調を来たした。不登校になり精神科でPTSDと
診断された。2年生進級時に某は家族と相談の上，別の中学へ転校した
が，症状は変わらず入退院を繰り返した。2年生の3学期，某は自殺し
た。1年時の同級生数名による不法行為は成立するか。

判例（司法解釈すなわち有権解釈）は民法の授業で学習してほしい。

次に，近年の時事問題から幾つか。要件に該当する事実があるかどうか，文理解釈に留まって賛否どちらも自由に（判例にこだわらず），しかも説得的に，立論しよう。すべて刑事事件である。必要に応じて事実関係を調査し，立論の根拠づけに活かしてほしい。

（7）　安倍晋三首相（当時）は2013年から18年にかけて，地元支援者のために都心のホテルで会費5千円の「桜を見る会」前夜祭を毎年催した。原価は最低でも1万円以上。差額は6年間で1千万円以上となり，安倍事務所が補填した。これは公職選挙法199条2項で禁止されている選挙区内での寄付，つまり支持者の買収に該当する。検察は安倍氏の秘書を略式起訴し，安倍氏は証拠不十分で不起訴とした。政治家はしばしば秘書に責任を押しつけ，自分は逃げる。2021年7月，東京第一検察審査会は安倍氏の不起訴は不当と議決した。検察は再捜査を行い，再び不起訴とした。安倍氏の行為は公選法違反に該当しないのか。

（8）　森友学園に国有地が格安売却された問題で，財務省の佐川理財局長が自分の国会答弁との整合性を維持するため，近畿財務局に公文書の書き換えを命じた。これを苦に近畿財務局職員1名が自殺した。この書き換えが公文書偽造（刑155）に当たるか捜査されたが，表現を改めただけで偽造とまでは言えないと判断され，不起訴となった。2019年3月，大阪第一検察審査会は佐川氏を含む財務官僚10名の不起訴が不当と議決した。検察は再捜査し，同年9月，再び不起訴とした。佐川氏の行為は公文書偽造に該当しないのか。

（9）　警察官が覚せい剤服用者を制圧しようとして死亡させる事件が毎年起きる。覚せい剤服用者は尋常でない力で抵抗することがあり，警察官もつい力が入る。しかし，死亡させると業務上過失致死（刑211）や殺人（刑199）に該当しかねない。2020年5月，米国で黒人のジョージ・フロイド氏が偽札で煙草を買おうとして白人警察官に首を膝で8分以上押さえつけられ，窒息死した。この後，黒人の人権擁護デモが全米に広がった。フロイド氏は逮捕歴9回，当日は武器不所持だったが覚せい剤（メタンフェタミン）が遺体から検出された。白人警察官は反撃を恐れてつい力が入ったと弁明したが殺人罪で起訴され，2021年4月に禁固22年6か月の判決を受けた。彼の行為は日本でも殺人罪に該当するか。

（10）　21世紀に入ると貞観地震の津波痕跡が詳しく調査され，東北沿岸にそ

れまでの想定を超える津波が来ることが判明した。東電取締役（勝俣会長，武黒副社長，武藤副社長）は津波対策を逡巡した。対策には巨額の費用と手間が見込まれる。津波はすぐに来ない，との楽観視もあったろう。福島第一原発事故の後，検察は3名を業務上過失致死傷容疑で捜査し，不起訴としたが，検察審査会が3人を強制起訴した。一審二審は無罪，現在上告中。彼らの行為は業務上過失致死傷に該当するか。

　要件に該当する事実の有無をどう判断するか，法学部生は判例を通して学習する。判例は裁判官が自らの良心に照らして判断した結果である（自由心証主義，『法学入門』128頁）。彼らは間違えることもある（冤罪事件，次章参照）。判例の単なる暗記でなく，裁判官がなぜそう考えるのか，その筋道を理解しながら勉強しよう。事実を調査し，説得的に立論する能力こそ法律家が身につけるべき真骨頂。この能力を意識的に磨こう。

　なお，検察審査会は，昭和23年制定の検察審査会法に基づき全国の裁判所に設置された組織（『法学入門』184頁）。市民が検察役となり起訴不起訴を決める米国の大陪審制度を日本に導入しようとしたGHQと法務省との妥協の産物である。国民から無作為に選ばれる検察審査員11名で構成される。検察による処分の当否を市民感覚で審査するのが主たる業務。過去70年以上で審査会が起訴を検討したのは約20万人。昔は強制起訴できなかったが，法改正で2009年から強制起訴権限が与えられた。強制起訴後は裁判官が指定した弁護士が検察官役となり公判が進む。2021年までに強制起訴は10件，有罪判決は2件。

コラム　用語の定義

　用語の定義は，法解釈だけでなく立論一般において，極めて重要である。立論に際しては自分が使う語の意味を明確化して臨むよう，心がけてほしい。立論の途中で語の意味がすりかわると，結局何も立論したことにならない。二人が同じ語を違う意味で使って議論しても，すれ違いになるだけ。そのような議論は時間の無駄である。どんな局面でも，できる限り用語の定義を明確化し，立論を実りあるものにしよう。古代ギリシアのソフィストは，意図的に語の定義をすりかえて混乱させたという。同じ轍を踏んではならない。

第 **5** 章

名張毒ぶどう酒事件
──法律における事実認定（2）

　前章の事件では，92億円の不記載という事実があることに争いはない。事実存在を前提した上で，その事実が金商法の要件に該当するか否か，が争われた。

　本章では，事実がそもそも存在するか，が争われる場合を考えよう。殺人事件で被告が「私は犯人でない」と主張する場合などである。ある事実（被告による殺人）の存在を，検察は肯定し，被告は否定する。これはゴーン氏の事件と状況が違う。もちろん，要件事実（殺人の要件に該当する事実）の認定に関する争い，という点は同じだが。

　殺人事件の中には，ゴーン氏の事件のように，ある具体的事実が動かしがたく存在し，それがどの構成要件に該当するかが争われる場合もある。たとえば，殴ったら相手が死亡した場合，傷害致死なのか，殺人か。また，暴力団組長を忖度して手下が殺人事件を起こした場合，会長の振る舞いは殺人に該当するか（2021年8月福岡地裁による工藤会トップに対する判決など）。こうした事件は刑法の授業で考えてほしい。

■議論の前提

　本章では1961年3月に発生した名張毒ぶどう酒事件を取り上げる。本件では，会食で出されたぶどう酒に農薬が混入され，女性5人が死亡，12人が重軽症となった。事件の1週間後，重要参考人として連日事情聴取された奥西勝氏が農薬混入を自白し，殺人容疑で逮捕された。だが，起訴後に公判が始まると，奥西被告は一貫して「自白は取調官により強要されたものだ」として容疑を否認した。犯人は別人だ，と主張した。

　奥西被告は一審無罪，二審死刑，最高裁で死刑が確定した。その後も一貫して冤罪を主張し続け，日弁連の支援も得て何度も再審請求した。2005年4月，7回目の再審請求を受けて名古屋高裁が再審開始を決定した。しかし翌年，検

察の異議申立を受けて高裁の別の裁判官が決定を取消した。弁護側は最高裁に特別抗告した。最高裁は2010年，高裁による取消は審理不尽として差し戻した。高裁は2012年，自白の信用性が高いことを根拠として再審開始決定を再び取消した。弁護側は再び最高裁に特別抗告した。今度は別の最高裁判事たちがこれを棄却した。奥西死刑囚は2014年に刑務所で病没した。

■裁判官たちの見解は割れた

　奥西死刑囚はぶどう酒に農薬を入れたのか。判断した裁判官は50年以上の時間経過の中で50人以上に上る。多くの裁判官が「入れた」と判断した。しかし，「入れたとは言えない」と判断した裁判官も何人もいる。なぜ見解が分かれるのか。裁判では証拠に基づき事実認定が行われる。検察側が提示した証拠は，本人の自白や住民の証言を記した調書，残されたぶどう酒の王冠，王冠に貼られていた封緘紙などである。

　自白調書によれば，死刑囚は犯行当日の夕方，会食が始まる前に，地区会長（地元有力者）宅に届けられたぶどう酒を会場の地区公民館へ運んだ。公民館で1人になった約10分の間に，ぶどう酒の王冠を歯でこじ開け，竹筒に入れた農薬ニッカリンTを注ぎ込んだ。農薬は自分が農業で使うために購入した。王冠をこじ開けた際に封緘紙をはがしたが，慌てておりどこへ行ったか記憶がない。竹筒はすぐ公民館の囲炉裏で火にくべて燃やし，参加者が来る前に証拠隠滅を図った。農薬の瓶は犯行当日の朝，近くの川に捨てた。瓶は浮いて流れていった。犯行の動機は，死刑囚とその妻，そして別の女性との三角関係の解消。2人の女性は事件で死亡した。具体性ある自白だ，と多くの裁判官は感じた。

　しかし，自白調書には不自然な点もあった。公民館の囲炉裏から農薬成分は検出されなかった。瓶を現場の川に投げ捨てる再現実験をすると，付近は急流となっており，何度投げ入れてもあっという間に水没した。自白調書は取調官が被疑者の自白する内容を書き取り，最後に被疑者本人がサインする。だが，被疑者が自発的にすべてを白状する事件ばかりではない。取調官が筋を立て，それに沿って被疑者に質問し，同意を取りつけながら作文していくことも多い。一審の裁判官たちは，調書は取調官のでっち上げ作文だ，と断じた。他方，二審の裁判官たちは「極刑が予想される重大事件であり，たった一度でも嘘の自白をするとは考えにくい」と考えて調書の証拠力を認めた。日本では今も取調に弁護士の同席は認められない（欧米では認められるので，前章の事件でゴーン氏が批判した）。2010年前後に検察不祥事が重なった後，取調の録画が始まった

が，本件の捜査で録画録音は取られていない。取調が適正だったか検証できない。死刑囚は後に「身近に大変な事件が起きて妻が死に，娘の小学校入学も迫っており，取調も初めての経験で気が動転し，『自白したら家に帰してやる』と言われ，恐怖のあまり嘘の自白をしてしまった」旨を述べている。これに対して多くの裁判官たちは「自分かわいさに証言を翻し，真実を覆い隠そうとしている」と判断した。確かに，取調官が故意に間違った自白を引き出すとは考えにくい。死刑を回避したい被告人が頑強に犯行否認を続ける事例もある。だが，捜査当局が間違った筋を立てて被疑者を強引に自白へ追い込んだ冤罪事件は，終戦直後の免田事件から最近の足利事件などまで，相当数発生している。

　王冠に残された死刑囚の歯形とされる痕跡も争われた。一審では4種類の鑑定結果が一致せず，死刑囚のものだと断定できない，とされた。二審では，松倉阪大教授ら3人による鑑定が採用され，死刑判決の決め手となった。松倉鑑定では，王冠の内蓋表面に残された歯形とされる傷跡の拡大写真が，捜査時に奥西氏が再現実験で王冠を口でこじ開けてできた歯形の拡大写真と並べられ，両者が一致する，とされた。弁護団は独自の調査を続け，1990年代以降，「二つの写真は拡大倍率が異なっており証拠力がない」「最新の3次元解析で現場の王冠を調べると，傷跡は奥西氏の歯形と合致しない」「同じような傷は栓抜きでもできる」などと主張して再審請求を繰り返した。2005年の名古屋高裁はその一部を認めて再審を決定したが，他の裁判官たちは松倉鑑定の証拠力を認定し続けた。

　住民の証言にも不自然な点がある。死刑囚がぶどう酒を地区会長宅から公民館に運んだのは事件当日午後5時20分頃。自白内容であり，目撃証言もある。他方，地区会長宅にぶどう酒が届いたのは何時頃か。事件当初，ぶどう酒を地区会長宅に届けた住民ら複数が「午後3時20分頃」と証言した。もしそうなら，ぶどう酒は地区会長宅に約2時間置かれていたことになる。公民館でなく会長宅で，死刑囚以外の人が農薬混入させた可能性が出てくる。しかし，奥西氏の逮捕後，住民証言は奥西氏に不利な内容に一変した。地区会長の妹は「奥西が運ぶ直前だった」と言い，ぶどう酒を届けた住民は「記憶が曖昧だ」と言うのである。検察は一変した後の住民証言を証拠採用した。多くの裁判官は「人間だから多少の記憶違いはある」「農薬を入れたのは公民館だから，住民証言の変化は事件と無関係」と考え，証言の変化と正面から向き合わなかった。

■合理的疑いが残る？

　このように，証拠を集めても事実関係について争いが残ることは多い。刑事裁判には「疑わしきは罰せず」という原則がある。合理的疑いを超えて立証されたら被告を有罪としてよい，そうでないのなら無罪，という原則である（『法学入門』179頁）。2007年10月16日の最高裁判決曰く，「合理的な疑いを差し挟む余地がないというのは，反対事実が存在する疑いを全く残さない場合をいうものではなく，抽象的な可能性としては反対事実が存在するとの疑いをいれる余地があっても，健全な社会常識に照らして，その疑いに合理性がないと一般的に判断される場合には，有罪認定を可能とする趣旨である」。本件では死刑囚の犯行に合理的疑いを差し挟む余地はない，と言えるか。多くの裁判官たちは「言える」と判断した。逮捕直後の死刑囚にインタヴューしたNHK記者が，死刑囚に「大変なことをしてしまった」という真犯人以外にあり得ない狼狽を感じ取った，と後に回想している。事件発生地区には夜這いの風習があり（当時は全国各地にこうした風習が残っていた），死刑囚と三角関係にあったとされる妻と女性は，地区会長とも関係があったことが後に知られるようになった。地区会長の妻も事件で死亡した。住民証言が一変したのは地区会長の圧力によるのでは，という憶測も流れた。死刑囚の逮捕後，地区住民は時間経過と共に「あれは奥西がやった。それでいい。もう終わったことだ。忘れたい。触れてほしくない」という頑なな態度を示すようになっていった。

　死刑囚の死後，親族が名誉回復のため10回目の再審請求を行った。2017年に棄却されたが，弁護団は次の新証拠を発掘して異議申立を行った。残された封緘紙の裏側から家庭用のりの成分が検出された。また，検察に事件直後の懇親会参加者の供述調書を証拠開示するよう請求，これが開示された。この調書は，検察が自分たちのシナリオを証拠立てるのに適さないのでお蔵入りにしたもの。懇親会場で王冠の周りに封緘紙が巻かれた状態だった，と3人が供述していた。ぶどう酒は石油臭がした，との供述もあった。ニッカリンTに石油臭はない。別人が地区会長宅で封緘紙をはがして別の毒物を入れ，再度封緘紙を家庭用のりで貼り付けたことを推測させる。高裁は2022年，「家庭用のり成分が検出されたというが，科学的に立証が不十分」「石油臭との供述は主観的で信用できない」として異議申立を棄却した。弁護団は最高裁に特別抗告した。

> ### コラム　証拠（『法学入門』127頁）
>
> 　証拠は訴訟提起者（原告や検察）が自らの主張を裏付けるべく裁判所に提出するもの。その主張が正しいかどうか，裁判官が証拠調べ手続きを通して吟味し，判決に至る。民事訴訟では文書，検証物，証人，当事者本人，鑑定人，この5種に分類される。刑事訴訟では証拠書類，証拠物，人証（証人や鑑定人），この3種である。法廷における質問に対する被告人の供述も証拠資料となる。本件における自白は被告人の供述調書すなわち証拠書類として裁判所に提出された。奥西氏は被告人質問でその調書が強要されたものだと述べた。王冠は証拠物，鑑定書は鑑定人が作成した書類。詳しくは訴訟法で勉強してほしい。

1　論点整理メモ

　本当に奥西氏が農薬を入れたのか。裁判官は過去にジャンプして現場で犯行事実をリアルタイムで目視はできない。残された証拠に基づき事後的に事実認定するしかない。それは論理的に推測である。証拠に基づく限り，事実は多分こうだったのだろう，としか言えない。だが，根拠薄弱な推測で人を死刑にするのは許されない。そこで，合理的な疑いを超えた立証が求められる。

　本件で最も重視された証拠は，本人が自白した供述調書。本人の供述は，記憶違いや調書作成時に他人から強要があった可能性もある。自白が信用できるかどうか，吟味する必要がある。裁判官の賛否は割れた。

　信用できる（証拠力あり），とする賛成論の根拠は，

　●極刑が予想される事件で，ただの一度でも嘘の自白をするとは考えにくい

　●真犯人にしかわからないような具体性があり，状況証拠の多くと整合する

など。

　信用できない（証拠力なし），とする反対論の根拠は，

　●被告が公判で一貫して「嘘の自白を強いられた」と主張している

　●自白内容に他人の証言や物証と整合性が取れない部分が幾つも含まれる

など。

どちらもそれなりに立論できそうである。本来，立論者は各自，自分自身で事実関係を調査（被告人質問，実地検分，鑑定依頼と結果評価，等々）せねばならない。裁判官たちも支援者たちもこれを行った。しかし，あなたが本件についてこれをやるのは不可能。限られた材料を使い，自由心証で賛否立論しよう。

王冠の傷，その鑑定結果，封緘紙，農薬を入れたとされる竹筒，住民の証言，等々。賛否どちらもが自説に有利な仕方で解釈し，根拠として用いることができる。この他，7回目の再審請求時には「ぶどう酒に入れられた農薬はニッカリンTではなく，別の製品である」という弁護側主張を裁判官が聞き入れた。ニッカリンTは製造中止となって久しく，この主張の検証は難航した。この経緯を調査し，論点整理に取り入れてもよい。

コラム　合理的疑いを超える

　合理的疑いは18世紀英国に由来する言葉。英国にはマグナ＝カルタの時代から陪審制があった。国王でなく，諸侯や市民から選ばれた陪審が，民事や刑事の事件を判決する。陪審には当然，正しい判断が求められる。当時はキリスト教の力が強く，「無実の人を罰したら神から地獄に落とされる」などと言われた。間違った判断をした陪審は国王から罰せられる恐れもあった。これでは怖くて誰も陪審を引き受けない。これを緩和するため，18世紀から「合理的疑いがあれば無罪に」という原則が陪審に示されるようになった。

2　賛否のシナリオ

　メモ書きで賛否どちらもシナリオ構築してみよう。自分で書き込んでいこう。

〔賛成論〕
奥西元死刑囚が農薬を入れた
● 根拠：
● 相手方への攻撃：
● 相手方攻撃への防御：

〔反対論〕
奥西元死刑囚が農薬を入れたとは言いきれない
●根拠：
●相手方への攻撃：
●相手方攻撃への防御：

　シナリオ構築に唯一無二の正解があるわけではない。どんな論点を使い，どこまで説得力を高められるか，吟味しながら自力で構築しよう。シナリオを決定したら実際に書き，合評会を行おう。ディベートもやろう。

コラム　冤罪事件

　21世紀になっても足利事件や東電OL殺人事件など多くの冤罪が明らかになっている。最近では東住吉事件や滋賀呼吸器事件が大きく報道された。なぜ冤罪が発生するのか。自白の強要など強引な捜査があった，その自白を裁判所が信用して有罪と判決した，などが共通している。興味深いのは氷見事件。強姦未遂並びに別件の強姦で起訴された被告がすべてを認めて有罪となり服役，出所後に真犯人が捕まった。無実の一般市民が突然逮捕されると，ふつうパニック状態になる。取調官は「お前が犯人だろう」と目星をつけて迫ってくる。気が動転し，何も耳に入らない。頭が真っ白で何も言い返せない。違うと言ってもどうせ聞き入れてもらえない。早く嵐が過ぎ去ってほしい，と願うばかり。「この調書にサインしたら家に返してやる」と言われたらおとなしく従ってしまう。取調官は悪気ないはずだが，これでは結果的に「疑わしきは罰す」になってしまう。
　日本は治安が比較的よい。それは優秀な捜査当局があってこそ。捜査当局が立件して起訴に持ち込んだら有罪率は9割以上。関係者は善意と使命感で日夜，努力している。国民として感謝すべきだろう。しかし，捜査官も人間である。間違いはあり得る。また，捜査当局は一つの組織。関係者が努力して作り上げた筋を，後になって引っ込めるのは難しい。先輩の顔を潰せない。後輩にはとても言い出せる雰囲気でない。ゴーン氏の取締役会と同様の同調圧力がかかるのだろう。日本では組織として走り出すと誰にもブレーキがかけられなくなることが多い。太平洋戦争へ至る経緯も同じだった。日本人は同じ過ちを犯しがち。我々は歴史の教訓を将来へと活かすべきだろう。検察も裁判所も改善努力は重ねている。取調の可視化も実現された。裁判官が検

察提出の証拠を鵜呑みにせず職権で証拠調べをする事件も増えている。東住吉事件や滋賀呼吸器事件の冤罪確定は，こうした改革の成果なのかもしれない。主権者である国民は，関係者の努力を注視していく責務がある。

3　類　題

次の事件について調査し，名張毒ぶどう酒事件と同じように賛否を立論してみよう。

（1）　和歌山毒カレー事件：林死刑囚が青酸化合物をカレーに入れたのか：自白はない。本人は一貫して否認している。目撃証言など情況証拠を積み上げ，合理的疑いがない程度に立証された，と検察及び裁判所は判断した。それでよいか。「真犯人が親族にいてその人をかばっているのでは」「近所の小学生のいたずらだったのでは」などの声があるが，いずれも憶測の域を出ない。

（2）　飯塚事件：久間元死刑囚が幼女2人を殺害したのか：自白はない。本人は一貫して否認した。情況証拠が希薄で，しかも信頼性に劣る1990年代のDNA鑑定技術（足利事件でも使われた）が使われた。親族も強く犯行を否定している。2008年に死刑執行された。捜査を尽くさず別人を逮捕して死刑にした可能性がある，として日弁連が問題視している。

（3）　袴田事件：袴田元死刑囚がみそ製造会社専務一家4人を殺害したのか：自白はあるが，法廷では一貫して否認。情況証拠は希薄。日弁連が冤罪だとして再審請求を支援し2014年に袴田氏は釈放されたが，裁判は継続している。みそ樽から犯行1年後に見つかったとされる着衣5点は捜査当局の証拠ねつ造だ，と日弁連は疑っている。

法律問題とは無関係に，世の中には事実なのか，事実でないのか，争われている問題がたくさんある。トレーニングだと思って，事実関係を調べて賛否どちらも立論しよう。

①　中国共産党はウイグル人を弾圧しているか（第10章参照）
②　新型コロナウィルスは武漢の研究所から漏れ出た生物兵器か

③　新型コロナワクチンは人体に健康被害をもたらすのか

④　旧統一教会は反社会的勢力なのか

以上４題には「弾圧」「生物兵器」「健康被害」「反社会的勢力」など意味曖昧な語が含まれる点が共通している。定義に注意して立論しよう。

（4）　５Ｇの電波は人体に悪影響を与えるか：４Ｇまで（携帯電話やラジオ中波，FMなど）と比べて，５Ｇは電波周波数帯が高く，長距離通信に不向き。中継ポイントをあちこち大量に作る必要がある。すると，４Ｇ時代と比べものにならない大量の電波を我々は日常生活で浴びる。人体は微弱な電気信号を神経細胞でやり取りして筋肉や臓器を動かす精密機械。４Ｇの電波でも中継ポイント付近の住民の健康被害が懸念されている。５Ｇの普及は大規模な健康被害につながり得る。

（5）　アベノミクスは格差拡大をもたらしたのか：まず，「アベノミクス」「格差拡大」は定義が曖昧なので要注意。次に，アベノミクスの成果としてGDPが66兆円増加，求人増で労働人口が約350万人増加，失業率も大幅低下，株価が大幅上昇，などがしばしば挙げられる。しかし，2013年からの７年間で平均経済成長率は約0.9％，実質賃金は上がらず，多くの国民は生活が豊かになった実感を持てない。株価上昇の恩恵を被った富裕層と，その日暮らしの一般庶民との経済格差は，拡大したと言われる。他方，時給ベースで2012年から2015年にかけて労働者の収入金額は上昇し，低所得層の割合が低下，子供の貧困率も低下した，という調査会社データもある。厚労省の生活意識調査でも，「生活が苦しい」と答えた国民の割合は2019年まで低下傾向だった。依拠するデータにより，格差は拡大した，していない，どちらも立論可能である。そもそも「格差」を何で測るのか。これを決めないと問いには答えられない。

（6）　トランプ氏はディープステートと戦う英雄なのか：米国の政治経済を牽引する有力者たちは多くが何十年もその地位にあり，地位は孫子に継承される。つまり，アメリカの上層階級は固定されている（日本でも政治家や多くの有力経済人の地位が世襲される）。彼らは「エスタブリッシュメント」と呼ばれる。米国では次の風説が流布されている。エスタブリッシュメントは米国政府の中にディープステート（自分たちに都合よく物事を決めていくシステム）を密かに作っている。彼らの多くは小児性

愛など道徳的に腐敗した嗜好の持ち主である。ディープステートとエスタブリッシュメントを打破するため，米軍中枢部はトランプ氏に大統領立候補を求め，トランプ氏は2016年に当選した。この風説をネットで広めた人は「Qアノン（匿名のQ）」と呼ばれている。風説は正しいか。賛否どちらも立論してほしい。

以上は人間の行為が関係する社会的な事実についての争いだった。以下は自然的事実についての争い。各自調査して賛否どちらも立論してみよう。

（1）　最近のコロナ変異株は空気感染するのか：空気感染するなら怖くて満員電車に乗れない，と考えてしまうが，「空気感染」は曖昧な語。政府は国民のパニックを恐れてこの語を決して使わない。専門家は「エアロゾル感染」などの語を使う。定義に注意して立論しよう。

（2）　サンマ不漁の原因は日本の乱獲か，中国の乱獲か，温暖化による海流の変化か：データが限られ立論が困難だが，三つとも立論してみよう。

（3）　石油は化石由来か，マントル起源か（マントル起源説）：これもデータが取りにくい。いずれにせよ，石油を燃やせば温暖化は起きる。

（4）　光は波動か（波動説），粒子か（光子説）：光は波動と粒子どちらの性質も持つ。現代物理学はそう理解している。歴史的には，ニュートンやアインシュタインは粒子説，ホイヘンスやマクスウェルは波動説を唱えた。高校で物理が好きだった人は，両説とも立論してほしい。

（5）　地球温暖化は事実か否か：トランプ前大統領のような温暖化懐疑論者は今もかなり存在する。これに対抗するように，2021年ノーベル物理学賞は気候変動シミュレーションの先駆け研究を行った真鍋淑郎氏らに贈られた。物理法則に従えば，大気中の温室効果ガス濃度が高まると地球温暖化が進むのは当然。信頼できる世界の気温データは過去150年程度までしか遡れないが，そのデータを見る限り地球の平均気温は上昇し続けている。だが，今後も気温上昇が続くのか，という将来予測には蓋然性を伴う答えしか出せない。100％確実だと言い切るのは論理的に不可能である。真鍋氏自身，トランプ氏を説得するのは困難だと認めている。

4　発展的探究　関心事を調査して論点整理しよう

　第3章末で，自分の関心ある社会問題を法律政治という観点で調査分析して理解を深めよう，と述べた。第一歩は事実関係の正しい認識。たとえば，食品ロス問題に関心がある人は，国内外でどの程度の食品ロスが，どういう原因で発生しているのか，正しい認識を持たねばならない。食品ロスに関する国内外の法制度も知らねばならない（国内では2000年制定の食品リサイクル法，2019年制定の食品ロス削減推進法など。フランスとイタリアでは2016年に小売店を対象にした食品廃棄禁止法ができている）。現行法の効果についても正しい認識が必要。食品ロスに関する日本の法制度は，関係省庁が業界や消費者の声を聴きながら策定し，国会が決めたもの。一定の効果を上げているが仏伊より遅れており，食品ロスのゼロ化は程遠い。日本には「もったいない」という古来の美徳がある一方，値崩れを防ぐためわざと食品を廃棄して儲ける業界も存在する（コンビニ弁当など）。食品廃棄は倫理的に許せなくても，法的には必ずしも禁止されない。様々な利害関係者に配慮しながら妥協の産物として法制度を作らざるを得ない。食品ロス削減という目的を実現するのに日本の現行法は不十分だが，20年前と比べれば状況は多少ましになっている。

　その都度の現実を認識し，目的を見定めて立法する。法を施行し，効果を見極め，必要なら改正して効果を改善する。これは経営学で言う「PDCAサイクル」，すなわち計画（plan），実行（do），評価（check），改善（act）を繰り返して品質改善するプロセスと似ている。この繰り返しが政治に他ならない。政治学は国家権力を主題とするが，国民主権の現代日本では，立法が最も重要な国家権力。数多ある政策領域のそれぞれにおいて，どんな法律を作るべきか。こうした問題に通じた人材が選挙で選ばれて政治家となり，官僚の知恵を使いながら立法を主導する。法学部生はぜひ官僚や政治家を目指してほしい。

大川小学校事件
——法解釈：要件の要素分析

■議論の前提

　東日本大震災で宮城県石巻市立大川小学校が津波を受け，教職員と児童の84名が死亡した。北上川河口から４キロほど上流に位置しており，標高は２ mほど。市のハザードマップでは津波は到達しないことになっており，学校そのものが津波発生時の避難場所となっていた。二次避難場所として指定されていたのは通称「三角地帯」。北上川にかかる橋の堤防上で，標高13m程度。学校のすぐ南側には標高数10mの通称「裏山」がある。学校に面した側は急斜面で，土砂災害警戒区域に指定されているが，生徒たちがシイタケ栽培を行っており，脇からなだらかな道もついている。

　地震当日，校長は公務で不在だった。激震で校舎が破損したため，先生たちは生徒を校庭に集合させた。近隣の住民も学校に避難してきた。校長の指揮系統が働かない中，先生たちの何名かは裏山へ逃げるよう主張し，何名かはそれに反対した。避難場所に指定されていない裏山へ生徒を誘導し，けがでもさせようものなら，責任問題になる。小学校には通学バスが１台あったが，バスに全員は乗れない。後回しにされる生徒との間で不公平が生ずる。議論は延々と続き，その間，生徒は校庭で待機を命じられた。自発的に裏山へと逃げる生徒もいたが，先生たちは「学校に津波は来ない」と言って生徒を校庭へ連れ戻した。通学バスの運転手も待機したままだった。

　地震発生から津波来襲まで，市の広報車が学校周辺で高台避難を呼びかけた。ある広報車は３時25分すぎ，海岸から津波が上陸して襲来中であるのを目視し，自ら川上へと避難しながら大川小へ向かって切迫口調ですぐ高台へ避難するよう訴えた。それでも先生たちは議論を続け，３時30分すぎ，全生徒を引率して三角地帯へと向かい始めた。その時，津波が来た。その高さは標高15m超に達

し，皆を飲み込んだ。助かったのは命からがら裏山に逃げた児童4人と先生1人だけだった。通学バスの運転手も犠牲になった。

　学校保健安全法26条は学校設置者に児童の安全配慮義務を課している。子供たちは先生の言うことを聞いていたのに命を落とした。遺族は納得できず，学校設置者である石巻市と教職員の雇用主である宮城県に損害賠償請求訴訟を起こした。県と市，とりわけ大川小学校の教員たちが，過失により子供たちを死なせた，という趣旨である。一審は現場教員たちの過失を認定した。広報車が津波の急迫を告げて高台避難を訴えたにもかかわらず三角地帯に向かったのは安全配慮義務違反の判断ミス，との認定である。この判決には，先生たちの遺族への配慮に欠ける，との指摘があった。先生たちもほとんどが死亡した。その人たちに責任を帰するのは，あまりに酷ではないか。そもそも，先生たちは地震後になぜ議論を続けたのか。事前防災上の過失があった（県や市が事前に適切なハザードマップと避難場所を指定しておかなかった）からではないか。先生たちもこの過失の被害者である。二審では県と市にこの事前防災上の過失が認定され，先生たちの過失（事後防災上の過失）については判断が示されなかった。最高裁は二審を確定判決とした。

　多くの遺族に割り切れない感情が残った。東北沿岸部には地震が来たら「てんでんこ」に逃げろ，という口承がある。現場の先生たちが機転を利かせれば，生徒たちは助かったはずだ。震災当日，多くの学校で教員たちが機転を利かせ，生徒の命を守った。なぜ大川小学校だけ，それができなかったのか。

■「過失」とは

　過失とは何か。文理解釈すると「ミス」「不注意による失敗」だろう。しかし，「先生たちの不注意による失敗」と言っても，漠然としたまま。もう少し踏み込んだ解釈が必要である。民709条には次の司法解釈（有権解釈）が定着している。すなわち，過失とは結果予見義務違反，あるいは結果回避義務違反である。どちらか一方に該当したら過失ありと認定される。前者は，結果を予見できたし，予見すべきであったのに，予見しなかったこと。本件では，広報車の叫びを聞けば津波が自分たちをのみこむことを予見できたのに，これを予見しなかったこと。後者は，予見した結果を回避できたし，回避すべきであったのに，回避しなかったこと。本件では，津波にのまれるのを回避すべく生徒を裏山に誘導できたし，そうすべきであったのに，そうしなかったこと。一審

は，遅くとも３時30分の段階で先生たちは三角地帯の危険性を予見し，裏山への避難を開始することができた，予見義務違反にも結果回避義務違反にも該当する，と判断した。過失が二つの義務違反という要素に分析され，どちらの要素にも当てはまる事実がある，と認定された。

　二審は，先生たちの当日の行動をより大きな文脈で捉えた。先生は業務上，学校教育法を始めとする様々な法令に従う義務がある。学校保健安全法29条は，義務教育学校が教育委員会の指導により各校長の責任で危機管理マニュアルを作成する義務を有する旨，定めている。地震発生時に関しても，校長が教頭や教務主任と協力して地域の事情に即した避難計画を予め作成する義務がある。石巻市教育委員会はそのための適切な指導を大川小学校校長らに行っていなかった。また，石巻市のハザードマップは，北上川沿いの標高２ｍに位置する大川小学校への津波来襲を想定していなかった。二審は予見義務と回避義務の所在が現場の先生でなく，石巻市および宮城県（教職員の任用責任者）にある，と判断した。当日の先生たちの行動は，事前防災の不備ゆえに発生した，ゆえに過失を問えない。事前防災の責任者には，予見義務違反と結果回避義務違反，どちらの要素にも当てはまる事実がある。これが二審の事実認定だった。

　しかし，広報車が叫んでいるのに川沿いへ行こうとするのは，やはりミスではないか。これが多くの遺族の心情だろう。結果予見義務と結果回避義務は法律学で注意義務と総称される。民法上の典型は，善良な管理者の注意義務（民298，400，644，1012等）。「善良な管理者」はローマ法の「善良なる家父（bonus pater）」に由来する語。善管注意義務とは元々，良き父として家族を守るのに必要な注意力，一家の主が備え発揮すべき美徳のこと。現代社会には父だけでなく先生，取締役，医師，弁護士，自動車運転免許保持者など様々な地位がある。より一般には，社会において善良な一市民として占める地位。それぞれの地位に，一定の善管注意義務がある。具体的内容はそれぞれの地位により，ケースバイケースで，異なる。一定の地位にある人は，その地位に固有の善管注意義務を果たさない自由はない。善管注意義務は信義則と同様，法律に取り込まれた美徳である。

　確定判決となった二審は，一審の事後防災過失認定の是非について沈黙した。では，事後防災過失はあったのかなかったのか。こう問われたらどう答えるか。重く，考えるのがつらい問題だが，法学部生はこうした問題にも向き合い，考えねばならない。「あった」と主張する賛成論。「なかった」と主張する反対論。

どちらも立論してほしい。

1　論点整理メモ

　以下では，賛否どちらも，事前防災過失はあった，という認識を共有して立論しよう。つまり，市のハザードマップは想定が甘すぎた。大川小学校は避難計画の事前策定を怠った。これらの点で争いはないものとする。その上で，事後防災過失の有無を立論しよう。

　賛成論の根拠は，津波急迫の最中に先生たちが三角地点へ向かったこと。一人一人の過失は特定できない。だが，先生たちが合議の上で三角地点への避難を決断したのは判断ミスであり，結果の重大性に鑑みるとその責任を問わざるを得ない。事前防災過失だけではこの点が見過ごされる。現場を預かる者の判断ミスも責任が問われる，という教訓を残さないと，再発防止につながらない。遺族感情としても納得がいかない。

　反対論の根拠は大きく見て二つある。（1）先生たち自身，亡くなっている。死者に鞭打つのは美徳に反する。責任追及は先生たちの遺族の悲しみに追い打ちをかけ，遺族に対する不当ないじめや差別にもつながりかねない。（2）先生たちは事前防災過失の被害者である。先生たちは地震時の避難ルールに従う義務がある。ルール上，学校自体が避難場所であり，二次避難場所が三角地帯だった。先生たちはこれに従っただけ。当時の先生たちの情報入手手段は，広報車のアナウンスの他，ラジオ1台だけだった。大川小学校の校庭からは，遡上してくる津波を直接目視できない（校舎などで視界が遮られる）。広報車が強く訴えたとはいえ，市の指定避難場所を津波がのみこむという認識を先生たちは持てなかった。持っていたら，当然，裏山へ逃げたはず。この状況での三角地帯への避難決断は過失と言えない。「ルールを破って高台避難させるべきだった」とは要求過多である。

　賛成論は次のように反論するだろう。広報車は実質的に「避難ルールに従うと死ぬ，ルールを破れ」と叫んでいた。それを認識しなかったのはミスである。当時の状況では，広報車に従いルールを破る緊急避難的判断こそ合理的だろう。機敏に最悪事態を想定して安全を最優先するのが先生の役目ではないか。

　先生たちは津波の脅威を認識できたのに，それを怠ったのか（善管注意義務違反，一審が認定）。それとも，認識できなかったのか（想定外）。仮に認識でき

なくても，万が一を考えて（想定外を想定して），ルール違反でも生徒を裏山に避難させるべきだったのか。それとも，そこまで要求するのは不合理なのか。賛否どちら側でも立論は可能だろう。

　本件には，法人と自然人という隠れた論点がある。本件は，県と市（公法人）の責任を問うたもの。先生たち一人一人（自然人）の責任を追及しているわけではない。だが，生徒たちの遺族は，心情的に，裏山への避難に反対した先生を特定して「あなたのミスだ」と追及したいのだと推測される。法人は架空の法的人格。その様々な職位に自然人が就任し，意思決定しないと，法人としての意思決定や行政行為は生まれない。法人に責任があるのなら，その法人の意思決定を主導した特定の自然人（たち）にこそ本来は責任があるはず。本件の場合，事後防災に関しては現場の先生たち，事前防災に関しては歴代の教育委員会担当者，ハザードマップ責任者である。

■国家賠償法の建てつけ

　しかし，本件のように国家賠償が支払われる事件でも，当該行政行為に関係した公務員個人は原則，責任を問われない（国家賠償法1-1, 最判1955年4月19日）。さもないと公務員が委縮してしまう，との配慮からである。例外的に，公務員個人に重過失や故意がある場合には国や自治体が当該個人に求償できるが（同1-2），本件に重過失や故意はない。刑事上は業務上過失や背任，職権濫用などで立件の可能性はあるが，ハードルは高く，時効もある（業務上過失致死が10年，同致傷が5年）。本件は立件されておらず，時効も成立済み。自然人は責任追及されたら痛みを感じる。その分，反省や再発防止へのインセンティヴも大きくなる。法人は責任追及されても痛みを感じることができない。再発防止へのインセンティヴは小さくなりがち。本件では判決確定後，石巻市長が遺族に謝罪した。担当部署にも再発防止が徹底されたことだろう。しかし，市長も職員も次々と入れ替わっていく。国家賠償事件は今も全国で後を絶たない。再発防止のためには，賠償されるべき行政行為に関わった公務員個人の責任を原則，問うべきではないか。個人の責任明確化を原則としておくことは，国家賠償事件の未然防止のために必要ではないか。

　もちろん，賠償金を肩代わりせよ，ということでは必ずしもない。大川小事件は約14億円の国家賠償支払が確定した。事前防災過失に関わった歴代の教育委員会担当者やハザードマップ責任者に，この金額は払えない。仮に事後防災が認定されても，同様である。求められる責任の取り方は，事前防災過失につ

いて言えば，組織内部で調査し，ハザードマップや避難計画に関して不作為を重ねた個人を特定して処分する，そして亡くなった生徒先生の遺族に謝罪させる，といったことだろう。役所の担当者は数年おきに人事異動で入れ替わる。歴代担当者は前任者から仕事を引き継ぐ。ハザードマップの杜撰さや避難計画の不備はうっかりミスが代々引き継がれたものだったらしい。どこかでミスに気づいた担当者がいたかもしれない。だが，ミスの指摘には勇気がいる。杜撰さや不備は地方公務員法29条の懲戒事由（職務を怠る）に該当し得る。指摘すると，前任者を敵に回し，職場に不和を生み出しかねない。ミスした人は既に退職した人かもしれない。上司に指摘しても嫌がられるかもしれない。事なかれ主義で，毎日できるだけ波風立てず仕事を終えたい，と人は誰しも考える。「とても言い出せる雰囲気ではなかった」のだろう。

　事件さえ起きなければそれで許されたのだろうが，回り回って何十人もの犠牲者が出てしまった。被害を未然に防ぐPDCAサイクルを行政組織内に定着させるべきだろう。職務をきっちり果たすくせをつけるには，それを怠った公務員個人に責任を取らせる慣行をまずは作るべきではないか。その目的は公務員の自覚向上であり，萎縮させることでは決してない。

■公務員個人の責任への賛否

　これには反対意見も強いだろう。そもそも，何をしたら（しなかったら）懲戒事由の「職務を怠る」に該当するか，判然としない場合が多い。それを判別できるのは職責にある当の公務員本人だけ，という場合も多い。判別機関を行政内部に別建てで作るのは高コストだし，作っても身内に甘くなりがち（欧米では市民オンブズマンがこの役割を果たす）。公務員個人の実効ある責任明確化は実際には困難である。法人の責任明確化で教訓を得ていくしかない，と考えるのには合理性がある。事実，大川小事件は全国の自治体に事前防災責任を強く自覚させる契機となった。事件後，国からも全国の自治体に指導がなされている。法人への帰責が将来へ向けた体制整備につながるよう関係者は努力している。過去の事件を使って研修を行い，再発防止に役立てている行政組織もある。こうした事後的な取り組みで事態を改善していけばよいのかもしれない。

　同じ法人でも企業（私法人）の場合は，個人の責任追及が多面的に可能。たとえば株主代表訴訟。会社に損害を与えた取締役が会社に賠償するよう，株主が訴訟を起こせる。2000年の大和銀行（現りそな）株主代表訴訟一審は，1人の元取締役に数百億円の賠償を命じた。二審で大幅減額されて和解成立したが，

62

取締役個人の責任を広く自覚させる契機となった。数百億円は1人の自然人には払えない。この事件の後，取締役が予防的に賠償保険に入る習慣が定着し，商法（現会社法）が改正され取締役の責任額を限定できる仕組みも導入された。だが，福島第一原発事故を起こした東電元経営陣3人に対する株主代表訴訟一審ではこの仕組みが働かず，計13兆円の賠償命令が出た（2022年）。

コラム　自然人と法人（『法学入門』103頁）

　法人は中世のキリスト教修道院に端を発する概念。修道僧たちが死去しても，建物や敷地や債権など修道院の財産は継承される必要がある。そこで，修道院に法人格を持たせて財産権の主体と見なした。古代ローマ法は自然人しか認めない。自然人どうしの組合はあったが，自然人と別個の人格と見なされる法人はなかった。修道院との類推で，中世末期にはロンドン市などにも法人格が認められた。東インド会社は人工的に作られた法人格。ホッブズは国を東インド会社にたとえて社会契約説を提唱した。国民が株主，国王は取締役，国は会社同様の人工的な架空人格（『リヴァイアサン』）。国は王に手綱を委ねて制御してもらわないと暴れ回る困った怪物だ，というのがホッブズの国家観。会社以外の団体に広く法人格が認められるようになったのは19世紀になってから。民法総則に法人の規定を置くのは19世紀ドイツ民法草案に由来する法典編纂のやり方（パンデクテン式）。

　人格はラテン語でペルソナ（声が響き渡る，が原義。劇場で声が響くよう役者がかぶった仮面に由来），ギリシア語でプロソポン（「前を向いた」が原義。転じて顔面）。法律用語に転じたのはローマ法において。裁判を演劇に見立て，その登場人物（訴訟当事者）をペルソナと呼んだ。演劇には人だけでなく神や動物も登場し得る。また，顔面は人だけでなく神や動物，建物や自然物にもある。ペルソナやプロソポンは必ずしも人に限らない。「人格」と訳すのは，実は誤訳。欧州でペルソナが自然人から法人へと拡張されたのは何ら不思議でない。現代の欧米では，自然人や法人だけでなく動物や自然物，歴史的建造物にも権利主体性（法的人格性）を認めてその保護を進めようとする動きがある。こうした権利主体の拡張はペルソナやプロソポンの原義を考えると極めて自然である。

2　賛否のシナリオ

論点整理を踏まえて自力でメモ書きしてシナリオを作ってみよう。

〔賛成論〕
事後防災過失があった
- ●根拠：
- ●反対論への攻撃：
- ●反対論への防御：

〔反対論〕
事後防災過失はなかった
- ●根拠：
- ●賛成論への攻撃：
- ●賛成論への防御：

シナリオを決めたら，執筆して合評会を行い，更にディベートをしてみよう。

コラム　責任とは（『法学入門』169頁）

「責任」は法律学の基本概念の一つ。ローマ法の債務（obligatio, debitum）に淵源がある。本書の文脈では，責任概念は大きく見て2種類に区別できる。一つは，自由を行使した結果に対する責任。近代欧州は「自由で平等な個人」という理念的な人間観を掲げた。これによれば，自由を行使した結果はその個人が引き受けるべきもの。自由行使して契約を結べば，発生する義務に縛られる。ローマ市民は近代欧州人ほど自由でなかったが，多くの民事的権利を行使できた。これが近現代の「自由な個人」のひな型となった。なお，現代民法には債務と責任を区別する文脈がある。これは19世紀ドイツに由来する区別で，この際の債務とは義務，責任とは強制的な義務履行のこと。詳しくは債権の授業で。

もう一つは，美徳と関係する責任。父親には家族を守ることが，取締役には会社経営の腕前が，期待される。期待に応えるのが父親の，取締役の，美徳であり，責任である。アリストテレスの例だと，市民には勇敢に戦いポリスを守ることが，笛吹きには上手な笛の演奏が，期待される。ローマ法も元来は市民に期待される美徳としての側面があった。美徳とは一般に，人が共同体で占める地位（父，取締役，市民，等々）に付帯する責任，期待される役割，あるべき姿のこと。善管注意義務，保護責任（刑218），監督義務（民714）などは，その現代的名残。運転免許保持者には安全運転責任（善

64

管注意義務）が伴う。真田幸村や山本五十六は武士軍人の美徳を体現し，その責任に殉じたとも言える。

3　類　題

　最近発生した熱海の盛り土崩落事件（2021年）における静岡県庁及び熱海市役所職員，また知床遊覧船沈没事故（2022年）における船舶検査実施機関職員，についても公務員個人の責任を問うべきか。賛否どちらも立論してみよう。

　民事の善管注意義務違反は刑事の業務上過失と似ているが，刑事よりハードルが低い。業務上過失の成立には，過失と因果関係の他，他人の生命身体に危害を加える恐れある業務上の地位（医師，自動車運転免許保持者，危険物取扱業者など）が必要となる。公務員の場合，たとえば警察官や教師などの地位。政治家やキャリア官僚，一般職の地方公務員はふつうそうした地位と見なされない。以下に紹介する3つの著名な刑事事件について調査し，被疑者が他人の生命身体に危害を加える恐れがある地位に就いているか，過失と因果関係があるか，という観点で有罪無罪どちらも（実際の判決とは独立に）立論しよう。

（1）　明石花火大会歩道橋事故（2001年）：花火大会の後，多くの人が駅へ向かう途中の歩道橋に集中して将棋倒しとなり，11名が圧死，183名が重軽傷を負った。大会主催者の明石市，県警明石警察署，警備会社の三者が十分な事前協議をしなかったから事故が発生したとして関係者12名が書類送検され，うち5名（明石市職員3名，警察官1名，警備会社員1名）が業務上過失で起訴，有罪となった。検察審査会は事故当時の警察署長と副署長が十分な事故防止策を怠ったとして3回にわたり起訴相当と議決したが，そのつど，検察は不起訴とした。2009年，法改正により検察審査会の判断で強制起訴が可能となり，翌年，元署長と元副署長は強制起訴された。2012年，神戸地裁は2人が一定の事故対策は講じていた，既に5年以上経過し時効が成立，として免訴を言い渡した。2014年の大阪高裁と2016年の最高裁も同じ結論だった。

（2）　JR福知山線脱線事故（2005年）：JR福知山線の電車が時速100キロ以上の高速でカーブに進入し，遠心力で脱線してマンションに激突，乗客と運転手合わせて107人が死亡，562人が重軽傷を負った。JR西日本では

阪急電鉄に対抗するため福知山線で余裕のない高速運転ダイヤを組んでおり，これに合わせた定時運行ができない運転手に「日勤教育」と称して見せしめ的な処罰待遇を行っていた。運転手は当日，遅れを出しており，処罰を恐れて遅れを取り戻そうと高速でカーブに進入したらしい。現場には自動列車制御装置（ATS）が未設置だった。JR西日本の運行管理責任者（取締役）が業務上過失致死傷で起訴されたが，2012年に神戸地裁で無罪となった。これと別に，歴代社長3名が現場の危険性を認識してATS設置を指示する義務があったところ，それを怠った，として検察審査会により強制起訴された。一審神戸地裁（2013年），二審大阪高裁（2015年），最高裁（2017年）はすべて無罪と判決した。

（3）　大野病院事件（2004年）：福島県立大野病院には産科の医師が1人しかいなかった。この医師が執刀した癒着胎盤の帝王切開手術に際して，妊婦が大量出血で死亡した。難産が予想される場合には約15キロ離れた双葉厚生病院から応援の産科医を頼むこともできたが，応援を頼んだことはそれまで一度もなかった。また，手術当日は大量出血に備えて輸血用血液を準備したが，その量は結果的に不十分であった。遺族から医療過誤だとの訴えを受けた福島県警は捜査を開始し，医師は業務上過失致死で逮捕起訴された。全国の医師たちが「これでは委縮して手術できなくなる」「誰も産科医にならなくなる」と反発し，執刀医を擁護する鑑定書が多々提出された。2008年，福島地裁は無罪と判決した。

　刑事責任が問えずとも，民事責任は問えることが多い。明石花火大会事件は民事訴訟で賠償責任が確定した。福知山線事故ではJR西日本が最初から賠償責任を認めて支払った。大野病院事件では県が加入する医師賠責保険が使われた。第4章類題（10）の被告は一審無罪だったが（判決未確定），民事の株主代表訴訟で賠償を命じられた（上述）。

コラム　法解釈の実務

　本章で例示したように，司法解釈はふつう条文の文理解釈に留まらず，条文中の要件を必要に応じて要素へと分析する。適用すべき条文が見当たらない時には拡大解釈や縮小解釈，反対解釈や類推解釈，もちろん解釈，あるい

は条理に訴えることもある。詳細は『法学入門』第5章及び初年次専門演習
（『法解釈学教室』）で学習してほしい。

4 発展的探究 自分の問題意識を鮮明にする

　法学部生は社会問題に関心があるはずだ。だが，中には「関心ない」「将来
の進路で潰しが効くから法学部に来た」という人もいよう。自分の関心の矛先
が定まらないなら，本書が取り上げる様々な具体的問題を参考にしてほしい。
これがきっかけとなり関心の在処がクリアになるかもしれない。教師に「これ
をやれ」と言われて従う受動的姿勢は，大学生のあるべき姿ではない。「やれ」
と命令されても関心は湧かないだろう。自発的関心事なら調査する意欲も自然
と出てくる。自分の問題意識を見定めて明確化する作業も，法学部での勉強の
重要な一部である。世界は解決困難な具体的問題で満ちている。どれもあなた
の生活や将来に直接関係してくる。解決を人任せにしないでほしい。放ってお
けば誰かが解決してくれるわけではない。誰もが人任せにしたら，全員がタイ
タニックに乗ったまま沈没するかもしれない。「沈没してもいい」「ダリい」な
どと絶対に思わないでほしい。それではあなたのご両親が悲しむだろう。どん
な社会問題も，法律や政治という観点で分析できる。実定法はさしあたり所与
のものとして与えられているが，それは同時に主権者が主体的に改変創造して
いくべきものでもある。自分の関心に応じて問題を調査し，解決法を模索して
ほしい。そのプロセスがあなたを知的に大きく成長させ，あなた自身の身を守
ることにつながる。将来の社会をあなたが「こうあるべきだ」と信ずる方向へ
と改善してもいけるはず。これは主権者としての責務を果たすことに他ならな
い。

第7章

コロナ禍での東京五輪開催
——行政判断・原則と例外

　我々は日々，自由を行使して生きている。自由行使に際して，人はいろんな選択肢を天秤にかけ，選び取る。賛否の立論も，我々の自由行使の一態様。判決は裁判官が自由を行使した結果（自由心証）。法律や政治では，単なる自由行使（決断）でなく，他者を説得できる合理的な自由行使が求められる。立法行政司法はすべて，誰もが納得できる合理性を持って裁量権行使されるのが理想。では，合理性とは何か。一言で表現しにくいが，本書後半ではこの問題も考えつつトレーニングを重ねたい。本章では行政による自由行使，とりわけ政治判断の是非を，そして政治判断に対する責任の有無を，立論しよう。

1　五輪開催　政治決断の是非

■議論の前提

　日本の新型コロナ対応は成功か，失敗か。評価は容易でない。欧米諸国と比べて対人口比の死者は少ない。だが，台湾やニュージーランドと比べると見劣りする。他方，インフルエンザ死者はコロナ前の日本で年間1万人超。2021年の新型コロナ死者数は1万人以下。この観点では日本のコロナ対応は成功と言えなくもない。しかし，政府の施策は多くの批判を浴びてきた。PCR検査不足，検疫の甘さ，GoToトラベルキャンペーンへのこだわり，医療崩壊，東京五輪強行，3回目ワクチン接種開始の遅れ，第6〜7波での死者激増，等々。もちろん政府も努力している。その時々の政府判断には理由もある。事実関係を丁寧に発掘して成否を立論するのはよいトレーニングになる。

　以下では五輪開催に的を絞る。五輪の開催主体はIOC（国際オリンピック委員会，会長はバッハ氏）。東京は場所を貸しただけ。東京での開催契約はIOC，東

京都，JOC（日本オリンピック委員会）が締結した。国は開催を支援する裏方的な立場（五輪特別措置法を制定し，推進本部設置や基本方針策定，国有財産の提供を決めただけ）。中止や延期の判断はIOCにしかできない。2020年春，IOCは日本側と協議の上，開会を2020年7月から1年先に延期した。IOCは米NBCから放映権料として1000億円以上の金額を受け取っている。この1年延期によりIOCがNBCに違約金を支払ったかどうかは公表されていない。2021年7月の開会を再度延期すると，違約金支払は現実味を帯びてくる。仮に開催中止なら，放映権料を全額返還した上で損害賠償請求される可能性もある。IOCとしては中止も延期もしたくない。東京都，JOC，日本政府の側から中止や再度延期をIOCに働きかけることはできる。その場合は，日本側の責任で開催できなくなったことになり，放映権料を含む相当な金額をIOCに賠償する必要が出てくるかもしれない。ただし，コロナ禍は想定外の状況。実際に賠償金を支払うか否かは交渉次第だろう。アスリートたちは，予定された期間に東京五輪が開催されないと，各自のスケジュールが狂ってくる。多くのアスリートは後援企業との契約に縛られており権利関係の調整も必要になる。それゆえ，どの競技団体も延期や中止に後ろ向き。予定された期間に実施してほしい。

　予定通り2021年7月に開催すべきか，日本の世論は直前まで割れていた。20万人規模の関係者が全世界から集合する国際イベントを，コロナ禍で開催できるのか。開催を強行すると感染拡大が止まらなくなり，医療が崩壊して死者が大量発生するのではないか。開催1か月前に第5波はもう始まっていた。開催強行の結末は見通せない状況だった。だが，都知事と首相は開催を選択した。この政治決断に対する賛否を立論しよう。

■論点整理メモ

　開催強行論の根拠としては，

（1）開催は国際公約であり，履行する責任がある。

（2）コロナ禍で国民を元気づけるイベントであり，経済効果も見込める。

（3）来日者を極力絞り，バブル方式で開催すれば，水際対策はできる。

（4）4回目の緊急事態宣言を出し無観客開催すれば感染拡大を抑止できる。

（5）東京五輪の招致に尽力した安倍元首相のメンツをつぶせない。

（6）五輪が成功したら，解散総選挙で自民党勝利を呼び込める。

（7）2022年2月に開催される北京冬季五輪に負けるわけにはいかない。

などが考えられる。バブル方式とは，日本国内居住者と海外からの五輪関係者

を相互に完全分離すること。しかも，来日者は当初予定の約3分の1，数万人に絞り込んだ。これでバブルが完璧なら，五輪関係者が日本国内にデルタ株を広めたとは言えまい。（1）〜（4）は一定の説得力があろう。他方，（5）は与党の内部事情，（6）は党利党略，（7）は狭量な国際的対抗心。与党関係者には説得力があっても，国民一般にはそうではなかろう。しかし，政治家がしばしばこうした賭けに出るのは事実である。

　開催反対論の根拠としては，

　感染拡大リスクが高い巨大イベントを第5波の最中に開催すべきでない。

　これに尽きるだろう。実際に，第5波で首都圏の感染者は一時数十万人に膨れ上がり，医療崩壊が起き，1000人超の死者が出た。都と政府は，五輪開催と第5波の間に因果関係はない，と主張している。五輪開催の有無に関わらず，デルタ株による感染爆発は到来したはずだ，むしろ人々が五輪を家でテレビ観戦したから街中の人流は減少した，こう主張してもいる。これは詭弁ではないか。マスコミは五輪スポンサーでもあり，高揚を煽る報道に明け暮れた。多くの人々が浮かれて飛沫を飛ばした。五輪開催は第5波の原因ではないか。都と政府はワクチン接種が行き渡る秋まで開催延期すべくIOCと交渉すべきだったのに，それをしなかった。無責任だ。そう反論することは可能だろう。

　この賛否も，自由と平等の対立として捉えることができる。五輪開催を含む経済活動の自由を最大限認めるか。それとも感染死の増加を止めるために経済活動を制限するか。だが，これは単純な二者択一ではない。経済活動を下手に制限すると，生計を立てることができず自殺する人が出てくる可能性がある（コロナ感染死者の数を上回る可能性すらある）。経済を止めて税金で補償するなら，国の赤字がその分，増えていく（1千兆円超の赤字国債を更に積み増すことになる）。人命第一のつもりが実は人命喪失に拍車をかけてしまう。将来世代にも禍根を残す（世代間衡平に反する）。欧米諸国はこれを恐れ，多少の死者が出ても経済を止めない，という決断を早い段階から行った。判断が難しい。各自の自由心証でシナリオ構築に進んでほしい。

■シナリオ構築，実際に書く，合評会，ディベート

　どんなシナリオ構築とするか，読者各自に委ねたい。構成の骨組みは前章までと同じ。

70

〔賛成論〕　　　　　　　　　〔反対論〕
●その根拠：　　　　　　　　●その根拠：
●反対論への攻撃：　　　　　●賛成論への攻撃：
●反対論への防御：　　　　　●反対論への防御：

　シナリオが決まったら，執筆して合評会へ，そしてディベートへ進もう。

2　国家賠償請求の是非

■議論の前提

　政府の言い分に従えば，第5波の死者や重症者は運が悪いと思って諦めろ，ということになる。そうだろうか。五輪開催と第5波の間に因果関係はあるのではないか。後遺症に苦しむ人々や死亡患者の遺族は，開催強行した都と国の責任を追及すべきではないか。「多少は人が死ぬけど構わないから五輪をやっちゃおう」と都知事や首相が考えたのだとしたら（そうではないと信じたい），それは未必の故意による殺人かもしれない。殺人の立件ハードルは高い。首相職や知事職は医師や自動車運転者と違い，業務上，他人の生命財産に危険を与える地位ではなく，業務上過失致死の立証も難しい。だが，民事的責任なら問える可能性がある。憲法17条は「何人も，公務員の不法行為により，損害を受けたときは，法律の定めるところにより，国又は公共団体に，その賠償を求めることができる」と規定する。この「法律」が国家賠償法（前章参照）。賠償請求は民事訴訟手続による。

　あなたは東京五輪を楽しんだかもしれない。ならば，こうした問題を考えるのは気が進まないかもしれない。「もう済んだこと」「コロナは天災だから仕方ない」「活躍したアスリートに失礼」と考え，うやむやにしたがる人もいるだろう。日本人は忘れやすい国民である。しかし，法学部生はそのような態度を取るべきでない。あなたが第5波で感染して苦しんだ当事者だったら，どう感じるか。法学は正義を求める学問である。権力者は無謬ではない。たとえ終わったことでも，責任の有無を理詰めで吟味することを，そして必要なら権力者を弾劾することを，逡巡してはならない。さもないと，法学は死んでしまう。

　民法709条は過失責任主義に基づいて解釈されるのが原則（『法学入門』92頁，130頁以下）。すなわち，過失あれば責任あり。被告の故意過失が原因で権利利

益の侵害が結果したなら，被告に損害賠償責任がある。原告が故意過失と因果関係を立証できたら，司法は被告に損害賠償を命ずる。ゴーン氏の犯罪が原因で日産の損害が結果した（第4章）。事前防災の不備が原因で大川小の事件が結果した（第6章）。どちらも過失責任原則による賠償請求である。では，本件で都知事と首相の過失責任が問えるか。無理だろう。

　しかし，過失責任には例外がある（『法学入門』131頁以下）。たとえば原子力事業者の無過失責任。原発事故が起きると，事業者は無過失でも賠償責任を負う（原子力損害賠償法3条1項）。原子力利用は危険行為。ひとたび過酷事故が起きれば取り返しがつかない被害が出る。原発さえなければ，過酷事故は発生し得ない。それゆえ，過失の有無にかかわらず，発生した被害の全責任は事業者が負うことになっている。東電は福島第一事故の賠償責任を争わず認めた（賠償金額については争いがあり多くが裁判になった）。無過失責任は火薬などの危険物取扱業や鉱業に広く規定されている（危険責任と総称される）。

　また，公害裁判における間接反証理論も，過失責任の例外と見なせる。水俣病などの公害事件では，被害者は零細な一般市民，加害者は大企業だった。加害者はこぞって「被害の原因は自分たちではない」と主張した。過失責任主義に従うと，被害者（原告）は原因物質の排出者がその企業であることを厳密に立証せねばならない。だが，そのような立証は零細市民にとって技術的にも費用的にも困難。水俣病では，工場から当該物質が排出された証拠を原告側に取られないようにするため，企業（チッソ）が排水口を鉄条網で囲って人が近づけないようにするなど隠蔽工作まで行った。新潟水俣病では企業（昭和電工）が原因物質の排出を止めた後に被害が明るみに出て裁判となった。時効の壁もあり，被害者はより弱い立場に立たされた。これでは被害者が救済されない。そこで，新潟水俣病一審は，民事訴訟法で「間接反証」と呼ばれる法理を採用した。すなわち，原告は「原因物質の排出者は被告以外にない」と強く推認できることを立証すれば足りる（間接本証）。これに対して，被告は「排出者は自分でない」と強く推認させる反証（間接反証）を行わねばならない。間接反証に成功したら被告に責任なし。失敗したら被告は有責。被告の昭和電工は間接反証を行うことができず，賠償責任を認定された。

　公害裁判では疫学的因果関係も認められた。原則として，厳密に因果関係を特定しないと過失は認められない。公害なら，その原因物質と排出者を特定し，この物質が排出後にどういう経路で被害者の体内に入り，健康被害を結果させ

たか，を科学的に厳密に立証する必要がある。公害事件でこうした立証は困難である。喘息患者の発症数と近隣の煤煙濃度の間に疫学的な因果関係を推定する，といったことしかできない。1970年代の公害裁判で，司法はこうした疫学的因果関係を根拠として企業側の過失責任を認め，患者を救済した。最高裁も疫学的因果関係が「高度の蓋然性」「通常人が疑いを差し挟まない程度に真実性の確信」を持ちうると判断した（1975年10月24日）。

　これと同じ法理が，五輪開催の責任追及にも使えないか。第5波による死者や重度後遺症患者は弱者，都と国は強者である。「五輪と第5波の感染爆発の間に因果関係はない」との主張は，かつての公害企業の言い分と酷似する。五輪さえなければ第5波の感染爆発はかくも大きくならなかったことが，間接反証法理により立証できるかもしれない。五輪開催と第5波の間の疫学的因果関係なら立証できるかもしれない。「高度な蓋然性」「通常人が疑いを差し挟まない程度に真実性の確信」というハードルは高い。だが，事実関係を自分で調査し，立論しよう。都や国を弁護する立場も立論しよう。

■論点整理メモ　因果関係

　五輪開催時期と，第5波の到来時期は，ほぼ一致する。この一致はたまたまか。それとも前者は後者の原因なのか。「何かが原因で何かが結果する」という因果関係は，人間に深く根差した思考の枠組み。「事故で電車が遅延した（遅延が原因で事故が結果）」「津波が来るから逃げろ（津波が原因で被害が結果する，結果の発生を回避せよ）」など，我々は日常，因果関係を多用する。目の前で何かが起きると，その原因をつい求めてしまう。この習性は我々の生活を支える合理性そのもの。だが，一つ間違えると不合理な錯誤も引き起こす。「太郎は雨男だ（太郎の同行が原因で降雨が結果）」などと言うことがある。これは冗談。科学的に見て太郎と降雨の間に因果関係があるはずがない。両者はたまたま同時発生しているだけ。「魚を食べると頭がよくなる（魚食が原因で頭の良さが結果）」という歌があった。実は逆で，頭がいいから魚食の効能に詳しく，それゆえ魚食を好むのかもしれない（聡明さが原因で魚食が結果）。「煙草を吸うと成績が悪くなる（喫煙が原因で成績低下が結果）」などと言われることがある。実は精神的ストレスが原因で喫煙に走り，成績も低下するのかもしれない（第三要素であるストレスが原因となって喫煙と成績低下が共に結果）。喫煙と悪成績の間に相関関係があっても，因果関係があるとは限らない。

　「君のせいでひどい目に遭った（君が原因でひどい目が結果）」も同様。両者の

間に因果関係が本当にあるのなら責任追及は至当だが，ない状況でこう言い張るのは不当な言いがかりである。本件の論点整理では次の２点が重要だろう。

　第一に，五輪のバブル方式。開催擁護派は，バブルはほぼ完璧だった，と主張する。しかし，バブルはあちこちで崩壊していた。空港の導線分離が不十分で，一部待合室が一般乗客と共有されていた。選手村付近のコンビニや公園を関係者が徘徊した。タクシーで銀座などへ繰り出した人もいた。彼らは入国前も後も定期的にPCR検査を受けており，日本国内で数十名の感染が確認された。選手村の下水調査では，陽性者が出ていないエリアからもウィルスが検出された。検査で把握しきれない感染者が選手村内部にいた，ということ。バブルの綻びが首都圏の感染爆発に影響した可能性はある。これを立証できるデータが取れれば，開催弾劾派の根拠に使える。

　第二に，五輪のアナウンス効果。開催擁護派は，無観客開催による自宅観戦で人流が抑えられ，これが感染抑止にプラスした，と主張する。しかし，大手マスコミ各社は五輪協賛会社に名を連ねる利害関係者。大会を盛り上げる報道を続けた。自宅で家族や友人と観戦し，選手の活躍に高揚して飛沫を飛ばした人は多いはず。都内の人流は確かに減少傾向の地点が多かったが，減少幅は知れており，ラッシュ時の電車も満員だった。通りで飲んで浮かれ騒ぐ人も多かった。これらが総じて感染拡大に寄与した可能性はある。データ化は難しいが，開催弾劾派はこの可能性を重視する。

　コロナは感染から発症，診断，PCR検査，結果判明まで，10日から２週間程度のタイムラグがある。第５波は関係者の入国と共に高くなり，ピークは五輪開催期間のほぼ２週間遅れでやってきた。つまり，五輪開催と第５波の間に，相関関係は確実にある。数十万人の第５波感染者一人一人が五輪開催期間に１日24時間どんな行動をしていたか調査すると，バブル崩壊やアナウンス効果が感染原因であることを示すデータが得られるかもしれない。現実にそうした調査は行われていない。仮に行っても，不完全なデータしか取れないだろう。それでも努力してデータを集めれば，弾劾派は最高裁が求める「通常人が疑いを差し挟まない程度に真実性の確信を持ちうる」レベルの疫学的因果関係の立証に近づけるかもしれない。他方，擁護派は「弾劾派は根拠不十分」「五輪開催と感染爆発はたまたま同時発生しただけ」とあくまで主張するだろう。

　データが現実に取れないのなら，弾劾派は決定打を欠くように思われる。実際の司法判断では，被害救済の切迫度も考慮される。公害裁判では被害者救済

が喫緊の課題だった。それが裁判官の自由心証を動かした。第5波の場合はどうか。感染者や遺族の救済は喫緊の課題か。コロナ禍では感染で苦しむ人の他，経済的困窮に苦しむ人もいる。医療崩壊を招いても国や関係者が医療提供努力を続けていたのは疑いない。第6波や第7波は第5波以上の感染者や死者を出したが，国民と政府は経済を優先するようになった。これを踏まえて裁判官が最初から「パンデミックだから多少死んでも仕方ない」と割り切ってしまうと，結論ありきの判決が出て救済の道は閉ざされる。

■シナリオ決定

　シナリオを自分で構築してみよう。

〔弾劾賛成派〕*第5波の原因は五輪開催以外に考えられない*
● *根拠：*
● *相手方への攻撃：*
● *相手方への防御：*

〔弾劾反対論〕*第5波と五輪との間に疫学的因果関係は認められない*
● *根拠：*
● *相手方への攻撃：*
● *相手方への防御：*

　シナリオを決めたら，執筆して合評会を開き，ディベートもしてみよう。

3　原則と例外

　以上で紹介した過失責任原則への例外は，「過失がなくても責任あり」というタイプ。製造物責任（無過失でもメーカーが1年間保証）や自動車損害賠償責任（無過失でも加害者が自賠責保険で被害者を救済），使用者責任（民715，労働者の業務上の不法行為に対して使用者も連帯責任を負う）などもこのタイプ。

　過失責任原則の例外には，「過失があっても責任なし」というタイプもある。失火責任法（明治32年）がその代表。重過失（ほとんど故意に近い注意欠如状態）を除き，過失で火災を発生させても賠償責任なし，と規定している。昔の都市部には長屋が多く，火災が頻発した（火事と喧嘩は江戸の華）。失火の責任を問

われても，ふつう庶民に賠償能力はない。それゆえ，過失責任主義の例外となるこの法律が制定された。延焼の被害者は賠償を得られず怒りのやり場がない。そのため，火災保険が普及していった。

　どんな法律にも原則と例外がある。実際，実定法は原則と例外を組み合わせて構成されている。たとえば憲法の基本的人権は原則。だが，人権を無制限に認めると，他者の権利や公共の福祉と衝突する。それゆえ，憲法は人権が例外的に制限を受けることを条文中で予定している（「人権には制限が本質的に内属する」という理論構成も可能）。民法の契約自由原則は，たとえば90条で例外的に制限される。すなわち，人身売買など犯罪的な契約や良俗（美徳）に反する契約は無効。債権者平等原則には，抵当権者の優先弁済権が例外となる（民369）。債務者が所有する不動産に抵当権を設定した銀行などは，他の債権者に先駆けてこの不動産に関する優先弁済を受けられる。住宅ローンへの社会のニーズは強く，これに応えるため民法は債権者平等の例外を予定している。

　民法総則の「人」にも原則と例外がある。人の権利能力は原則，出生と共に始まる（民3-1）。例外として，出生前の胎児に不法行為による損害賠償請求権（民721）や相続権（民886-1）などが認められる。例外を認めないと不合理が発生して国民の納得を得られないからである。刑法は構成要件に該当する行為を原則処罰するが，正当防衛（刑36）や緊急避難（刑37）なら例外的に処罰を免れる。やはり例外を作らないと不合理に陥るからである。4年間の実定法の勉強では，原則と例外をメリハリつけて理解修得してほしい。

　条文でなく，司法が例外を示すことも多い。たとえば離婚時の財産分与。家庭裁判所の離婚調停は原則2分の1。専業主婦も家の切り盛りで家庭を支える。家庭維持の貢献度は夫婦等分が基本である。だが，裁判になると稼ぎのある側（たいていは夫）の取り分を多くする例外判決が頻発する。極端な例として，東証一部上場企業経営者で220億円の資産を持つ夫の場合，妻の取り分は5％の10億円とされた（2003年9月26日東京地裁）。米国では，2019年にアマゾンCEOのベゾス氏が離婚したとき，妻は夫の財産（アマゾンの株）の3割弱，時価にして約4兆円を手にした。単純比較はできないが，この違いは，日本で女性の社会的地位がまだ低いことの反映だろう。昭和のオジサン世代にとって，男女平等はおそらくいまだタテマエに過ぎない。220億円稼いだのが夫であり，稼ぎに対する妻の貢献度が低いなら，妻には10億円も分与したら十分だ，というのが平均的な昭和の感覚（ホンネ）なのだろう。判例はこれを追認している。

個人の自由と平等を尊重するのが近代法の原則。しかし，昭和の社会通念が今も根深い日本では，例外が多くなる。通念をあなたの手で変えていってほしい。

4　類　題

（1）　国家賠償法1条2項によれば，公務員個人に故意または重過失があった場合，国または公共団体はその公務員に対し求償権を有する。五輪開催を決断した公務員個人は，首相職にあった菅義偉氏，及び都知事職にあった小池百合子氏である。国が第5波による感染者や死者に対する賠償責任を負う場合，国は菅氏に対して，都は小池氏に対して，賠償金額を求償する権利がある。では，その場合，この求償権を行使すべきか。当時の事実関係を自分で調査した上で，賛否どちらも立論しよう。

（2）　第4章で紹介した森友学園問題で，2021年12月，国は自殺した近畿財務局元職員の遺族に国家賠償を行うことを決定した。この自殺は，公文書の改竄命令を受けたことを苦にしたことが原因だったことが分かっている。改竄命令の発出元であった佐川元理財局長に対して国は国賠法に基づき賠償金額を求償できるが，国は求償しない旨を発表した。事実関係を調査した上で，国の求償権不行使に対する賛否どちらも立論しよう。

（3）　福島第一事故による放射線被曝により小児甲状腺がんを発症した，として2022年に6人の若者が東電を相手取って損害賠償請求訴訟を起こした。事故後，放射線被曝が発生した地域での小児甲状腺がんの発症率が10年で約70倍に跳ね上がった，というデータがある。多くの内外専門家はこのデータの信憑性を疑っており，事故とがん発症の間に因果関係があると言い切れない，との見解。国はこれを根拠に因果関係を否定している。事実関係を調査し，疫学的因果関係の有無について賛否どちらも立論しよう。

（4）　新型コロナ第7波では，1日の感染死者数が300人超の日が何日も続いたが，政府は経済活動の自由を優先して行動自粛を呼びかけず，国民もそれを概して支持した。第7波の感染死者の遺族や後遺症に苦しむ人々は，国の不作為に対して国家賠償訴訟を起こし勝訴できるか。事実関係を調査の上で賛否どちらも立論しよう。

（5）　安倍晋三氏の国葬について賛否をどちらも立論しよう。

（6）　東京五輪を巡る数々の贈収賄事件を調べ，立件の是非を立論しよう。

第 **8** 章

選択的夫婦別姓・代理懐胎
――憲法判断と立法裁量

　前章では，合理的な自由行使の一例として立法判断を主題化した。同様の素材は第3章でも扱った。本章では，「現行法で解決できない問題がある」との理由で最高裁が立法判断を促した事例を二つ，考えたい。どういう法律を作ったらよいのか。合理的な根拠を示して，一方に軍配を上げることができるか。

1　選択的夫婦別姓

■議論の前提

　日本では民法750条，739条1項，戸籍法74条の規定により，夫婦は同姓でなければならない。婚姻届を提出する際に，夫か妻どちらかの姓に統一する。大半が夫の姓に統一している。妻の姓を選ぶカップルは全体の5％ほど。男尊女卑的な美徳（悪徳？）が根強い日本の現実をうかがわせる数字である。

　外国では夫婦別姓を認める国が多い。中韓では伝統的に既婚女性が夫の姓を名乗らない（楊貴妃は玄宗皇帝と結婚する前も後も「楊」姓）。日本では，夫婦同姓を支持する理由として，同姓となることで夫婦親子の一体感が深まる，すなわち家族の絆が挙げられる。戦前は家制度（家系存続の重視）とも結びつけられた。家族の絆，家の存続，夫婦同姓，これらはみな一種の美徳だと言える。中でも夫婦同姓は明治政府が創作した美徳。昔の日本は源頼朝と北条政子のように夫婦別姓がふつうだった。明治政府も最初の戸籍法を作った段階では夫婦別姓方針だった。その方が江戸期までの習慣に合致する。しかし，政府は欧米を真似て一夫一妻を推進した（それまで天皇や将軍，大名や豪商など有力者は家を存続させるため一夫多妻だった）。すると，民衆の間に「ならば夫婦同姓の方が分かりやすい」という新たな価値観が急拡大した。江戸期は庶民の多くが姓

を欠き，こだわりが薄かったからだろう。たまたま政府がお手本に選んだドイツも当時は夫婦同姓だった（フランスは伝統的に夫婦別姓）。政府は夫婦同姓を法制化，これが次第に習慣化し，大正昭和を通じて美徳として人心に定着した。

　だが，平成以降，この美徳は揺らぎ始める。家族の絆はよいが，個人の尊厳も重視してほしい。生まれた時からの姓は自分のアイデンティティの一部だ。婚姻により喪失するのは人格を否定されるに等しい。こう考える人が増えてきた。戦前の価値観を背負った世代から，日本国憲法の精神が普及した戦後世代へと世代交代が進み，社会通念（価値観）の転換が起きつつあるのである。結婚後も姓を変えたくない。夫婦同姓と並んで夫婦別姓も選択できるよう法律を改正してほしい。訴訟も起きている。論点を突き詰めると，現行民法と戸籍法は憲法13条（幸福追求権），14条１項（法の下の平等），24条（婚姻における両性の平等）に違反するのでは，という違憲審査問題になる。

　これに対して，最高裁は2015年と2021年に現行法は合憲と判断した。現行法は社会通念に反しておらず立法権の裁量の範囲内にある。法改正して選択的夫婦別姓を認めるか否かは，立法府に委ねられる。これが最高裁の判断である。

■最高裁判例は変更され得る

　合憲ならもう結論は出ている，議論の余地なし，と考えてはいけない。最高裁の判例はしばしば変更される。最近でも，地方議会の懲戒処分が裁判の対象とならない，との判例が，60年ぶりに覆った（2020年11月25日）。2004年までは預貯金の相続が例外なく民法900条に示された法定相続の割合で分割される，とされていたのが，遺産分割協議で割合を決められる，と変更された（2016年12月19日）。法令の司法解釈の変更である。

　法令の合憲性についても判例変更はある。最近の例では，女性の再婚禁止期間を100日超と定めていた民法の規定は過剰であり，憲法14条１項および24条２項に違反する（2015年12月17日）。非嫡出児の相続分は嫡出児の２分の１とする民法の規定は，憲法14条１項に違反する（2013年９月４日）。それまで合憲と判断されていた法令が，違憲とされて無効になった。選択的夫婦別姓を認めない現行法も，将来，判例変更されて違憲となる可能性がある。実際，2021年の判決では４人の判事が「違憲だ」との少数意見を書いた。法律は数学のように唯一絶対の正解があるわけではない。皆が納得できる結論は，時代と共に変わり得る。最高裁判例はしばしば「社会通念」に言及するが，社会通念は少しずつ変化する。最高裁が何と言おうと，自分が正しいと信ずる立場を立論し，他

者の説得を試みる。自説に他者が納得し，それが新たな社会通念となるまで，頑張る。そうした努力を続けることも，法学部卒業生に期待される役割である。将来あなたが権限ある立場に就いても，その行使に際してはいつも理詰めで他者を説得するよう心がけてほしい。

多数意見と少数意見は論理構成が異なり，前者が確定的な司法判断となる。それぞれの最高裁判決で多数意見と少数意見がどう対立しているか，初年次専門演習でじっくり吟味してほしい（『法解釈学教室』参照）。2021年の最高裁判決は，主権者である国民が望むなら，立法裁量により選択的夫婦別姓を可能にする法改正も可能である旨を述べている。本章では，現行制度が違憲かどうかではなく，立法府に身を置いたつもりで選択的夫婦別姓の賛否を論じてほしい。自民党は後ろ向きだが，内閣府などの世論調査では選択的夫婦別姓に賛成する国民の割合が多くなっている。あなたの結婚後の姓のあり方を決する重要な問題である。我がことだと感じて立論してほしい。

コラム　最高裁判所

　長官1名と判事14名で構成される。長官は内閣が指名し，天皇が任命する。判事は内閣が任命する。見識が高く法律の素養がある40歳以上の者から任命される。法曹資格を持つ必要はないが，少なくとも10名は最低10年の裁判官歴，最低20年の法律専門家歴（検察官，弁護士，簡易裁判所裁判官，大学法学部教授または准教授）から選ばねばならない。構成は慣例で概ね裁判官出身が6人，弁護士出身が4人，検察出身が2人，行政官出身が2人，学者出身が1人，と決まっている。選択的夫婦別姓や一票の格差など国民の見解が分かれる問題では，裁判官出身者と弁護士出身者の意見がしばしば対立する。その場合，人員構成の関係上，裁判官出身者の意見に沿った判決となり，弁護士出身者の意見は少数意見となる。この問題は最高裁における「官民対立」として知られる。

■論点整理メモ

　本件は，自由，平等，美徳が複雑に絡み合う。概略，賛成派は個人の自由と平等を，反対派は家族の絆という美徳を，重視する（この点で第3章と同じ構図）。しかし，賛成派が持ち出す「姓は自己アイデンティティの一部」という論拠には，「人は生まれたときからの姓を保持すべき」という，家族の絆とは

異なる別の美徳（日本で社会通念化していないが，中韓では伝統的な社会通念）が横たわる。また，反対派が持ち出す家族の絆は，子の福祉という観点から，「親子全員の同姓状態をどの子にも平等に担保すべき」という仕方で，平等原則を使って擁護できる。美徳は，例外を許さず当事者全員に等しく体現されるべき価値である点で，平等と親和性がある。近代欧州の理念的人間像には自由と平等がタイアップしているが，平等は美徳ともタイアップする。

　本件は，個人が平等に自由を行使できる法制度とするか，美徳を例外なく貫く現行法制度を維持するか，の争い。前者は改姓する配偶者（主に女性）の利益を，後者は子の利益を，代弁する立場。親子全員の同姓を義務化すれば，夫婦の片方は改姓を迫られる。夫婦別姓を可能とすれば，子には親子全員同姓が必ずしも保証されない。親を立てれば子が立たず，子を立てれば親が立たず。複数の個が家族というユニットを作ると，誰かが譲歩を迫られる。どんな法律も正義の実現を目指すが，自由と美徳のどちらが正義に適うのか，判断が難しい。正解はない。国民がどちらを選好するかにより，異なる法制度ができる。

　別姓賛成論の根拠は次のように整理できる。（1）個人には結婚後もそれまでの姓を保持する自由がある。（2）一方が姓の変更を迫られる現行制度は，両性の平等原則に反する。（3）選択的夫婦別姓を導入しても誰にも迷惑かけず，危害も加えない。（4）姓がアイデンティティの一部となっている人，「生まれたときからの姓は一生保持すべき」という美徳に従って生きている人もいる。美徳に対する法律の介入はやめるべきだ。

　別姓反対論の根拠は，（1）夫婦同姓は家族の絆や一体感を醸成する土台であり，社会通念に広く根付いている。（2）あらゆる子に親子全員同姓の環境を用意するのは，子の福祉を平等に担保するために重要である。

　賛成論から反対論への攻撃としては，（1）夫婦同姓と，家族の絆や一体感とは，別問題である。選択的夫婦別姓を認めても家族の絆は失われない。夫婦別姓である中国や韓国で家族の絆は崩れていない。（2）両親別姓は子の福祉と無関係である。中国や韓国では夫婦別姓が子の福祉に何ら影響を与えていない。

　反対論から賛成論への攻撃としては，（1）社会通念を守り子の福祉を増進するため，結婚後の旧姓保持の自由を制限するのには合理性がある。（2）選択的夫婦別姓を認めると，別姓の家に生まれた子に同姓の家の子とは異なる環境が与えられることになる。これは子の平等な福祉を考慮すると受け入れられない。

　賛成論の防御としては，（1）夫婦同姓という社会通念は，明治政府が意図的

に発生させた人工的なもの。個人の尊厳を重視する現代日本で既に崩れ始めている。（2）親の離婚や再婚により姓が変わる子もいる。同姓を平等に担保せよというなら，離婚や再婚は禁止せねばならなくなるが，それは不合理だろう。

　反対論の防御としては，（1）夫婦同姓と家族の絆は大いに関係している。子の成長にも大きな影響を与える。（2）大半の家が夫婦同姓であり続けるだろう日本は，中国や韓国とは事情が異なる。中韓の実例を持ち出すのは意味がない。

　賛否の直接的争点は，明治以降，社会通念化した夫婦同姓に例外（選択的夫婦別姓）を認めるか否か，である。隠れた争点として，（1）生まれた姓を保持する自由と夫婦同姓制度の衝突に際してどちらを優先するか，（2）夫婦同姓と家族の絆は関係するか，（3）子の福祉と姓は関係するか，等があることが分かる。（1）は（4）自由と美徳，どちらが正義に適うのか，とも言い換えられる。

コラム　条理，社会通念，公序良俗，信義則

　明治8年太政官布告中の「条理」（『法学入門』34頁）は，江戸期から筋合いや筋道の意で用いられていた語。裁判官はまず条文に従え，条文がなければ習慣に従え，習慣もなければ条理に従え，と布告は説く。ここで言う「条理」はローマ法のnaturalis ratio（自然の道理）の翻訳語。「自然（羅natura）」の原義は「生まれながら」。人間が誰でも生まれながらに持っている，という意味と，染みついて習い性となった，という意味が混在する。ratioの原義は，物事の識別能力，合理性。条理に従う判決とは，合理的判決。条理と密接に関連する用語として社会通念，公序良俗，信義則などがある。

　社会通念は英common sense（常識）の訳語。最高裁の判決文にもしばしば登場する。ある社会で当然視されている事実判断や，皆が有意義と認める価値規範の総称である。「人を殺すな」は，どの時代どの地域でも妥当する普遍的な社会通念だろう。信義則や善良な管理者などの美徳も普遍性が高い。自由で平等な個人という近代欧州の理念も現代世界で広く受容されているが，中国や北朝鮮では共有されないかもしれない。ガリレオ裁判当時のイタリアでは天動説が社会通念だった。現代の社会通念は地動説。日本と中韓では夫婦同姓・別姓という点で社会通念が異なる。日本国内でも，沖縄と本土は社会通念が違う可能性がある（辺野古基地計画を巡る世論の相違にそれが表れる）。社会通念には時代と場所により相対的なもの，普遍性が高いもの，どちらもある。

公序良俗（民90,『法学入門』122頁）は内実的に一種の美徳（価値規範）である。社会通念と同様，時代と場所により相対的可変的な部分と，普遍的な部分を持つ。社会通念は法律そのものというより，法律を成立させる土台に相当するが，公序良俗は民法条文に取り込まれた社会通念である。元々公序と良俗は別の概念。公序は18世紀フランスで中央集権的な統治機構確立のため提起された公法上の概念。公序に反する者には刑罰が科される。良俗はローマ法以来の私法上の概念。良俗違反は契約無効。公序と良俗を結合して民法に置いたのはボアソナード。彼は明治政府に招かれ，日本で自分が理想とするフランス風の法制度を実現しようとした。彼が書いた刑法草案には「公序としての刑罰」や「良俗に対する罪」などの用語が残る。

信義則は法律の基盤を成す美徳であり，社会通念の一部。極めて普遍性が高い（第4章参照）。「条理」とは，以上のような同時代人が共有し当然視する事実認識や価値規範に沿ったものの考え方の総称，と言えるだろう。

■シナリオ構築，実際に書く，合評会，ディベート

賛否どちらのシナリオも自分で構築してみよう。概略，以下のようになろう。

〔賛成論〕

選択的夫婦別姓に賛成

●**根拠**　旧姓を保持する自由，両性の平等，誰にも迷惑かけない，姓は自己同一性のよすが

●**相手方への攻撃**　夫婦別姓と家族の絆は別問題　子の福祉に反しない，中国や韓国をみよ

●**相手方への防御**　夫婦同姓は明治政府の遺物，もはやこだわる必要なし

〔反対論〕

現行法のままでよい

●**根拠**　家族全員同姓が美徳として定着済み，家族の絆を高める，子の福祉

●**相手方への攻撃**　子の福祉を侵害しかねない，美徳を守るべき

●**相手方への防御**　夫婦同姓は子の成長に影響大，日本は中国や韓国とは違う

もっと論点を入れ込んでもよい。シナリオにどこまで論点を取り入れるかにより，小論文の長さも違ってくる。千字程度の小論文なら，論点の数やその展

開度合いも限られてくる。文字化していく際には要領よく簡潔にまとめる意識を持とう。相手が斜め読みして十分にこちらの言い分を理解できるような筋肉質の文章を書こう。書き終わったら合評会，ディベートへ進もう。

コラム　違憲審査権（『法学入門』79頁，88頁）

最高裁は違憲審査権を持つ（憲81）。だが，その行使は抑制的である。しかも，合憲判断がほとんどで，違憲判決は1947年以降23回だけ。うち10回が法令違憲，13回は適用違憲。法令違憲は法令を違憲と判断し，当該法令を失効させるもの。古くは刑法の尊属殺規定（旧200条）が，最近では本文中で言及した女性の再婚禁止期間規定（旧733条1項，6か月）や非嫡出の法定相続分規定（旧900条4項但書）が，違憲とされた。適用違憲は法令の個別具体的適用が違憲である，との判断。最近では自治体が宗教団体に便宜を図る行為の違憲性を指摘する判例が続いている。詳しくは憲法の授業で。

ドイツでは積極的に違憲審査が行われ，毎年10本程度の法律が違憲判決を受ける。日本の最高裁に相当するドイツ連邦憲法裁判所が，三権分立原則に立って立法行政を監視する独立機関と自らを自覚しており，法律を一つ一つ憲法（ドイツ連邦共和国基本法）と整合的かどうか厳しくチェックする。違憲判決に際しては，立法府（連邦議会）に期限をつけて法改正を命じる。結果的に，ドイツでは憲法を中心とした整合的な成文法体系が絶えず保たれる。他方，日本の最高裁は立法府の裁量権を広く認め，違憲審査にそもそも禁欲的である。審査に踏み込む際も，法律を可能な限り合憲と判断する傾向があり，その集積が戦後の憲法解釈を形成してきた面がある。行政に対しても同様の態度で，いわゆる統治行為論（『法学入門』79頁）はこの文脈にある。こうした最高裁の消極司法（忖度司法？）を国際的視点で批判的に考察する目線も法学部では養ってほしい。

最高裁は無謬ではない。第5章で紹介した多くの冤罪事件も，いったんは最高裁が有罪を確定させた。最高裁は間違えたわけである。最高裁の判断に対して国民は常に関心を持ち，その根拠づけを的確に理解し，鵜呑みにしない批判的精神を涵養すべきだろう。理不尽だと感じる判決があれば，それを書いた判事を国民審査制度により罷免することも可能である。この制度は国民から監視されているという良い意味での緊張感を最高裁にもたらしている。この制度を活かす国民の高い意識と見識が求められる。

2　代理懐胎

■議論の前提

　民法上の親子関係は母子関係で決まる。女性のお腹から子が出てきたら，その女性がその子の母親とされる。分娩に立ち会う医師や助産師がその証人となる（出生届に署名欄がある）。父親は，母親と婚姻関係にあった男性と「推定」（民772）されるだけ。証人がいないから絶対にそうだとは言い切れない。

　1978年，英国で人類初の体外受精児が誕生した。注射針を刺して卵子を女性から摘出，シャーレの中で受精させ，女性の子宮に戻して妊娠させる。体外受精はノーベル賞を受賞した画期的な生殖補助医療技術。今では日本でも年間数万人が体外受精で誕生しており，不妊に悩むカップルを幸福にしている。

　この技術を使うと，体外受精で作られた受精卵を，第三者の女性の子宮に入れて子を産んでもらうことも可能となる。子宮がんなどで子が産みたくても産めない夫婦には朗報である。産んであげる女性は代理母と呼ばれる。すると，遺伝的な母（産んでほしい側）と産みの母（代理母）は別人となる。これは人類史上，かつてなかった状況である。法律もこの状況を予定していない。自然生殖では，遺伝的な母と産みの母は当然，同一人物。代理出産を行うと，民法によれば代理母が法律上の母となる。代理母を頼んだ夫婦は，養子縁組により代理母から子を引き取ることになる。しかし，中には実子として出生届を出したい人もいる。2003年，タレントの向井亜紀さん夫婦が米国で代理母に双子を産んでもらい，翌年帰国後，日本の品川区役所に実子として出生届を出そうとして受理されず，裁判となった。家裁は不受理，高裁は受理，最高裁は不受理と判断した。民法の規定に例外は認められない，という判断だった。向井さん夫婦はその後，特別養子縁組により双子の親となった。

　最高裁は判決文で，向井さん夫婦の希望を叶える法改正も視野に入れて立法府が速やかな対応を取るよう促した。その後，法務省と日本学術会議は「代理出産は子の利益を考慮して原則禁止，ただし例外許容は可能」という方向性を示した。しかし，今に至るまで，法務省は法案を固めることができず，議員立法による法改正も行われていない。

　ここでは，代理出産を自由にやってよいか，について賛否立論しよう。

■論点整理メモ

　賛成論は契約の自由を重視する。向井さん夫婦が赴いた米国の一部州では代理出産が認められる。夫婦と代理母が契約しても誰にも迷惑をかけない。自由にやらせてほしい。

　反対論は，子の福祉を強調する。代理出産は生まれてくる子の権利を侵害する可能性がある。産みの母と育ての母が違う，というケースは養子など昔からある。だが，遺伝的母と産みの母は人類史上，分裂したことがない。人は母と遺伝的につながっているだけでなく，何か月も血液成分を循環させお腹を痛めて産んでもらうことを通して，母との絆を深める。遺伝的な母と産みの母が同一であることは，人のアイデンティティ形成に重要な要素だろう。これが分裂することは，子の健全成長を阻害しかねない。出自を知る権利との調整も必要になる。代理母がお腹を痛めている間に情が湧き，子の引き渡しを拒否する事件が米国で起きている。子に最低限の平等を担保するために代理出産は許容されるべきでない。独仏はこうした理由で代理出産を法的に禁止している（世論は揺れているが）。

　反対論はこれ以外に，美徳も持ち出せる。母はお腹を痛めて子を産むのが当然だ。お腹を痛めたからこそ，母子の絆は深まり，子の母への感謝と愛情も深まるはずだ。これは母のあるべき姿，美徳なのだろう。また，代理母契約は実質的に女性の妊娠機能を金で買う契約。妊娠中毒症など生命リスクを代理母に強いており，良俗違反の人身売買であり契約無効だ，美徳の破壊だ，とも主張し得る。低所得国の女性に代理母を頼む斡旋機関も存在するが，「国境を越えて女性の体を買い叩くな」と批判されている。「本人が代理母をやりたいなら，その自由を尊重せよ」との反論も可能だが，「彼らは代理母をやらざるを得ないような構造的貧困に苦しんでいる」と再反論される。親族が無償で代理母を引き受ければよい，とも考えられるが，親族内だと「本当は嫌だが同調圧力がかかり，とても断れる雰囲気でない」といった美徳による実質強要が横行するリスクもある（第3章）。子は卵に産ませれば一番，楽なのだろうが，そういう技術の実用化はまだ見通せない。

　立法府に身を置いたと仮定して，代理母許容への賛否どちらも立論しよう。

■シナリオ構成，実際に書く，合評会，ディベート

　シナリオをメモ書きで自力構築してみよう。手順はいつもの定石通り。

〔賛成論〕　　　　　　　　　　〔反対論〕
●根拠：　　　　　　　　　　　●根拠：
●相手方への攻撃：　　　　　　●相手方への攻撃：
●相手方への防御：　　　　　　●相手方への防御：
　構築したら各自，実際に書いてみよう。合評会，ディベートへ進もう。

3　類　題

（1）　１票の格差―最高裁が立法判断を求める別の事例：過去数十年の間に
　　　行われた衆参両院の選挙について，選挙区によって１票の価値に格差が
　　　あるのは違憲だ，との訴訟が起こされ続けている。その都度，最高裁判
　　　決が出ている。合憲，違憲，違憲状態，判決理由も様々である。論点は，
　　　公職選挙法における立法裁量と，法の下の平等の比較衡量。判決に応じ
　　　て，立法府は公職選挙法を何度も改正してきた。それぞれの判決文を調
　　　査して問題を認識し，判決そのものへの賛否，そしてその都度の立法府
　　　による対応への賛否を，どちらも立論しよう。
（2）　裁判員裁判（『法学入門』186頁）と最高裁判決：2009年に始まった裁
　　　判員裁判で出された死刑判決を，最高裁は７件覆した。
　　　●南青山強盗殺人（2009年発生，被害者１人）
　　　●千葉・女子大生強盗殺人（2009年発生，被害者１人）
　　　●長野一家強盗殺人（2010年発生，被害者３人）
　　　●心斎橋通り魔殺人（2012年発生，被害者２人）
　　　●神戸市女児殺害（2014年発生，被害者１人）
　　　●熊谷連続殺人事件（2015年発生，被害者６人）
　　　●淡路島５人殺害事件（2015年発生，被害者５人）
　いずれも，過去の判例との公平性から死刑を回避すべき，と上級審が判断し
た結果。裁判員裁判は，「裁判官は市民感情が分からない」という強い批判に
応えて始まった。その裁判員が出した結論を上級審が次々とひっくり返すなら，
何のために裁判員制度を導入したのか。そんなことなら裁判員制度を廃止すべ
きではないか。この賛否を立論しよう。
　また，６件それぞれを自分で調査し裁判員裁判の立場，最高裁の立場，それ
ぞれの立場で相手方を攻撃し，それぞれの立場の擁護を試みよう。

第9章

トヨタ・ユニクロ
——企業の経営判断

　第4章から前章まで，自由心証による司法判断，行政裁量（政治決断），立法裁量の具体例に沿って，賛否を立論するトレーニングを行ってきた。本章では，国家権力から離れて，企業による合理的な自由行使，すなわち経営判断について賛否を立論してみよう。

1　トヨタの電動車戦略

■議論の前提

　地球温暖化で大気中の水循環が活発になり，日本でも異常降雨による水害が多発，猛烈な台風の来襲リスクも高まっている。極地の氷が融解し，千年後に東京やニューヨークは水没するとの予測もある。EUや中国は2035年までにハイブリッド車を含むガソリン車の販売を全面禁止し，強制的にEV（電気自動車）化する計画である。電源は再生可能エネルギーを中心にするという。ダイムラー（ベンツの社名）はEV専業になる。中国企業も安価なEVを次々と投入中。米国は共和党が温暖化対策に消極的だが，民主党はEUと同じ姿勢。市場は自主的にESG（環境・人権・ガバナンス，国連主導のSDGsと連動）重視へ舵を切っており，EVベンチャーのテスラが躍進，フォードやGMもEV化に余念ない。

　他方，日本の自動車会社はガソリン車にこだわり続ける。代表はトヨタ。世界販売年間1000万台のうち，2030年までに35％をEV化（レクサスは100％）する計画だが，重心はハイブリッド車を含むガソリン車のまま。EVは主に欧米向け。日本の電力は2020年現在，8割近くが化石燃料由来。EV用の蓄電池は高価で，製造廃棄時に大量のCO_2を排出する。このデメリットを克服すべく技術革新が進行中だが，先は読めない。現状，日本におけるEVのライフサイク

ルCO2排出量（コラム参照）はハイブリッド車よりかなり大きい。このまま日本でEV化を推進しても化石燃料の消費が増え，温暖化対策にならない。また，ガソリン車の部品は約3万点。部品メーカーに広く雇用機会を提供している。EVは部品が約1万点。下請けの裾野は狭まる。EV化は部品メーカー淘汰につながる。テスラや中国のような新興勢には利点だが，成熟した自動車産業を抱える日本ではマイナス面が大きい。トヨタはこうした考え。日本の法制度もこれと軌を一にしている。

　他方，テスラは電源の再生可能エネ化とセットでEV戦略を立てている。中国もEVを太陽光パネルとセットで途上国に売り込んでいる。走行に必要な電力，そして蓄電池の製造廃棄に必要な電力も再生可能エネ化すれば，EVのライフサイクルCO2排出量はハイブリッド車よりずっと低くなる。また，ドイツはガソリン車の部品メーカーを自動車以外の産業分野へ誘導して雇用維持する政策を取り始めている。日本の経産省にそうした政策はない。むしろ，トヨタと歩調を合わせ，日本の国土が再生可能エネ利用に不向きだと強調するばかり。太陽光パネル設置に適した平野部が狭い。風が弱くて風力発電の大量導入に不向き。地熱利用は温泉経営者や国立公園により阻まれる。そうかもしれないが，言い訳のオンパレードにも見える。現状でも民家の屋根に太陽光パネルを設置して余剰電力をEVに給電すれば，快晴時には数十キロ走行可能な給電が可能。車の車体やビル壁面に取り付け可能な薄膜型の太陽光パネルも実用化されてきた。浮体式洋上風力なら日本の排他的経済水域内は大型原発400基分，地熱は同30基分の潜在力がある。地熱利用は丁寧に権利関係を調整すれば推進できないことはない。日本企業は蓄電池技術で今も世界的優位を保っており，取得特許も多い。だが，トヨタも経産省も，日本の化石燃料依存が今後何十年も続くという前提でものを考えているように見える。続くかもしれない。続かせないための努力が功を奏するかもしれない。日本のマスコミは日本企業や日本政府の言い分を無批判的に大本営発表することが多く，国民もこれを信ずる傾向がある。かつての原発安全神話もこうして形成された。欧米中の戦略が成功すれば，10年後に自動車王国日本は壊滅し，何百万人の国民が路頭に迷っているかもしれない。トヨタの認識は正しいか，甘いか。賛否どちらも立論しよう。長期戦略を誤る企業や国は衰退する。産業革命を牽引した大英帝国は崩壊した。世界をリードした日本の半導体は壊滅した。ガラケーはアップルに技術で勝ったがビジネスで負けた。同じ轍を踏まない経営判断が求められる。

　トヨタの姿勢を欧米の環境NGOは批判している。「2030年までに35％をEV化」との方針に日本のマスコミは好意的だが，欧米の評価は違う。欧米で悪評が立たないよう，最低限の数字を出しただけ，との受け止めが多い。このままでは最悪「トヨタは欧米にだけEVを投入して他はガソリンのまま。偽善的な地球の敵だ」との風説が流布し，世界的な不買運動すら起きかねない。2022年時点でテスラの世界販売台数はトヨタの10分の１以下，株式時価総額はテスラがトヨタの約３倍。この市場評価は何を意味するか。EVバブルはじきにはじける，との見方もある。ロシアのウクライナ侵攻によるエネルギー価格高騰という現実を直視せよ，との指摘も正当である。不確実要素をすべて織り込んで将来戦略を立てる必要がある。トヨタの戦略は吉と出るか，凶と出るか。

コラム　ライフサイクルCO2排出量

　製品の製造・使用・廃棄の全体を通して排出されるCO_2の総量を指す。「再生可能エネはCO_2を出さない」と言われることがあるが，現状，それは間違いである。太陽光パネルや風車の製造や廃棄に大量の電力が必要で，日本の電力は現状，８割方が化石燃料由来。ただし，必要な電力量は技術革新や量産効果で抑えられる傾向にある。20年前は，太陽光パネル製造には現在とは比べものにならない大量の電力が必要だった。現状，発電能力が同規模のLNG火力発電所と太陽光発電所を比較すると，ライフサイクルCO_2排出量は後者が圧倒的に少なくなっている。トヨタは日本におけるEVのライフサイクルCO_2排出量の多さを強調するが，これを減らそうと努力する気はないようだ。努力する姿勢を市場に示すこともトヨタの今後の経営戦略上の選択肢の一つとなるだろう。

■論点整理とシナリオ構築

　ガソリン車やEV以外に，燃料電池車がある。これはガソリンで培ってきた内燃機関技術をそのまま使う。ダイムラーはトラック部門を分離し，燃料電池車専業にするという。トヨタも燃料電池車技術は高い。その普及は，水素インフラがどの程度整備できるか，水素が安く調達可能か，など様々な要因に左右される。以下では話を単純化するため，燃料電池車は度外視して立論しよう。

　また，EVの電源として原子力の積極利用を英仏が打ち出した。ロシアへのエネ依存から脱却したい東欧諸国がこの動きに加わった。これに独伊西オース

トリアは反対。EUは割れている。ロシアのウクライナ侵攻が議論を複雑化しているが，この問題は本章の主題から外れる。論点錯綜を避けるため，ここでは触れずに済まそう。

　ガソリン車とEVの長所短所を列挙しよう。

ガソリン車の長所：燃料が容易に入手可能（日本ではGSインフラが整備済み）
　　　　　　　　　現存のサプライチェーンを継続利用して生産可能
　　　　　　　　　部品メーカーの雇用を継続的に保障できる
　　　　短所：走行時のCO2排出をゼロにできない

EVの長所：走行時のCO2排出ゼロ
　　　　　再生可能エネで製造走行廃棄すればCO2フリー
　　　　　新たな関連市場が開拓可能（経済発展の余地が大）
　　短所：給電インフラ未整備（整備中）
　　　　　蓄電池が高額で性能不十分，製造廃棄に大量CO2排出
　　　　　電源を完全に再生可能エネにできない（化石燃料に依存）

　現状を持ち出すとトヨタへの賛成論の論拠になる。将来予測を合理的に提示できれば反対論も説得力を帯びる。ドイツは2050年までに全電力を再生可能エネ由来に転換する目標を立てた（現状は再生可能エネが約4割）。実現可能な見通しがある，実行する，というドイツ国民の意思である。日本は2021年に「2030年までに再生可能エネ36〜38％」という政府目標を掲げたが，その具体的方途は未決である。ドイツと同様の努力を厭わない個人や企業は日本にも存在するが，総じて日本国民は政府に従順。夏が暑いならエアコン購入，水害が増えれば国土強靭化でゼネコン投入，景気対策にもなる，という20世紀的な発想が強い。温暖化そのものを阻止する決意はドイツ国民と比べて薄いようだ。

　立論に際しては，トヨタが世界で勝負する企業である点を考慮してほしい。トヨタは年間世界生産約1千万台で，国内生産はその3割，うち約半分は輸出。つまり，国内向けは全体の15％。海外には給油のため遠方まで出かけねばならず，パネルを設置すればその場で充電可能なEVの方が利便性の高い国や地域も多い。他方，エンジンはモーターと違って修理が比較的容易で長持ちする。厳しい自然環境でも走行可能なガソリン車需要は途上国を中心に残る，という

見解も根強い。これはトヨタ賛成論への追い風となる。

　本件に関する論点は以下のように整理できよう。

- 技術（継承蓄積してきたガソリン車技術の活用発展，EV関連技術の新規開拓）
- 雇用（現在の雇用環境を将来も維持，新たな雇用機会を創出）
- 市場競争力（国内・世界，EVしてもブランド維持可能か）
- 関連業界（部品メーカー，石油会社，ガソリン販売店）
- 自動車インフラ（ガソリンスタンド，EV用充電器）
- 海外展開（先進国，途上国，環境意識が高い国・低い国）
- 地球環境問題（CO_2排出の如何）

　これらを組み合わせた立論にはかなり自由度がある。1000字で足らずまとまらないかもしれない。ならばもう少し字数を増やしてトライしてほしい。

　シナリオは自力構築しよう。書いたら合評会，そしてディベートへ進もう。

〔トヨタに賛成〕　　　　　　　　〔トヨタに反対〕
- 根拠：　　　　　　　　　　　　● 根拠：
- 反対論への攻撃：　　　　　　　● 賛成論への攻撃：
- 反対論への防御：　　　　　　　● 賛成論への防御：

コラム　自由とは何か（2）　カントと功利主義

　バーリン（第2章）とは違う見方を二つ紹介する。18世紀ドイツのカントは，自然法則の支配から脱し，自分のすることを自分で決めるのが自由だ，と考えた。すなわち，安きに流れる自分に鞭打ち，普遍的な価値規範（道徳律や法律）を定立し，これに従う。自分に厳しい自由である。他方，功利主義は，人間が安きに流れるエゴイストであることを直視する。人間は自由に委ねると自分の取り分を最大化しようとする。これにより結果的に社会全体で幸福量が最大化すれば，それでよい。その中で最低限，他者危害を禁止するルールが法律である。自由と法律にはカント的側面，功利主義的側面，どちらもある。

会社も同じ。会社は財サービスの提供や雇用の提供を通して人間の尊厳に適う社会を実現する公益活動（カント的な自由行使）であり，同時に私益最大化を目指す活動（功利主義的な自由行使）でもある。トヨタへの賛否は，公益とは何かを考える機会にもなる（公益については第13章参照）。

2 ユニクロのウイグルリスク

■議論の前提

ウイグル人は中央アジアに住むトルコ系民族。イスラム教徒で人口は約1千万人，大半が中国の新疆ウイグル自治区に住む。かつて独立国を作った歴史もある。現地は世界的な綿の産地。最近はシリコンを原料に太陽光パネル生産も盛ん。昔，漢民族はここにほとんどいなかった。しかし，中国共産党が政権奪取後に植民を進め，今ではウイグル人と同数程度が居住している。2010年代からはイスラムテロ対策と称してウイグル人統制が強化された。米国務省によれば，今も百万人以上が強制労働施設に収容され，数十万人が刑務所に収監されて拷問を受けている。この見解を西側諸国は共有している。

米国は2021年1月，中国共産党によるウイグル人ジェノサイド（民族虐殺）を認定，ウイグル人弾圧と関係する中国企業との取引を禁止した。ウイグル由来の原料で生産された綿製品も輸入禁止された。米に50店舗ほど出店しているユニクロのシャツも輸入禁止となった。ユニクロは以前から「ウイグル人弾圧と関係する中国企業と取引している」と世界中の人権団体から批判され，その都度「そういう中国企業とは取引がないことを調査して確認済み」とコメントしてきた。今回も同じコメントが出された。

すると，今度は中国側から水面下でユニクロに圧力がかかったらしい。中国共産党はウイグル人弾圧の事実を否定しており，西側諸国がフェイクニュースを流して中国を陥れようとしている，と強く非難している。ユニクロは中国に800店舗近く出店して利益を上げている。中国で商売したいなら，ウイグル問題に深入りするな。これが中国共産党のホンネだろう。柳井正社長は2021年4月の記者会見で自社製品がウイグル綿を使用しているか，との質問に「それは人権問題でなく政治問題だ。ノーコメント」と答えた。中国はユニクロへの圧力を緩めた。世界中の人権団体は柳井発言に抗議した。米政府もユニクロへの

処分を解かないまま。柳井社長はその後，この問題について一切の発言を控えている。ユニクロは米国市場を捨てても中国市場で稼げたらやっていける。事実，2021年度のユニクロの業績は世界的に横ばいだった。ウイグル問題は業績悪化に影響していない。しかし，ユニクロは欧米出店も増やして世界成長を続けたい。柳井社長はどう舵取りをすべきか。

　ユニクロはその後も「ウイグル弾圧と関係する中国企業と取引がないことを確認済み」と繰り返している。「確認済み」とは，取引の相手方（中国企業）に「ウイグル弾圧に関係していませんね」と尋ね，「していない」との回答を得た，ということらしい。相手は中国共産党の意向に反する回答をするはずがない。ユニクロとしては，相手の言い分を信用するしかない。他方，米国はスパイ網を世界中に張り巡らせ，どの中国企業がウイグル弾圧に関係しているか，かなり正確に把握している。ユニクロは甘い，と米当局には映るだろう。では，ユニクロは人権を重視し，米当局と相談の上，怪しい中国企業との取引を一切やめるべきか。そうすれば，中国共産党は再びユニクロに圧力をかけよう。柳井社長は常々，「私はよい服を世界中に届けたいだけだ」と強調している。だが，政治的中立を装って米中どちらでも儲けようとするのは，虫がよすぎるかもしれない。必要に応じて事実関係を自分で調べ，ユニクロが厳格に米政府方針に従うべきか，賛否を立論しよう。

コラム　国際的な労働問題と経済性

　ユニクロはこれまでアジアでも現地労働者を使い倒して安い製品を作っている，と人権団体から何度も批判され，その都度，誠意を持って対応してきた。企業から見れば，経費がより安い場所に工場を移転させるのは経済合理性がある。しかし，経費節減のあまり労働者の人権を侵害するのは許されない。安い技能実習生を使う，正社員をリストラして非正規労働者で回す，という発想も行き過ぎると人権侵害を招く。法学部生は経済合理性のみならず人権や人間の尊厳を考えてほしい。最近は市場でもESG (environment「環境」，social「社会」，governance「ガバナンス」) が定着してきた。EUはESGすべてにおける法令順守（デューディリジェンス）を会社に義務付けるルールを策定中。日本は遅れ気味。法学部卒業後は，地球環境保全，国内外労働者の人権保護，法令順守経営を支援し，実践してほしい。目先の利益を追うあまり遠い外国で現地人に犠牲を強いるのだとしたら，それは人道に反

するのみならず，日本が国際的に恨まれる原因にもなる。

■論点整理とシナリオ構築

　米中対立の今後をどう予測し評価するか。早期に米中融和なら，米中双方で儲けるこれまでの戦略でよい。米中対立が続くなら，米中どちらに従うか態度決定を迫られる可能性がある。米中関係の今後の推移も読めない。いろんなシナリオが考えられるが，すべて推測でしかない。絶えずその都度の事実関係を的確に認識し，費用対効果を考え，成長へ向けての企業戦略を決めねばならない。ひょっとすると世界的に成長するのを諦め，現状維持，あるいは縮小，というシナリオに合理性があるかもしれない。自由に構築しよう。

〔賛成論〕　　　　　　　　　　〔反対論〕
●根拠：　　　　　　　　　　　●根拠：
●反対論への攻撃：　　　　　　●賛成論への攻撃：
●反対論への防御：　　　　　　●賛成論への防御：

コラム　会社経営と就活

　不都合な真実を直視しない会社は没落する。時には部下が上司に意見することも必要である。トヨタはそれを許容する方針の会社。他方，「とても言い出せる雰囲気ではなかった」を地で行く会社は先が暗い。就活ではそれを自分の目で見極めてほしい。

　厚労省調査によれば，入社後数年で3人に1人が会社を辞める。原因は，超勤の多さ，人間関係，やりたい仕事でなかった，など。こうしたミスマッチは会社訪問や説明会で質問するなどしてある程度，予防できる。就活を成功させるため，大学初年次から自分が何をやりたいのかを見つめ，同時並行で会社研究を始めよう。日本と世界の産業構造の現状と将来，一つ一つの会社の事業内容，組織形態，将来計画。知見を広げ，自分自身の興味関心と関連づけながら洞察を深めることが，そのまま就活になる。ベンチャー立ち上げもよい。その場合，自分の判断力が一層試される。

　就活で人事側の関心が高いのは，専門知識もさることながら，あなたがこれまでの人生でどんな困難に出会い，それをどう乗り越えたか。会社はいろ

んな難局にぶつかり，チームプレーでそれを乗り越えていく。その力を発揮
してくれる人材かどうかが問われる。

3　類　題

　企業の舵取りは決断の連続。そのつど，十全な事実認識に基づき，適切な価
値評価を下して，針路を決めねばならない。選択肢は多数，それぞれにメリッ
トとデメリットがあろう。取締役会の合議で決める，あるいは起業家が一人で
決断する，どちらにせよ，合理的判断が求められる。

（1）　中小企業の事業承継：日本の会社は約300万，その9割は中小企業。
　　　毎年，10万近い会社が興され，同数近くが清算される。倒産の他，後継
　　　者難で廃業も多い。事業承継には税制優遇や公的補助金もある。金融機
　　　関や自治体も後継者とのマッチング機会提供など支援している。だが，
　　　失敗例が多い。長男に承継させようとして兄弟で骨肉の相続争いになる。
　　　親族に株を渡したら口出しされて事業が傾いた。特定の従業員を見込ん
　　　で継がせたら従業員どうしの不和が露呈して事業が空中分解した。別の
　　　会社に譲渡したらリストラされて結局廃業に追い込まれた。他方，赤の
　　　他人でも熱意ある後継者を探して承継成功した例もある。承継すべきか，
　　　事業を畳むべきか。あなたの近くにも，承継で悩む事業所が必ずある。
　　　具体例を自分で探して調査し，賛否を立論しよう。

（2）　ベンチャー立ち上げ：ビル・ゲイツやザッカーバーグは学生時代に起
　　　業した。日本でも孫正義氏や三木谷浩史氏はゼロから出発した。あなた
　　　が起業するなら，どんな事業を興すか。勝算はあるか。ベンチャー立ち
　　　上げには，正しい事実認識（社会と市場の現状と動向），明確な目的意識
　　　（何を成し遂げたいか，社会にどう貢献できるか），熱意と資金が必要。銀
　　　行や投資家に事業計画を説明し，資金提供してもらう。彼らが納得でき
　　　る具体的な計画を立案してほしい。「勝算なし」と却下されるかもしれ
　　　ない。却下には理由が必要。これも立論してほしい。

（3）　「ガリガリ君」「うまい棒」値上げ：「ガリガリ君」は1981年に1本50
　　　円で新発売，2016年に70円に値上げされた。最近はインフレが激しく，
　　　経営は厳しい。あなたが経営者ならガリガリ君を80円に値上げするか。

1979年の発売以来，１本10円だった「うまい棒」は2022年，42年ぶりに税込12円に値上げされた。１円玉のやり取りは子供に嫌われる可能性がある。サイズを大きくして税込み20円にすべきか。

（４）　産業スパイと中国リスク：日本には中国共産党が絡んだ産業スパイが多い。入社して信用を勝ち得て機密情報へのアクセス権限を取得，情報を中国へ流出させる。中国人が多いが，日本人が買収された例もある。あなたが経営者ならどう危機管理するか。中国共産党はスパイ活動に積極的で，中国製スマホを世界中に流通させて情報を盗み出している，との懸念もある。中国製品依存，そして中国に立地すること自体，会社の経営リスクになりかねない。しかし，中国とのビジネスは避けて通れない。あなたならどう対処するか。

（５）　大企業病：巨大企業では組織末端の情報が取締役会に入らなくなり，これが原因で不祥事を起こすことがしばしばある。最近では三菱電機や日野自動車の品質偽装がその一例。前任者から後任者への引継ぎは惰性で行われ，不都合な情報があっても面倒を嫌い誰も上層部に報告しない。何も改善されず，ぬるま湯の毎日が流れていく。似たような守りの姿勢は，どの企業のどの部署にもある。あなたが社長なら，この企業統治不全をどう立て直すか。

（６）　合従連衡（M＆A）：みずほ銀行はしばしばATMトラブルで世間を騒がせる。同行は富士，第一勧業，日本興業が合併した寄り合い所帯。合併会社では様々な軋轢が生じる。みずほのトラブルは合併後遺症の一つ，と言われる。他方，M＆Aは世界で頻繁に使われる成長手段。ソフトバンクは世界中で企業買収・売却を繰り返して巨大化した。だが，キリンや日本郵政のように国際的M＆Aで失敗する日本企業も多い。あなたが社長ならどう判断するか。

（７）　コンビニの経営戦略：コンビニ業界は24時間営業や値引き禁止で成長した。しかし，店長からは「過労死の強要だ」「廃棄は全損だ，値引き販売させろ」と反発が強い。セブン-イレブンは一部店長から独禁法違反（優越的地位濫用）で提訴され敗訴したが，法に抵触しない範囲で従来方針の維持を試みている。期限切れ弁当を値引きせず廃棄して儲けるビジネスモデルは同社始めコンビニ業界の経営上の強みの一つ。しかし，食品ロスに胡坐をかくこのモデルは世界中から批判されている。セブン

－イレブンの経営戦略への賛否どちらも立論しよう。

（8）　メタバース時代の対面販売：アバターが登場する仮想現実が，生身の人間のやり取りを置き換える。あらゆる購買活動がメタバースで完結する時代が到来し得る。体験型オンライン店舗で商品を見て，店員とやり取りし，購入品は宅配便で届けてもらう。時間と費用をかけた空間移動は不要。売り手の側も，実店舗を賃借して対面販売を続ける必要がなくなる。コスト削減になる。CO_2排出削減になるかもしれない（データセンターに負荷がかかり大量の電力が消費されるが）。メタバース一本に事業転換するか，対面販売を継続するか。

水俣病・コンパクトシティ
――責任の所在と法の限界

　自由を行使した結果に対して，人（自然人，法人）は責任を負う。道義的責任，法的責任，いろいろな責任がある。道義的責任をうやむやにできても，法的責任を逃れることは許されない。しかし，法的責任がないと判断されても，納得できない不合理さが残ることがしばしばある。事例を二つ紹介する。

1　水俣病事件

■議論の前提

　有機水銀は劇物毒物取締法が指定する毒物である。チッソ水俣工場はこれを海へ垂れ流し，魚介類を経由した食物連鎖で水俣病が発生した。垂れ流しは1930年代から1968年まで，量は全部で数百トン。汚染された魚介類を食べた沿岸住民は50万人超。かつて重篤な患者が多発したことはよく知られている。軽症者は10万人超と言われ，今も苦しんでいる人が多い。自覚症状はないが，いつ発症するかと今も脅えている人もいる。自覚症状はあるが，差別が怖くて患者として名乗り出られない人もいる。水俣病は終わっていない。

　水俣病の歴史は，差別の歴史である。チッソ創業者の野口遵は東京出身，帝大卒のやり手電気技師だった。石炭産地に近く，近隣で水力発電が可能な漁港水俣に目をつけて工場を作り，窒素肥料の製造事業を興した。彼は同様の立地が得られる宮崎や新潟，日韓併合後は今の北朝鮮北部にも進出し，広く石炭化学を手掛ける新興財閥を築いた。戦後は朝鮮半島の事業を失い，本土の事業はGHQに分割された。旭化成や積水化学，信越化学などはチッソ系の会社。水俣工場はチッソ本体に残った。現金収入源に乏しい地域である水俣にとって，チッソは金を落としてくれるありがたい存在だった。水俣病が初確認された当

時，患者は零細漁民が多かった。チッソとの関係を疑っても口に出せない雰囲気が街に満ちていた。多くの市民は見て見ぬふりをした。「貧乏な漁民が変なものを食べて変な病気になった」といった差別的な眼差しが向けられた。「そばへ来るな，うつる」と避けられる。家族が縁談を断られる。病を隠して福岡や大阪，東京へと転居する患者もいた。

　1960年代になると全国的に公害が指弾され，四大公害訴訟が始まった。水俣病患者は熊本地裁で1973年に勝訴した。国は1969年，原因物質がチッソの有機水銀だと認定し，1971年には患者認定制度を作って補償を開始した。しかし，後に認定基準が厳格化され，却下された人たちが不当だと国を訴えた。また，チッソの廃液垂れ流しを止めなかった国の行政責任を問う国賠訴訟も各地で起こされた。一審判断はまちまちで，どこも二審へもつれた。1995年，裁判長期化に心を痛めた村山首相が政治解決を図った。訴訟を取り下げた患者に一時金260万円支給，医療費無料化などの条件だった。1万人強の未認定患者が和解に応じたが，裁判継続するとより高額の賠償金を勝ち取れる可能性があり，大阪では訴訟が続いた。2001年4月，大阪高裁は国の基準より緩い患者認定，及び国家賠償（1人450～850万円）を命じた。これが2004年の最高裁で確定した。

　この後，新たに名乗り出て救済を求める患者が続々，現れた。だが，名乗り出るのは容易なことでない。自分だけでなく家族まで差別に巻き込むからである。症状が軽い人ほど，患者であることを隠そうとする。似たようなことは広島・長崎の被爆者，福島第一原発事故の避難者，新型コロナ感染者やコロナ治療に当たる医療従事者にも言える。2020年春，医療従事者の子が「近寄るとコロナがうつる」と差別される事例があちこちで発生した。子を守るために自分の職業は明かすべきでない。そう考えた医療従事者は多かった。人は警戒感から他人にレッテルを貼り，距離を取ることがある。警戒は健全な反応だが（誰しもコロナ感染したくない），差別はいけない。コロナや水俣病について我々は正しい科学的認識を持ち，人権に配慮して慎重に行動せねばならない。

　名乗り出られない患者を含めた抜本救済を図るため，2009年に水俣病救済特措法が制定された。認定基準を満たさなくても患者に準ずる感覚障害を有するなら，2012年7月末までに申請すれば一時金210万円と療養費を支払う，と決められた。期日までに約6万人が申請した。チッソの従業員や取引先の人も多く，申請するとチッソから報復されると心配する声もあった。感覚障害が軽すぎ，との理由で申請を却下された人が数千人発生した。この人たちがまた訴訟

を起こしている。水俣病は解決からほど遠い。

　1973年の熊本地裁判決の後，チッソは認定患者と補償協定を結び，一時金と年金，医療費を支払うことになった。戦後のチッソは古い水俣工場が主力で，石炭化学業界が次第に石油化学へと業態転換していく中，流れに乗り遅れて業績が悪化した。有機水銀の適正処理費用すら惜しんだことが水俣病事件をこじれさせた一因である。これに患者への賠償債務が加わり，チッソは債務超過に陥って1978年に上場廃止となった。倒産したら患者が賠償を受け取れない。そこで熊本県と国が金融支援してチッソを救うことにした。貸付総額は2000年までに約2600億円。チッソは技術力が高く，90年代以降は液晶（テレビ画面に使われる）製造で利益を伸ばしたが，1995年と2009年の一時金支払いで賠償債務が膨らみ続けた。県と国の貸付金のうち約300億円は返還免除され，今は約1700億円の国に対する債務が残る。液晶は最近，中韓の台頭で儲からない。債務返済のめどは立たない。

■自然人の責任は？

　チッソへの投入金以外に，国家賠償や国の公害被害補償金，水俣湾浄化対策費など合計すると，数千億円の国税が水俣病の後始末に使われた。チッソが最初から廃液を適正処理していれば，費用ははるかに低額で済み，人々の苦しみもなかった。法人は架空の存在（第6章）。事件を自由意思で起こした責任は法人チッソというより自然人，特に1930〜60年代の歴代チッソ取締役たちにある。時効の壁もあり，1968年当時の社長と水俣工場長を除き，彼らは誰も刑事責任を取っていない。民事責任も法人チッソだけ，取締役個人は誰も負っていない。今と違い，当時は株主代表訴訟を起こすこと自体が極めて困難だった。取締役会内は，先輩の方針を後輩が覆すようなことを「言い出せる雰囲気でなかった」のだろう。

　同じことは監督官庁の通産省（現経産省）にも言える。発病との間に厳密な因果関係が立証できなければ操業停止命令はできない，と長年チッソをかばい続けた。省の先輩が決めた行政裁量方針を後輩が批判するのはやはり憚られただろう。歴代担当者たちは誰も責任を取らなかった。国家賠償責任を公務員個人が取ることは原則，ない（第6章参照）。

　地元の人々は，もやい直しに取り組んでいる。怒りや恨みを捨てて，皆で建設的な将来を創造していこう，という仏教的精神の賜物だろう。だが，法学部目線では問題が残る。一企業の負の遺産を，国民全体で埋め合わせる。事態を

長く放置した国の責任も，国民が税金をつぎ込んで補塡する。被害者救済のために必要なことだったのだろう。だが，問題解決として正しいのか。水俣病の責任は経済成長を優先した国民全体にある，国民が一億総懺悔すべきだ，という見方もある。だが，この理屈が通ると，個人の責任はなし崩しになり，どんな悪事も国民全体の連帯責任となってしまう。ナチス・ドイツのユダヤ人大量虐殺は後の国際法廷で「人道に対する罪」と糾弾され，戦後ドイツは個人による虐殺加担行為の時効を撤廃した（第11章）。水俣病事件は毒物による無差別大量殺傷であり，人道に対する罪を問い得る。時効を撤廃して責任者を特定し，裁くべき事件ではないか。過去の一部国民が残したつけを後世の国民全体が払わされる，という意味では世代間衡平（第2章）も損なわれている。公法における国民主権に，ナシオン主権（国民一人一人でなく国民全体を主権者と見なす）とプープル主権（国民一人一人が主権者として自由行使することを重視）という二つの考え方がある（『法学入門』63頁以下）。ここでナシオン主権的な考えを持ち出すと一億総懺悔を正当化しかねず，要注意である。

　水俣病事件の法的責任の取り方。これでよかったのか。賛否それぞれ立論してほしい。

コラム　私企業への国費投入の是非

　国はしばしば私企業の損失を穴埋めする。バブル崩壊後の不良債権処理で破綻の危機に瀕した銀行に，数十兆円の公的資金を投入した。2010年のJAL破綻処理にも，1兆円規模の公的資金が使われた。一部返済されたが，国民が広く浅く赤字を被った勘定である。福島第一原発事故の後，東電は実質国有化され，事故処理に20兆円規模の国費が投入された。この負担は国民に戻ってこないだろう。どの資金投入もそのつどの状況に応じたそれなりの合理性があり，国会審議も経ているが，私企業の赤字を税金で埋め合わせることがそもそも公正と言えるだろうか。賛否どちらも立論しよう。

■論点整理とシナリオ決定
　賛否のシナリオとして次のようなものが考えられる。

〔**賛成論**〕これでよかった（仕方ない）
- **根拠** チッソ取締役会の責任は時効，官僚個人の責任は問えない
- **相手方を攻撃** 現行法の枠内での責任追及で十分に教訓を得られた
  現行法に欠陥があるとしても事後法を遡及適用できない
- **相手方への防御** 現行法の適用と，法改正の必要性とは，論点が異なる

〔**反対論**〕これではだめだ
- **根拠** 取締役と官僚の責任を広く問うべき，時効撤廃すべき
- **相手方を攻撃** 現行法による責任追及は不十分，教訓も十分得られない
- **相手方への防御** 遡及適用は求めず，法律を厳格化し再発防止に活かせ

　自由にシナリオを構築し，執筆して合評会に臨んでほしい。ディベートも行ってほしい。

2　類題　豊島産廃不法投棄事件

　1975年，豊島観光開発という会社が「ミミズ養殖による汚泥処理」という名目で廃棄物処理場の建設許可を香川県知事から得た。その後，同社は豊島島内の狭い処理場に計56万トンの廃プラや金属屑，廃油などを搬入した。島民は何度も県庁に出向いて窮状を訴えた。県は会社を表向き指導したが，担当者は「廃棄物でなく有価物扱いにしたら廃棄物処理法の規制対象から外れる」などと会社に口添えしたらしい。

　1990年，県警が廃棄物処理法違反で経営者を逮捕，搬入を強制停止させた。翌年，神戸地裁は会社に罰金50万円，経営者に懲役10か月（執行猶予付き）を言い渡した。不法投棄現場はそのまま。会社も県も動かない。島民たちは1993年，国の公害等調整委員会（総理府外局，公害紛争調停のため1972年設立）に県と会社，そして会社に処理を委託した全国の産廃業者21社を相手取り，調停申立を行った。県は自分に責任なし，との態度だった。調整委が現場調査すると，水銀やPCBなどが大量に検出され，一部は瀬戸内海に流れ込んでいた。処理費用は100億円規模と予想された。調整委は1996年に県の責任を認定した。1997年に当時の橋本首相が処理費用の半額を国が拠出すると表明した。県は態度を

変え，2000年に公害調停が成立した。産廃業者21社も計4億円弱の拠出を決めた。豊島観光開発は1997年に倒産，経営者は雲隠れした。調停後，20年以上かけて産廃適正処理と現場の無害化が行われた。費用は結局約800億円だった。約束通り国と県が折半した。

　豊島観光開発の経営者は，法律上，会社を倒産させて自己破産すれば，もう賠償責任はない。見て見ぬふりをした県職員もお咎めなし。納税者が埋め合わせる。これは正しい問題解決なのか。経営者や県職員の責任を厳しく問うべきではないか。問えないなら，問えるように法改正すべきではないか。賛否どちらも立論してほしい。

コラム　　生物の基礎知識の重要性

　法学部生はスペシャリストでなくジェネラリストたれ，としばしば言われる。現代社会は科学技術を駆使して利便性を高めているが，副作用ももたらされる。これを可能な限り予防すべく交通整理するのが法律や政治の役割。法学部生は法律や政治の専門用語を知っているだけではダメ。現代社会について，広い見識と深い洞察を身につける必要がある。重箱の隅をつつく勉強でなく，全体を見通して判断できる視野を養ってほしい。

　チッソの取締役や国のキャリア官僚は多くが法学部出身者だった。香川県庁にも法学部出身者はいた。法学部で学ぶ諸君から同じ轍を踏む人が二度と出てほしくない。そのために，生物学の知識は大切にしてほしい。高校の生物程度で十分である。人間は地球上の物質循環の流れに身を置き，他の生物と食物連鎖でつながる生物である。現代社会は科学技術を総動員して地球環境を加工している。熱帯雨林が猛スピードで破壊され，生物多様性が危機に瀕し，未知のウィルスが人間を危険にさらす。遺伝子組換えやゲノム編集を施された生物が環境投入される。有害物質でも産業に欠かせないものがある。スマホの電波も風力発電の低周波振動も人体に有害である。自由な経済活動がいきものとしてのヒトにどんな生物学的影響を与えるか，現代人は十分見通せていない。豊島産廃は，廃棄物処理を安く済ませたい排出企業と，不法投棄を事前に計算して法外な安値で産廃を引き取る業者との，自由市場でのマッチングにより発生した。近視眼的な経済合理性で動く一部の人のために，他の人が犠牲になることがあってはならない。法制度はそれを防ぐべく完璧に整備されてはいない。むしろ後追い状態になっている。法学部生はこれを

改善すべく努力してほしい。卒業後も自らの行動の生物学的意味を正しく理解して自らの任に当たってほしい。

3 コンパクトシティとイオン 誰がツケを払うのか

■議論の前提

　日本の都市は膨張を重ねてきた。特に東京は甚だしい。山の手は明治初期まで原野だった。20世紀になると山手線が開通，その外側も住宅化し，人々が都心へ通勤するようになった。官鉄では足りず，私鉄があちこちに開通した。私鉄は自社路線に沿って土地を買い占め，利便性をうたって宅地開発して売りさばき，儲けた。政府の東京一極集中政策もあり，商都大阪から多くの企業が本社を東京へ移し，東京は人であふれた。今では都心から半径50〜60キロの範囲に約３千万人が暮らしている。職住近接は程遠く，移動だけで時間と費用を取られ，ラッシュの混雑で疲れ果て，とても結婚や子育てどころではない。非人道的かつ非効率な状況が，首都圏住民には当然のことと受け止められている。なぜ当然視できるのか，欧米の平均的感覚では理解しがたい。

　東京以外も膨張が進んでいる。旧市街から離れた幹線道路沿いに小売や外食の店舗がひしめき，大規模ショッピングセンターもできる。若者は車でそちらに流れ，旧市街はシャッター街となり，取り残された高齢者が買い物難民になる。防犯上も悪い。郊外の商業施設の開発と維持には費用がかかる。店舗の建設費や管理費だけではない。道路や上下水道などインフラ整備も必要。こちらは自治体が負担する。町がコンパクトにまとまっていれば，インフラ整備はそこに集中投資して効率的に行える。パリやロンドンなど欧州の大都市は概してこのような思想で何百年と維持管理されてきた。かつて城壁で囲われていた名残でもあろうが，経済合理性の高い都市設計である。郊外へと町が無秩序に広がると，費用対効果に合わなくなる。他方，日本では都市膨張に合わせてインフラ整備し，その維持管理にもコストをかける。豪雪地帯では除雪費用もかかる。コストはすべて国民の税金で賄われ，それで足りなければ国債発行に頼る。

　似たようなインフラ整備は全国で行われている。東日本大震災後，東北太平洋沿岸では高さ10m超の巨大防波堤が構築された。過疎地に交通量の極めて少ない立派な道路やトンネル，橋ができている。それぞれに目的や意義がある。

都会に出て行った人たちが税金を故郷に還流させ，恩返しをしている，とも言われる。税金で賄いきれない分は国の借金で支えている。無駄な公共事業なのかもしれない。国債残高は1千兆円以上。1980年頃からじわじわ増加してきた。もちろん，借金は公共工事のためだけではない。今の国家予算の約3分の1は厚労省関連（医療や社会保障など）。税金をどう集め，どう使うのが公正なのか。難しい問題だが，法学部生にぜひ考えてもらわねばならない。

　ここではコンパクトシティを進める富山市と，大規模ショッピングセンターのイオンについて考えよう。富山市は20世紀末から安価な公営住宅を中心部に作り，公共交通機関網も整備して，コンパクトシティ形成を試みている。目的は公共投資の効率化，住民の生活環境改善，防災上のメリット（集住による避難効率化，災害危険区域の市街地化抑止など），車に頼らずCO2排出削減，等々。国も21世紀になると全国でコンパクトシティ化を後押しし始めた。富山市は一定の成功を収めたと評価されている。

■イオンの功罪

　他方，イオンには「タヌキが出るところに店を出せ」という出店戦略がある。地価が安い郊外の未開発地を買い占め，大規模駐車場完備のショッピングセンターを作り，客が好むブランドショップも数多く出店させ，半径20キロ程度の商圏でマイカー利用客を大量に呼び込む。この戦略は「立地創造」とも呼ばれ，大当たりしてきた。イオンができると周辺に別の商業施設や住宅までできて，相乗効果でミニ都市が形成されることも多い。地方ではイオン立地が周辺自治体との経済力競争に勝ち残る重要戦略になっている。たとえば石川県小松市は大規模イオンの誘致に成功，近隣自治体の衰退が加速している。

　ただし，イオンの利益率はそれほど高くない。入念な市場調査の上，低コストでの開発を心がけるが，大規模店を開発維持する経費はバカにならない。客が飽きるので10年に1度は大規模改装もする。たくさん集客しても収支トントンが多い。それでも，自治体から要請を受けると，イオンの社長は「地域貢献だ」と出店してきた。結果的に，イオンは年商10兆円に迫る日本屈指の規模を誇る小売業に成長したが，純利益はよい時で年間200億円超。利益率はトヨタやテスラと比較にならない低さ。小売業にはよくあるパターンである。

　富山市には大規模イオンがない。出店要請してこなかった。富山市に最も近い大規模イオンは約15キロ離れた高岡市，そして約20キロ離れた砺波市にある。他の大規模ショッピング施設として射水市のコストコ，小矢部市の三井アウト

レットパークもある。富山県は自動車保有率が高く，どの施設にも富山市から車で買い物客が押し寄せている。富山市以外の県内自治体は，必ずしもコンパクトシティに力を入れていない。小松市のように「他の自治体から客を取り込んででも経済活性化したい」と考える自治体を，必ずしも悪く言えない。コンパクトシティ化は，周辺の全自治体が足並みを揃えて実践しないと，成功しない。さもないと，どこも抜け駆けして一人勝ちしようとしてしまう（囚人のジレンマ，コラム参照）。この意味で，富山市の成功は不十分である。

　では，小松や高岡市，砺波市は，インフラ投資の効率化に関心がないのか。当然，ある。しかし，自治体間競争に勝って市の税収が増えれば，過剰にインフラ投資しても回収できる，という考え方もある。しかも，多少赤字が出ても一定の節度を保っていれば，国の地方交付税交付金で埋め合わせてもらえる。交付金は国に返金しなくてよい。それゆえ，自治体にインフラ投資を効率化するインセンティヴは働きにくい。むしろ，周辺自治体との競争に勝つという狭量な目先の目標に囚われがちになる。地方交付税交付金は年総額20兆円，毎年の国家予算の約5分の1。年々，増加している。単純計算すると，累積国債1000兆円のうち，約200兆円がこうした地方の赤字穴埋めに使われた。もちろん，全額がインフラ関連費用に充てられたわけではない。福祉や教育，医療や産業振興など，自治体の赤字トータルのどんぶり勘定的な埋め合わせである。しかし，過剰インフラ問題に限定着目すれば，モルヒネを打って痛みを忘れさせている構図。人口が減り税収も落ちている地方都市に，過剰インフラの維持管理がこの先できるのか。身の丈に合ったコンパクトシティ化をどの地方自治体も，そして国もこれまで以上に，推進すべきではないか。

■論点整理

　この問題について賛否を論じてもよい。しかし，ここでは次の点を考えよう。イオンの出店戦略は，意図せず国を財政破綻に追い込むリスクをはらむ。1968年に米の生物学者ハーディンが発表した「共有地の悲劇」という逸話がある。皆が共有地で家畜に草を食ませたら，荒れ果てて草が育たなくなった。家畜が餌不足に陥り，皆が苦しんだ。自分の牧草地なら持続可能性を考えて草を食ませる。だが，共有地だと皆がエゴイストになって利用し尽くし，最後は砂漠化する。共有資源は適正管理しないと枯渇する。イオンの戦略はこれと同じ理屈で国を破綻させるのではないか。過剰インフラを前提にせねば，イオンのビジネスモデルは成り立たない。しかし，イオンの会計報告書に過剰インフラに関

する勘定項目はない。それは自治体に，そして交付税を交付する国に，最終的には国民に，ツケ回しされている。過剰インフラとそれを支える税金（足りなければ赤字国債）は，まさに共有地。イオンはこれにただ乗りしていることになる。イオンにそのような営業戦略を採る自由があるのか。これを放置すると，後に瓦礫と廃墟が残るだけではないか。これはイオンだけでなく，郊外のロードサイド店や大規模商業施設を手掛けるあらゆる業者，業界，そして自治体関係者，交付金を交付する国の官僚にも当てはまる。犠牲になるのは将来世代の国民（世代間衡平に反する）。破綻はあなたが生きているうちに起きる可能性がある。市街地の野放図な拡大を放置してきた全員の責任を問うべきではないか。

　もちろん，イオンは営業の自由を盾に取って反論するだろう。地域の経済活性化，地方創生にも貢献もしている。その通りだろう。イオンの魅力と利便性を実感している国民は多い。それを踏まえて，イオンの営業戦略が許容できるか，賛否どちらも立論しよう。各自，論点整理してシナリオ構築し，執筆して合評会，ディベートへと進もう。

コラム　囚人のジレンマ

　2人の共犯者が逮捕され，捜査官が「2人とも黙秘すれば2人とも禁固2年，一方が自白して一方が黙秘したら自白した方が無罪，黙秘者が禁固10年，2人とも自白したら2人とも禁固5年となる」という条件を提示する。協力して黙秘すれば禁固2年で済むと分かっていても，「自分だけ協力姿勢を示しても相手に出し抜かれたら意味がない」と疑心暗鬼になって2人とも自白し，2人とも禁固5年となってしまう。実験してみると，人は概して抜け駆け的に相手を出し抜こうとする。ベンサム流の功利主義（全体の幸福量最大化を目指す）に従う行動は，人に期待できない。これを示す実験。温暖化対策や核廃絶が失敗する理由をうまく説明してくれる。自治体間の限られたパイの奪い合いも同じ構図。

4　類題　ふるさと納税

　居住地以外の自治体に寄付すると国税地方税ともに税額控除を受けられ，同時に寄付先の自治体から返礼品をもらえる制度。2009年度から地方創生のため

108

に政治主導で創設された。居住自治体の税収は減るが，東京23区以外の自治体なら喪失分の一部を国から補填してもらえる。大都市から地方へ税収移転させる仕掛けだが，メリット，デメリットともにある。最大のデメリットは，高額所得者ほど多くの返礼品を得て，しかもその経費が事実上，国から補填されること。つまり，高額所得者への事実上の税金還付である。格差を拡大し不公平であるのみならず，過剰インフラと同様，共有地の悲劇（国の財政疲弊）をもたらしかねない。事実関係を調べ，この制度への賛否をどちらも立論しよう。

> **コラム　平等原則による自由への合理的介入・制限**
>
> 　自由放任すると皆が「相互協力した方が得だ」と考えるようになる，とする見解もあるが（ヒュームやアダム・スミス），概して弱肉強食や共有地の悲劇が帰結しがち。悲劇はあなた自身に襲ってくるか，あなたの子や孫の世代に襲ってくるか，分からない。自分に襲ってくるなら，転ばぬ先の杖で自由を一定程度，制限するのが合理的。しかし，「温暖化や国債1千兆円超の帰結はまだ遠い先」と考えると，身が入らない。むしろ今のうちに甘い汁を吸おう，と考えがちになる。野放図な自由を平等原則で制限する必要性は欧州で昔から叫ばれた。たとえば古代のキリスト教運動。人間は神の前では皆平等。王子も乞食も関係ない。近代になると，フランス啓蒙思想に影響されたカントが人格の尊厳を具現する法制度の重要性を説いた。20世紀の米国人ロールズは，自分の取り分を最大化しようとする功利主義者も，最低限の平等に配慮した法制度を作っておかないと，競争に落後して命を失う危険がある，と主張した。他方，リバタリアンは「自由を行使して痛い目に遭った人は，そこから教訓を引き出して各自の将来に活かすはず。法律が平等原則を盾にとって介入する必要はない。自助に委ねよ」と主張する。痛い目に遭って死者が出ても，次世代がそこから学べばよい，ということ。このリバタリアンの立場への賛否を論じてほしい。

第11章

元徴用工裁判・台湾有事・
GAFAの徴税逃れ
——国内法の限界

　個人にせよ企業にせよ国にせよ，自由や権限の行使には国際的な限界がある。国内は日本の法律が通用するが，海外へ出るとそうはいかない。現地の法制度や国際法に従って行動するのが基本だが，何も頼りにならず自分で決断するしかない場合も多い。国境を越えて各方面の納得を得る努力も必要になる。

1　元徴用工裁判　国と企業

■議論の前提

　新日鉄住金（現社名は日本製鉄）と三菱重工が，戦時中の韓国人元徴用工から賃金未払いだと訴えられた。韓国大法院（日本の最高裁に相当）は2018年に慰謝料を含めての支払いを命じた。日本政府は1960年に結ばれた日韓請求権協定違反だ，と反発している。日本企業は支払いを拒否したが，韓国裁判所は日本企業の韓国における資産を差押さえ，競売にかけて支払い原資を強制捻出しようとしている。原告側は日本企業に和解を働きかけているが，日本側が軟化する気配はない。日韓関係は戦後最低レベルまで冷え込んだ。

　我々は感情的にならず，過去と現在の事実関係を正しく理解し，理性的に判断する必要がある。簡単に整理しよう。日韓両政府は，1910年から45年までの日韓併合をどう評価するか，で立場が異なる。日韓併合は，日本側の立場では，双方の合意により国際法に基づいて行われた国家の対等合併。韓国側の立場では，日本による不法な植民地化。この相違は戦後の日韓条約交渉で埋まらなかった。そこで，合意できない点を棚上げし，合意できるところだけ決めたのが日韓基本条約と請求権協定。

　請求権協定第1条は日本が韓国に無償3億ドル，有償2億ドルの経済援助を

行う，と定めた。日本側は，日韓併合時に韓国文化の破壊や韓国人に対する不法な扱いがあったことは認めており，これに対する反省の意を込めた独立祝い金として経済援助を位置づけた。韓国側はこれを実質的な賠償金と理解した。続く第2条は，両国の請求権問題が完全かつ最終的に解決された，と述べている。日韓両国が相互に対して持つ請求権はこれで消滅，賠償問題も終わり，ということ。だが，個人の請求権も消滅した，とは書かれていない。つまり，日本人が戦前の朝鮮に保有していた資産について，その人の請求権が消滅したわけではない。韓国人が戦前の日本で保有していた資産についても同様。日本の外務省は1991年，戦前に朝鮮人が預けていた日本の郵便貯金への請求権は生きているが請求権協定により行使できなくなった，との見解を出した。1990年代に韓国人元徴用工が未払い賃金と損害賠償を求めて日本で起こした訴訟は，どれも請求権協定を根拠に棄却された。

■韓国の立場

　韓国政府も当初，日本と同じ立場だった。しかし，戦後の韓国は日本統治時代を否定的に評価する歴史教育を徹底してきた。日本による戦時中の朝鮮人徴用には非人道的な事例が数多くあり，この歴史教育に合理性はある。この教育は成功し，植民地化を認めない日本政府，そして個人の請求権行使を認めない韓国政府に，批判的な世論が形成されていく。韓国司法は韓国の社会通念を重視する。2012年5月，ついに大法院が従来の韓国政府の方針を覆し，元徴用工は未払い賃金と損害賠償を請求できる，と判示した。

　2018年の大法院判決はこの方針転換の根拠を敷衍する。複数の裁判官の意見が錯綜して複雑だが，要約すると，（1）日本による植民地支配は「人道に対する罪」であり，ここから発生する個人の請求権がある，（2）この請求権は，日韓併合が植民地支配であったか否かを棚上げしている日韓条約及び請求権協定の埒外にある，（3）元徴用工はその請求権を行使し，救済を受けるべきである，という論理構成になっている。「人道に対する罪」はナチス・ドイツによるユダヤ人虐殺などの蛮行を受けて，ニュルンベルク国際法廷で初めて概念化された国際法理。国家や集団による民族虐殺や大量殺人，奴隷化や追放などの非人道的行為がこれに該当する。加害者への時効なき処罰，被害者の時効なき救済，が原則。1965年当時の日韓両政府は，日韓併合がこの罪に該当するか否か，合意できずに棚上げした。両国で話し合って結論が出る問題ではなかろう。大法院判決は，この問題を蒸し返し，個人の請求権行使を正当化している。

　1965年時点の日韓相互の立ち位置は，現在と大きく違っていた。戦後の朝鮮半島は南北に分断され，朝鮮戦争で荒廃した。韓国は米国頼みの軍事独裁国家となった。国連に未加盟のまま，1965年当時の朴正煕政権は日本から早期に賠償金を獲得し，これを原資に経済成長させることを最優先課題とした。日本は朝鮮特需で経済復興を遂げ，高度成長の真っ只中。国際社会にも復帰し，国連にも加盟済み。日本がより強い立場にあった。請求権協定はこの状態で結ばれた妥協の産物。大法院判決は，この協定では不十分だ，今こそ棚上げ問題に向き合え，という日本側への要求とも言える。

　日本側から見ると，韓国司法の方針転換は請求権協定の一方的な解釈変更であり，認められない。棚上げ問題は話し合って解決不能ゆえ棚上げされた。今さら蒸し返しても同じこと。韓国大統領は「韓国は三権が分立しており，行政は司法決定に従うしかない」と主張するが，日本側は「国家元首である大統領が主導して日本との国際的約束を果たせ」と譲らない。

■解決への道　賛否立論

　見解の相違をどう埋めるべきか。請求権協定3条は，仲裁委員会（両国代表と，両国が合意する第三国の調停委員からなる）を設置する道を開いている。だが，韓国は仲裁委員会設置に同意しない。日韓は自国に有利な調停国を選ぼうとするだろう。調停国が決まれば，自国に有利な調停をするようその国に働きかけるだろう。もしも自国に不利な調停結果となれば，調停国への遺恨が生じる可能性もある。そのような難しい役割を引き受けてくれる国はない。最初から二国間交渉で解決すべき。これが韓国の立場である。日本側は，韓国の不同意は国際法違反，という立場である。日本政府は国際司法裁判所（在ハーグで各国から選ばれた15人の判事からなる国連常設機関，国際的な係争を管轄し一審制）への提訴も検討しているが，提訴には韓国側の同意が必要。韓国はこれにも同意せず，あくまで二国間交渉での解決を求めている。日韓どちらに軍配を上げるか。賛否どちらも立論してほしい。

　戦時中の日本に強制連行された中国人元労働者も，かつて未払い賃金や賠償金を求めて訴訟を起こした。1972年の日中共同声明で中国政府は日中戦争の賠償を放棄した。最高裁はこれを根拠に2007年4月27日，元労働者を司法救済できない，と判決した。同時に，元労働者が戦時中に受けた苦痛を考慮して，当時労働者を使役した日本企業が救済へ向けて努力するよう促した。これを受けて西松建設や三菱マテリアルは1億円以上の基金を設立し，元労働者たちの救

済を図った。韓国の元徴用工に同じ対応を取ることは，請求権協定を理由として日本政府が拒んでいる。なお，中国政府は個人の請求権について現在に至るまで曖昧な態度のまま。

　立論に際しては語の定義に注意しよう。たとえば「植民地」は語義曖昧。「自国民を入植させる土地」の意だが，日韓併合では朝鮮半島全域にすでに現地人が居住しており，日本人が入植できる土地は限られていた（統治やビジネス目的で移住する人はいた）。宗主国は植民地から富を収奪する。日本も半島の鉱物資源などを収奪した。宗主国は港湾や道路など植民地のインフラ整備に多額の投資をする。日本も朝鮮半島に多額のインフラ投資をした。19〜20世紀に世界中の植民地が独立する際，宗主国側は決まって「インフラ整備の費用を返せ」と迫った。植民地側は概ねそれに従った。日本は韓国に「返せ」と迫るどころか，逆に実質的な賠償金を払った。これは世界の植民地独立史上，稀有なこと（20世紀末以降は同様の賠償を求める動きが世界的に出てきた）。日韓併合は「植民地化」でなく，対等を装った征服統治と呼んだ方が正確かもしれない。

　「人道に対する罪」の定義も曖昧。国際法的な定義はあるが，具体的に何がこの罪に該当する行為なのか，判然としない。様々な点に注意して自力で論点整理・シナリオ構築しよう。論文を執筆して合評会，ディベートへ進もう。

2　台湾有事　企業の判断，政府の判断

■議論の前提

　2022年，ロシアがウクライナに武力侵攻し，欧米各国と強く対立した。中国共産党は様子見している。彼らも台湾への武力侵攻を否定していない。

　中国共産党は国民党を中国本土から追い出して中華人民共和国を樹立し，一党独裁で経済を成長させ軍事大国を築いた。南シナ海の島々を占拠し，尖閣諸島を威嚇し，米国本土を攻撃できる弾道ミサイルも増産中。チベットやウイグルに漢民族を植民し支配を固め，香港の一国二制度も有名無実化した。残るは中華民国政府が統治する台湾の制圧である。習近平は既に激烈な情報戦を台湾に仕掛けている。平和統一が望ましいが，武力行使も選択肢に入れている。米国は，武力侵攻なら台湾防衛に全力を尽くす，と牽制している。

　日本は集団的自衛権の限定的行使を可能にする解釈改憲を2015年に行い，新安保法制も整備した。日本近隣で米軍が攻撃されたときの後方支援活動は合法

となった。台湾有事に際して米軍が介入すれば，人民解放軍（中国共産党の軍事組織）は必ず在日米軍基地を弾道ミサイルで攻撃してくる。基地近隣の日本国民に被害が出るだろう。米国は日本に後方支援を要請するだろうが，日本がこれに応えて自衛隊を投入すれば，人民解放軍は自衛隊基地及びこれを支える電力インフラ（日本各地の発電所）などを弾道ミサイルで攻撃するだろう。原発に命中すれば核爆弾を投下されたのと似た結果が生じる。多くの生命が失われ，経済は大混乱に陥る。中国大陸在住の日本人が拘束され，日本企業の現地資産が凍結され，企業活動が停止に追い込まれる可能性が強い。中国共産党はこれを見越して，自衛隊を出さないよう，事前に日本を揺さぶるだろう。

　台湾在留邦人は3万人弱，中国大陸在留邦人は10万人以上。台湾有事となれば，台湾中国で多くの人命が失われ，現地の日本人も巻き込まれる。日本は有事に際しての邦人退避計画をまったく策定していない。戦争にならないよう，米中台湾の間で平和外交に努めるのが日本政府の方針だろう。しかし，中国共産党がその日本の足元を見透かして台湾に軍事侵攻する可能性はある。どんな強硬手段に出ても日本にはどうせ何もできない。台湾に侵攻しても中国共産党は「中国の内政問題だから外国は干渉するな」という姿勢だろう。武力行使という非人道的行為を「中国の国内問題」の名の下に黙認することはできない。ウェストファリア条約以降，内政不干渉は長らく国際法の基本原則だったが，今は違う。国家主権は人間の尊厳に劣後する。自国民を非人道的に扱う国が「内政干渉するな」と主張しても，説得力はない。世界人権宣言を踏みにじる国に対しては，国際的に強い制裁が科される。日本は決然と制裁に加われるか。中国は日本の最大の貿易相手国。中国とのビジネスで飯を食っている日本人は何千万人に及ぶ。「飯が食いたければ黙って見てろ」と中国共産党が威嚇恫喝してきたら，あなたはどうするか。怖気づいて降参するか。

　もちろん，日本政府は台湾有事を未然に防ぐべく，軍事的抑止力も使いながら最大限の外交努力を継続すべき。日本国民は中国国民にも届くよう，反戦の声を上げ続けるべきだろう。武力行使は国際的な信用失墜や経済損失をもたらし，失敗したら自国民の支持を失うリスクもある。中国共産党もしたくなかろう。だが，彼らは抗日戦争，国共内戦，チベット占領，天安門事件，香港制圧など，目的達成のため躊躇なく武力行使してきた。彼らは人命の尊厳よりも中国共産党の尊厳（独裁維持）を重視するかもしれない。現在の中国共産党は，蓄えてきた力を今こそ発揮し，アヘン戦争以来虐げられてきた中華民族の底力

を日米欧に示し，積年の恨みを晴らそうとしているようにも見える。まるでか
つての大日本帝国である。党内には冷静で理性的な平和主義者も大勢いるはず
だが，その声はかき消されてしまう。

■賛否立論

　「侵攻」だけでは意味が曖昧。ロイター通信によれば，人民解放軍は馬祖や
金門島の奪取から台湾全面侵攻まで6つのシナリオを描いている（https://
jp.reuters.com/article/taiwan-crisis-scenario-idJPKBN2IF04M）。どれを選択するか
で，日本が迫られる態度決定は違ってくる。ここでは次の賛否を論じよう。中
国共産党が全面侵攻に踏み切り，米軍が介入のため日本に後方支援を求めたら，
日本政府は受諾すべきか，拒否すべきか。自力で論点整理し，シナリオ構築の
上，実際に書いて合評会，ディベートまで進もう。

　受諾論の最大の根拠は，中国共産党の脅威だろう。この党は内部が不透明で
強権的な独裁組織であり，その行動を観察するにつけ信頼できず，かつてのナ
チスを想起させる。しかも，この党はかつて日本が中国を侵略した歴史を国民
に徹底教育している。何らかのきっかけで中国国民の復讐心に油を注ぎ，日本
を侵略してくる可能性がある。自由と平等という価値観を共有する台湾の防衛
は，日本自身の防衛に等しい。この主張には一定の説得力がある。受諾論は，
中国からの軍事攻撃への反撃方法，在留邦人の安全確保，日本企業が中国に保
有する資産保護施策，等をパッケージで示す必要があろう。

　受諾拒否論は，日本が攻撃されるリスクを回避し，台湾侵攻を黙認する立場
である。「ズデーテン地方をやればナチスは満足するだろう」と似た理屈であ
る。この判断は歴史的に間違っていたが，中国共産党はナチスではない。彼ら
に日本侵略の野心はない。彼らは強権的だが，国内では総じて民生向上に努め
てきた。彼らの良心を信じ，冷静で理性的な党員とのパイプを保ち，台湾軍事
侵攻の被害を最小限に食い止め，台湾市民の保護に尽力すべきだ。だが，これ
はロシアのウクライナ侵攻を黙認するのと似た立場。米国や台湾市民は「日本
に裏切られた」と感じるだろう。最悪，米国は日本に愛想をつかして在日米軍
を撤収させ，その隙に中国共産党や北朝鮮が日本を無血占領するかもしれない。
そうならないための方途，そして中国共産党に野心がないと言える根拠も，示
す必要がある。

3　国際的課税逃れ　企業の判断，政府の判断

■議論の前提

　会社は財やサービスを提供する団体である。世界最古の会社は日本の金剛組（四天王寺や法隆寺を建てた）らしいが，会社法の歴史をたどると中世イタリアの合名会社や合資会社が草分け。17世紀からは東インド会社など株式会社も作られた。古代ローマには会社がなかった。民法上の組合はあった。会社は自然人とは独立した法人格であり，どこかの国の法に従ってどこかの国に設立されるが，国境を越えて活動もし得る。東インド会社は遠く地球の裏側を目指した。自然人を国外へ派遣し，利益を本国へ持ち帰らせる。

　会社に対してはどこの国も法人税（法人所得税）を課す。会社が国際取引で得た利益については，法人税は本国に払うのか。それとも経済活動を行った現地国に払うのか。長らく一般的なルールがなかったが，1928年に国際連盟主導で大枠が決められた。すなわち，どの会社も，外国に店舗や工場など恒久的施設を設置したら，その施設に対して当該外国は課税してよい。海外拠点を現地法人化し，これに課税する，というスタイルである。

　各国の法人税率には差がある。税金が高い国もあれば，安い国もある。どんな会社も節税したい。より税金の安い国に拠点を移す会社が出てくる。経済合理性に適った行動である。どの国も税収減を防ぎたい。中には税金の安さを売りにして企業を呼び込み，薄利多売で税収増につなげようとする国や地域も出てくる。米デラウェア州が昔から有名。米国の州はstate，つまり本来は「国」。課税権限もあり，他のstateとの税収獲得競争でどの州も必死になる。19世紀末以来，デラウェアは「州内で登記された法人は州外での利益に課税されない」というルールで企業招致してきた。今ではコカ・コーラなど約100万の企業が本社を置き，課税逃れしてる。連邦国家である米国は，連邦と州（国）がそれぞれ独立して法人税を課税する。連邦税率は現在，21％。これはどの州に本社を置く米国企業も不可避である。州の法人税は各州まちまち。テキサスのように税率ゼロの州もあるが，その代わり売上税や固定資産税が高くなっている。子会社を抜け道に使うなど様々な手法を組み合わせると，デラウェアに本社を置くメリットが今もかなり高いという。

　デラウェアの知恵はその後，英領ケイマン諸島やヴァージン諸島，アイルラ

ンドやハンガリーなど産業競争力に比較的乏しい国や地域に模倣された。これら国や地域は税率を意図的に下げて世界中の企業を呼び込んでおり，タックスヘイブン（Tax haven：租税回避地）と呼ばれている。米国や英国は自国内にタックスヘイブンがあり，長らくこれを黙認してきた。日本や仏独は「不公正だ」と問題視してきたが，国際社会では英米の力が強く，事態は改善しなかった。それどころか，各国が法人税引き下げ合戦を始めてしまった。自国から企業が逃げ出さないように，そして世界中の企業に進出してもらえるように。日本の法人税率は1990年ごろまで40％超だったが，今は20％台前半。これに地方法人税，法人住民税，法人事業税を加えた実効法人税率は20％台後半。世界標準と足並みをそろえた推移であり，税収が落ちた分は消費税の導入と引き上げでカバーされてきた。タックスヘイブン側も対抗して税率引き下げを続け，アイルランドの法人税率は現在12.5％。まるで我慢大会である。因みに，企業だけでなく個人もタックスヘイブンを利用して課税逃れしている。2016年に発覚したパナマ文書にはこれを利用する世界中の富豪たちの実名が載っていた。

　企業の課税逃れは南北問題がなかなか解決しない一因にもなっている。コーヒーやバナナなど農産物，金やコバルトなど貴金属は，主に途上国で産出し，先進国企業が買い付ける。先進国企業は現地に極力拠点を置かず，現地政府への納税を巧妙に回避する。本来なら現地の民生向上に充当されるべき富が吸い上げられ，先進国に集中する。日本を含む先進国はこうした現状を「自由市場経済を守る」という名目で黙認している。

■GAFAと国際課税制度変更　賛否立論

　ここに，21世紀になってGAFA（グーグル，アップル，フェイスブック［現社名メタ］，アマゾン）が台頭した。これら米企業はネット経由で国境を越え，物理的拠点なしで世界中から利益を吸い上げる。米国内でも，デラウェア州の制度を利用するなどあらゆる手を使って課税逃れを図る。GAFAの利益はうなぎ登り。コロナ禍の巣ごもり需要で儲けは一層増えている。4社の時価総額を合計すると今や日本の年間GDPに匹敵する。さすがに英米もこれを問題視するようになった。最近の英米では格差が拡大して社会不安が起きており，底辺層を無視できなくなったのも方針転換の一因。税率引き下げ合戦ではGAFAを利するばかりなので，他のタックスヘイブンも方針転換し，2021年10月にOECDが中心となって136の国と地域が国際課税の新ルール導入で合意した。すなわち，（1）法人はどこで活動しても最低15％の税負担をする。仮にアイラン

ドが法人税12.5%のまま据え置くとしても，GAFAの拠点である米国政府が残りの2.5%を課税できるようにする。こうすれば，法人税率を15%以下にする国はなくなるだろう，と期待されている（我慢大会に上限設定）。また，（2）利益が売上の10%を超える場合，10%を上回る利益のうち25%を各国別の売上高に応じて各国に配分する。つまり，売上の10%を超える利益については税率25%で課税し，これをサービス利用者がいる国に配分する。GAFAを含む巨大多国籍企業100社のうち，売上の10%超の利益は世界総計14兆円と推計される（OECDによる）。この25%，約3.5兆円が関係国の税収となる。日本の税収も多少増えるだろう。今後，2023年までに新たな国際課税制度が構築されていく。GAFAはこれを表向き歓迎している。

　課税逃れしたい人，すべきでないと考える人，世の中はいろいろ。企業も同じ。米国にもディズニーのように喜んで納税する愛国的企業は存在する。それゆえ，ディズニーに対する米国民の評判は高い。ディズニー家は大金持ちだが，現当主は「コロナ禍で世界が苦しんでいる，私からもっと税金を取れ」と事あるごとに訴えている。日本でも，国民への貢献だと考えて生産拠点をできるだけ国内に留め置き，納税もしっかり行う企業はトヨタなど数多い。節税は誰もが考える。国税当局との見解の違いで追徴課税され，訴訟に発展する事件も数多い。現行税制では課税されない大企業も多い（トランプ氏の会社やソフトバンクなど）。各国の税制の隙を突いたGAFAの合法な国際的課税逃れは正当か。合法なら課税逃れしてよいか。論点整理の上，賛否をそれぞれ立論しよう。まずシナリオを構築し，構築したらわき目を振らずひたすら書く。そして合評会，ディベートへ進もう。

4　類　題

　国，企業，個人が直面する国際問題を列挙する。調査して賛否を立論しよう。
（1）　中国は尖閣諸島を占領するか。もし中国が占領に動いたら，武力で応戦すべきか。もし占領されてしまったら，武力で奪還すべきか。
（2）　日本政府は普天間基地を代替する米軍海兵隊基地を辺野古に建設中である。沖縄ではその賛否を問う県民投票が2019年に実施され，7割以上が反対だった。辺野古では一部に軟弱地盤が見つかっており，技術的に埋立による基地完成は見込めない，との専門家の意見もある。辺野古

以外にも普天間代替の選択肢はあるが，日本政府は辺野古の建設工事を止めようとしない。日本政府の態度は是か非か。

（3） 日本政府は中国が香港の民主派を制圧するのを座視し，強い非難をしなかった。ウイグル弾圧に対しても強い非難をしていない。中国をこれまでより強く非難すべきか。制裁をかけるべきか。

（4） 日本はカロリーベースの食糧自給率が40％以下である。有事に輸入がストップしたら社会は大混乱に陥り，餓死者も発生すると言われる。1960年ごろ，自給率は70％以上あった。当時は海外から安い農産物が入らないよう保護主義政策を取っていた。その後，工業製品を大量輸出する見返りに農産物の輸入を自由化し，自給率は低下を続けた。自給率アップの努力はしているが，うまくいっていない。食糧安全保障のため，自動車の輸出を減らしてでも自給率をアップさせるべきか。

（5） シンガポールや中国で麻薬密売に関わり死刑判決を受ける日本人や，スパイ容疑で中国政府に逮捕されて有罪となり，長期服役する日本人がいる。多くは身に覚えがない，と訴えている。これら日本人を政府は助けるべきか。

（6） 米国の対日貿易赤字を是正すべく，トランプ大統領は日本政府に米から軍需品を購入するよう働きかけ，日本政府もこれに応じた。米国が日本に輸出できる品目として代表的なのは農産物と軍需品である。軍需品で貿易赤字を是正することの賛否を立論しよう。

（7） 新型コロナではファイザーやモデルナなど外国産のワクチンに頼った。安全保障の観点から，ワクチン製造は市場原理に委ねることなく，国が助成して国内で体制整備すべき，という意見がある。賛否を立論しよう。

（8） 東芝は原子力や暗号技術など国の安全保障に深く関連する民間企業だが，経営に失敗して外資が大株主になった。外資は市場原理に基づいて行動し，東芝の事業を海外に売却する可能性もある。国は外為法を使ってこれを阻止できるが，国が安易に介入すると外資が日本市場を信頼しなくなり株価が暴落する。日本政府は東芝の将来に介入すべきか。

（9） 中国はデータの海外流出を防止する法規制を強化した。現地の日本企業は中国と日本国内でデータをやり取りすることができなくなり，活動に大きな障害が出ている。事業コストがアップし，撤退を検討する企業も出ている。日本企業は中国から撤退すべきか。

(10)　熱帯雨林を破壊してバイオ燃料用のパーム畑に転換する動きが世界で加速中。経済的価値のない森林を農地に転換すれば，現地の経済発展に寄与できる。しかし，原生の熱帯雨林はCO_2吸収能力が高く，生物多様性の観点からも大きな価値がある。パーム畑への転換を市場原理に委ねたまま座視すべきか。

(11)　国際結婚の破綻後，合意なく子を日本に連れ去るとハーグ条約違反になる。この条約は，離婚時の子の監護権をどう国際裁判管轄するか取り決めたもので，1980年に締結された。日本の批准は大幅に遅れて2012年。批准と同時にハーグ条約実施法が制定された。子が連れ去られる前に居住していた国に子を返還するか否かを決める裁判手続きを規定している。日本では離婚後は母が子を引き取る慣行があり（子は母と一緒にいるべき，という美徳の裏返し），民法も離婚後は単独親権と規定している。DV被害に遭い，母子が元夫から身を隠すことも多い。離婚後に母が子を連れて逃げても，国際結婚破綻後の日本人女性が子を日本に連れ帰っても，日本の行政司法は黙認する傾向にある。世界は離婚後も両親が子の養育に参画する共同親権が趨勢。日本は国際的に批判されている。日本女性が子を連れ去るのは是か非か。日本の行政司法が連れ去りを黙認するのは是か非か。日本は国際標準である共同親権を採用すべく民法を改正すべきか。

違法ダウンロード・過労死
——法の支配と日常生活（1）

　個人の自由行使にはいろんなパターンがある。権利がないのについやってしまう（脱法行為）。権利があっても行使しづらい（とかく世間は生きづらい）。具体例で考えたい。

1　違法ダウンロードの是非

■議論の前提

　ユーチューブには多様なコンテンツがアップされている。みな軽い気持ちでやっている。しかし，レコード会社やアーティストが売り出すコンテンツを無断でアップして無料閲覧に供するのは著作権法違反。著作権は原則，著作者に帰属する。その侵害は民事的には不法行為，刑事罰も科される（原則，親告罪）。

　著作物と言えば昔は書物が典型だった。今はネット上のコンテンツやウィンドウズなどコンピュータのOSも著作物である。著作物は人々の心を豊かにし，生活利便性を高めてくれる。著作権はその見返りとして保護される。社会の変化に合わせて著作権法は頻繁に改正される。2018年の改正ではネット上の著作権侵害の常態化に対応して，悪質な著作権侵害が非親告罪化された。なお，レコード会社が持つ権利は著作権でなく，著作隣接権。本章ではアーティストや作家が持つ著作権に話を限る。

　違法アップロードは著作者の公衆送信権（著作権法23条）を侵害する。これは自分の著作物を無線有線で公衆に送信する権利であり，著作者が独占的に持つ。ユーチューブは米国のプラットフォーム会社。世界中からアップされるコンテンツが公衆送信権違反かどうか，いちいちチェックしない。それは物理的に不可能だろうし，検閲になりかねない（利用者減につながる）。もちろん著作

者本人が訴えれば，コンテンツ削除には応じる。ディズニーは違法アップロードした人を厳格に特定し，必要に応じて刑事告訴や賠償請求を行っている。しかし，どこかで誰かが勝手にアップしていないか，完全にチェックするのは難しい。コストもかかる。誰にでもディズニーの真似ができるわけではない。

■ダウンロードは誰でもやっている

では，ダウンロードはどうか。違法アップロードされたコンテンツを自分のパソコンで再生閲覧する，ソフトを使ってパソコン内に保存する，これらもすべて著作権法違反である（2010年改正でまず音楽・映像コンテンツが，2020年改正でその他すべてのコンテンツが対象となった）。探知されて告訴されたら，賠償責任が生じて刑事罰も科され得る。しかし，ストリーミング（一過性の動画閲覧など）は実質的に例外となる。ストリーミングは一時的なダウンロードであり，再生した記録が一時的にパソコン内に残るが，すぐに自動消去されていく。これはパソコンという機器の特性。権利者には一時的ダウンロードを探知する技術的手段がない。なので，違法であっても提訴や告訴のしようがない。なので「合法だ」と言われることがあるものの，決して合法なわけではない。

コンテンツをダウンロードしてパソコン内に保存するためのソフトは無数に開発されている。こうしたソフト自体に違法性はない。違法性があるのはソフト使用者の意図や使用目的。かつてファイル共有ソフトの開発者が公衆送信権違反を幇助した，として逮捕された事件がある（2004年のWinny事件）。しかし，2011年に最高裁で無罪が確定した。よほど悪質な目的に限定されたソフトを開発しない限り，開発者が立件されることはない。

違法ダウンロードは事実上，黙認されている。違法アップロードにうるさい権利者も，違法ダウンロードまでなかなか手が回らない。では，やってもいいのか。違法だから，ダメである。ばれなければ万引きしてもよい，ということにならないのと同じ。だが，ストリーミングまで含めると，違法ダウンロードは世界中で無数に行われている。そもそも犯罪だと思っていない人が極めて多い。犯罪だと知っていても，万引きと違って人目を気にせず密室で行えるので「ばれない」と思ってしまう（実際にはネット上の通信記録からばれるのだが）。軽微なスピード違反は誰でもやっている。私もやっていいだろう。よもや捕まることはない。これと同じ感覚に陥る。順法精神と脱法精神の衝突である。

■賛否立論

これについて賛否を立論しよう。賛成論（ダウンロード黙認論）は「大目に

見て」という言い訳でなく，（1）スピード違反同様，完璧な取り締まりは社会停滞と有権者の離反を招き不合理だ，更に（2）誰でも気軽に可能なダウンロードを違法とする立法そのものが不合理だ，といった理由で攻撃してほしい。ふつう人はネット上のコンテンツが違法かどうか確かめない。啓発して違法ダウンロードがなくなるとは思えない。また，違法性を認識している人が，コンテンツを正規購入する費用と，ばれたときに払う賠償金や罰金を秤にかけて，ばれる確率を考慮しながら経済合理性に基づいて確信犯で違法ダウンロードする場合もある。経済合理性はしばしば順法精神と衝突する（産廃を不法投棄した方が安上がり）。賛成論は両者を比較衡量し，前者に軍配を上げる。産廃不法投棄には特定個人の近視眼的な経済合理性はあっても公的中長期的な経済合理性はない。違法ダウンロードを野放しにしても創作意欲減退や文化発展阻害にはつながらない。取り締まりは違法アップロードだけにして，ダウンロードは一律合法に戻した方がむしろ合理的ではないか。

　反対論は正論である。スピード制限には理由がある。だから厳格に守れ。あおり運転も危険で違法。だからあおりを許すな。同様に，違法ダウンロードの違法性には著作権法上の合理性がある。この世にタダはない。有料コンテンツを利用するならルール通り著作者に金を払え。アーティストに金を払うのは，ファンに期待される当然の美徳でもある。現行法はこの美徳と整合性がある。ファンなら食い逃げするな，と啓発すべし。

　賛成論は次の例を持ち出してもよい。レコード会社は宣伝も兼ねて，使用料と引き換えに放送事業者が楽曲を流すことを認めている。1970年代，ラジカセが発売され，ラジオ放送を手軽にカセットテープに録音し，繰り返し無料で聴けるようになった。これは著作権の侵害か，と騒がれた。しかし，ラジカセ録音を禁止するのは非現実的である。結局，私的に楽しむだけなら許容範囲内，ということになった。20世紀末にはテレビ録画でも同様の問題が発生し，同様の解決がなされた。電波放送は総務省から免許取得した事業者が著作権法を守って送信しており，違法アップロードのような問題はそもそも発生しない。不特定多数が行き交うネットは違う。だが，違法アップロードも違法ダウンロードもラジオやテレビ視聴と同様，手軽に可能。なら，違法アップロードの取り締まりはともかく，違法ダウンロード取り締まりは非現実的ではないか。ラジカセ録音やテレビ録画が合法なら，違法ダウンロードコンテンツをパソコン内に保存して私的に楽しむくらい許容していいのではないか。

手軽さゆえに思わぬ犯罪を一般市民が起こす事件も発生している。「漫画村」という新作漫画の海賊版サイトが開設され，月間１億人以上がアクセスし，開設者がバナー広告収入で年間数億円を稼いだ。違法アップロードしたのは複数犯で，主犯格は著作権法違反と組織犯罪対策法違反に問われた。犯人たちには「漫画業界は貧乏な若者から高い金を取るな」「痛い目に遭わせないと売り手市場が改まらない」という気持ちもあったらしい。しかし，漫画業界の儲け過ぎと著作権保護は別問題。儲け過ぎに立腹するなら漫画を読まなければいい。2021年６月，福岡地裁は「著作物の収益構造を根底から破壊し，文化の発展を阻害する危険をはらむ」として懲役３年，罰金１千万円の実刑判決を言い渡した。軽い気持ちで悪質な犯罪を行える世の中になった。本件の賛否にかかわらず，現代の技術水準に適合した順法精神を幼少時から涵養することは急務だろう。

　漫画家にせよアーティストにせよ，無名の駆け出し期にはできるだけ多くの人に作品を無料閲覧させて，他人に拡散してもらうのが望ましい。無料で宣伝広告を打つのと同じ効果が見込める。順調に売れ出すと，どこかで著作権保護へ動くタイミングが来る。境目はメジャーデビュー。レコード会社や出版社は，著作者の権利を保護しつつ自分たちのビジネスを展開するプロ。著作権法違反に厳しく対応する。漫画家はふつう，いろんな出版社からの原稿依頼に応える。歌謡界では，多くのアーティストが芸能事務所に所属して売出し支援してもらう関係で，ずっと同じ事務所，同じレコード会社の世話になるのが慣例。

コラム　著作権法

　著作権はグーテンベルクの活版印刷術が普及する過程で確立した。当初は印刷業者の権利と著者の権利のすり合わせ問題だった。モーツァルトやベートーベンの時代，音楽はまだ多くの国で著作権の対象外だった。著作権の保護対象は書物から音楽，絵画，写真，映像へと拡張されていった。国際的な著作権保護は1889年のベルヌ条約以降。ネット動画はいったんアップロードすると国境を越えて世界中どこでも閲覧可能（当局が接続遮断しない限り）。ネットは国境がない事実上の無法地帯と化しており，ネット上で十全な著作権保護体制を構築するのは至難の業になっている。日本で違法アップロードへの罰則が置かれたのは2012年。著作権は特許権や商標権などと併

> せて知的財産権と総称される。

　著作者の権利がダウンロードする人の権利（自由権）と衝突したとき，後者を制限するのが現行法。後者が素直に制限を甘受する性善説を前提する。実際にはこの前提が満たされず，後者による前者の権利侵害が多発している。後者に自制を求める啓発が続いているが，これも性善説に基づいており，成功しているとは言えない。この状況で自制という高いモラルを求める現行法は，ナンセンスか（ダウンロード賛成論），有意義か（反対論）。論点整理は自力でやってみよう。終わったらシナリオを定石通り構築しよう。シナリオ構築したら実際に書き，合評会，そしてディベートへ進もう。

2　身近なグレーゾーン行為

　コロナ禍の最初期，日本政府は人命を最優先し，「経済活動ストップもやむなし」という判断で動いた。だが，経済を止めたままだと，今度は餓死する人が出かねない。補償にも限界がある。その後，政府は経済を止めるのに消極的となり，2022年には一日のコロナ死者が300人超になっても行動制限を呼びかけなくなった。世論も概してそれを支持した。300人死んでも見て見ぬふり，その方が経済合理性は高かろう。これは，ウクライナで人が死んでも見て見ぬふりで軍事侵攻するプーチン氏の価値観と似ているのかもしれない。死者数は単なる数字だ，とかつてアイヒマンは述べた（アイヒマン裁判は各自調べてほしい）。交通死亡事故の損害賠償もお金。人命は金で測られる。これは現実。見て見ぬふりの経済合理性について，いくつかのテーマで立論しよう。

（1）　スピード違反：本文中の軽微なスピード違反の是非をどちらも立論しよう。典拠法は道路交通法。法定速度以外の制限速度は警察の行政裁量で決められる。違反すると罰金だが，警察のマンパワーに限りがあり，違反者全員は検挙できない。結果的に，見逃されるケースが多い。

（2）　煙草やペットボトルのポイ捨て：軽犯罪法1条25項または27項違反（拘留または科料），廃棄物処理法16条違反（懲役または罰金）。道路でのポイ捨ては道路交通法76条違反（罰金）。河川に捨てると河川法施行令16条違反（懲役または罰金）。実際には甚だしい例を除いて検挙逮捕されない。シンガポールは厳格に検挙逮捕する。街にはゴミ一つ落ちていな

い。日本もそうすべきか。

（3）　脱法ドラッグ：麻薬類は大麻取締法（昭和23年）や覚醒剤取締法（昭和26年）により，また医薬品医療機器法（旧薬事法）の「指定薬物」も，使用は違法である。しかし，巷では指定薬物になっていない新たなドラッグがすぐ出回り，「合法」と称して繁華街やネット上で入手可能となる。最初は無料配布して依存症に陥らせ，後は買わせて業者は大儲けする。昔のアヘンと手口は変わらない。毎年，新たな物質が指定薬物に追加されるが，イタチごっこになっている。指定前の「脱法ドラッグ」ならやってもよいか。賛否どちらも立論しよう。

（4）　公衆の面前で濃厚キス：これは欧米なら日常茶飯事だが，厳格なイスラム法を施行する国では即刻，逮捕されるだろう。日本にもこうした風俗は昔からない。良俗に反する行為だと見なされ，不快視されることが今も多い（「子供に見せられない」「美徳に反する」）。しかし，良俗違反は刑事罰の対象でない。公然猥褻（刑174）には該当せず，軽犯罪法で罰せられることもない。最近は，一部の若者が公然とやり始めている。周囲はしかめ面をするかもしれないが，見て見ぬふりが多い。公衆の面前で濃厚キスは是か非か。

（5）　反社会的勢力（暴力団，旧統一教会）：法律としては暴力団対策法と犯罪収益移転防止法がある。これ以外に，全国の自治体が暴力団排除条例を作っている。これら条例は会社や個人に暴力団との関わりを断つよう求めるが（努力義務），断たなくても違法ではない。暴力団員にも人権があり，規制は難しい。なので，暴力団との関わりをもち続ける会社や個人は後を絶たない。この是非を論じてほしい。なお，「暴力団」の定義は暴力団対策法2条にあるが，「反社会的勢力」の定義は法律条文上に存在しない。旧統一教会は反社会的勢力だと言われるが，旧統一教会と関わりを持ち続ける政治家が後を絶たないことは是か非か。これも論じてほしい。

3　過労死しても泣き寝入り？

■議論の前提

過労死事件は日本で今も後を絶たない。「過労死」を和英辞典で調べると

"karoshi" となっている。欧米に過労死はほとんどなく，「過労死」を意味する言葉自体がない。周囲の顔色を見て我慢し，会社のために命を削って働く，という発想は欧米の平均的労働者にない。退勤時間にさっさと帰宅し，あとは家族や友人と私生活を楽しむ。こうした人間らしい生活を守るために法律は存在する。残業や休日出勤は違法。これを無理強いする会社は処罰される。日本でも労働基準法が労働者を守る原則を規定しているが，労使が協定を結べばどれだけ超勤が発生しても合法，という例外規定もあり（36条），長らく実態的にザル法だった。戦前戦後を通じて，昭和の日本では過労死を厭わず必死に働くのが当然だった。日本は貧しかった。大多数の国民に私生活を楽しむ余裕などなかった。過労死しても運が悪いと思って諦めろ，という雰囲気が社会を支配していた。「過労死」という言葉自体，昭和の日本には存在しなかった。統計上の数字に表れないが，過労死者は当時，かなり発生していたはずである。

　これが，平成になると変わってくる。「過労死」という言葉が定着した。過労死は労働災害であり，労働基準監督署（労基署）に届け出て基準を満たせば保険が下りる。会社は届け出を嫌い，遺族に泣き寝入りを迫る傾向にある。過労死発生は労基署から公示され，会社に安全配慮義務違反があれば賠償責任も発生するからである。1990年代，大手広告代理店の電通で発生した過労死が裁判で争われた。入社後間もない若い男性社員が頑張りすぎてうつ病となり，自殺した。両親が労災認定と慰謝料を求めて会社を訴えた。会社側は「本人が勝手に頑張りすぎた」という姿勢だったが，裁判では会社の落ち度が認められ慰謝料支払いが命じられた。この後，過労死が頻繁に事件化した。泣き寝入りが当然，という風潮が明らかに変わった。電通は2016年に再度，過労死事件を起こした。今度は入社早々の女子社員が過労とパワハラでうつ病となり自殺，遺族が労災申請を行った。電通は争わず非を認めた。この事件は大きく報道され，働き方改革基本法（労働基準法と労働安全衛生法の改正）のきっかけとなった。

　しかし，日本で遺族が労災申請するのは今も難しい。多くの会社はそれを阻止しようと無言の圧力をかけてくる。申請には労働管理記録の提出などが必要で，会社にとって面倒の種。会社内部の責任明確化も問題になる。会社側は申請されるのを嫌い，証拠も握りつぶそうとする。遺族側にとっても，元上司などを相手取って争うのは大変な心労となる。訴訟となれば証拠集めが必要で，時間も費用も労力もかかり，家族を失った身としては非常にきつい。では，泣き寝入りするのか。以下に著者が知っている実例を示す。

　リーマンショックの頃，日本を代表する某大企業が不適切な会計処理を行った。歴代社長は「赤字額が少なくなるよう会計処理を工夫しろ」と何年にもわたって部下に命じ続けた。赤字にうるさい株主への対策でもあったのだろう。経営判断ミスを覆い隠したい気持ちもあったのだろう。社長を忖度した部下たちは赤字額を少なく見せかけるよう，親会社も子会社も総出で会計帳簿の書き換えを夜遅くまで行った。明らかに違法な書き換えは許されない。合法の範囲内で書き換えたい。経理部門は並々ならぬ苦労を強いられた。

　そうした立場に何年も置かれたある経理担当者が，くも膜下出血で死亡した。遺族は過労死を疑った。くも膜下出血による過労死は2001年7月17日の最高裁判例で認められている。過労死を立証するには，死亡に至るまでの毎日の生活が具体的にどうだったかを示す記録（毎日の出退勤時間を証明する手帳やメール通信記録などでよい）が必要だが，そうした記録はある程度，手許に残っていた。厚労省の過労死ラインを超える超勤が数年続いた末の突然死だった。葬儀には上司が駆け付け，「ご霊前に」と非常識な高額を置いていった。「労基署に駆け込むな」という口止め料ではないか。怪しんだ遺族は上司に理由を尋ねたが，「会社のために頑張ってくれたことに対する気持ちです」との言葉が返ってきただけだった。本人は会社が大好きで，日本を代表する大企業で働くことを常々誇らしく感じている人だった。喪が明けた後，遺族はタイムカード記録の開示を会社に求めた。会社側は「忙しいので対応が難しい」「労災申請する気ですか。ご本人は会社に迷惑かけることを望まないはず」と嫌そうな顔をする。遺族は弁護士と相談した。

　遺族は裁判を起こすべきか否か。賛否をどちらも立論してほしい。

　過労死認定は厚労省が2001年に発表した過労死ラインが基準となる。直近の1か月間の超勤が100時間超，あるいは直近2～6か月の平均超勤時間が月80時間の場合は，脳疾患や心疾患の発症との関連性が強い，と見なされる。月45時間を超えれば超えるほど関連性は高まる。これ以外に労働時間以外の作業環境（夜勤や出張の多さ，騒音など）や本人の基礎疾患などを踏まえて，総合的に過労死かどうかが判断される。労基署の決定は一審に相当。決定に不服なら高裁へ控訴できる。6か月の平均超勤時間が62時間で労基署は認定却下したが，過去3年に遡り調査すると月100時間超の超勤が発生しており高裁が総合的に判断して労災認定した例がある（2015年9月25日大阪高裁）。

128

　もし本人が過労死を厭わないほどの愛社精神（美徳）の持ち主なら，遺族は提訴を躊躇うだろう。本件の場合，本人がそこまで会社を愛していたのか不明である。遺族は本人の気持ちを忖度しながら態度決定するしかない。家族を奪われたことの無念をどうしても晴らしたいなら，労を厭わず提訴する。本人の意思を尊重する，あるいは費用対効果に合わない（経済合理性がない）と感じるなら，提訴しない。自力で論点整理してシナリオを自由に構築し，執筆して合評会へ，そしてディベートへと進もう。

コラム　長時間労働と業界慣行

　電通など広告業界は，CM出演するタレントと接点があるなど，一見，華やかな印象を与える。しかし，現実には顧客から短期間で高品質の広告を制作するよう迫られ，徹夜や超勤を厭わない覚悟が求められる過酷な職場である。日本には「お客様は神様」という文化がある。顧客から「金は出すから3か月で」と言われると，心で無理だと感じても顔で笑って引き受ける。そして徹夜や超勤，チームプレーでやり抜く。一社がそういう姿勢を示すと，どの社も競争で似たような働き方になる。かくして広告業界の体育会系的な労働慣行が，そして世界に冠たる日本の芸術的広告の数々も，出来上がった。

　過労死事件後の電通社員の気持ちは複雑である。電通一社が変わっても問題の抜本解決にならない。非人道的な働き方を強要する業界慣行自体を改める必要がある。それには顧客側が無理な要求をしないこと。「お客様は神様」という文化は，世界に類を見ない（かゆいところに手が届く）多くの財やサービスを生み出した。24時間営業はその典型例。顧客の要求度が高いからこそ生まれたのだろうが，その裏で労働者の人権侵害が黙認されてきたのも事実である。「自らを犠牲にしてお客様に尽くす」という美徳に殉じたい人は，殉ずる自由がある。本人が生きがいを感じ，その創意工夫と努力が成功につながれば，本人も社会も利益を得られる。そうした人を支援する仕組みは社会にあって当然だろう。しかし，その美徳は全員に期待できない。プライベートを大事にする自由も尊重されて然るべき。この自由を行使する人は，適者生存競争に負けた落伍者として市場で淘汰されてよいのか。否，人間の尊厳に照らして労働法で最低条件を守る。これが世界の趨勢である。

4　類題　訴え出ることの難しさ

（1）　隣人訴訟（訴え出た後の難しさ）：1977年，ある新興団地で3歳の子が溺死した。外出する間，子を見ていてくれるよう隣人に頼んだら，その子が隙を見て近所のため池に足を滑らせてしまった。頼んだ人は隣人を訴えた。一審は1983年，損害賠償を命じた。被告は控訴した。マスコミがこの顛末を「近所づきあいに法律が介入するのか」と報道した。すると原告被告に嫌がらせの手紙や電話が殺到した。被告は控訴を断念，原告も訴え自体を取り下げた。SNS炎上やコロナ禍のマスク警察や自粛警察のように，標的を匿名で袋叩きにする不特定多数の「世論」が嵐のように吹き荒れることがある。たいていは法と無関係な美徳の強要である。批判された側は風を読み，周囲をうかがい，身を御する。同調圧力が席巻し法の支配が定着していないことを裏付ける現象である。隣人訴訟は近所付き合いの美徳を破壊するか。

（2）　「ブラック企業」と並んで「ブラックバイト」という言葉がある。特に塾講師や飲食店で，経営者が「頼むよ」とにこやかに時間外労働を迫り，バイト学生が悲鳴を上げるケースがある。塾講師は授業時間分の時給が支払われ，生徒からの質問に答える時間や授業準備時間にはふつう手当がつかない。「生徒の質問に答えてあげるのが先生でしょ」と美徳に訴えて無給の時間外労働（違法行為）を強いる。経営者側も質問時間や授業準備まで手当を支払うと授業料を値上げせざるを得ず，他校との競争上，苦しい。塾に通う子供の家庭もギリギリで生計を立てているかもしれない。バイト学生は我慢すべきか否か。

（3）　ハラスメントにはセクハラ，パワハラなどいろいろある。提訴は難しい。訴えることの不利益が大きいからである。セクハラ訴訟は被害者のプライバシーを露見させる。パワハラ訴訟は職を失うリスクがある。最近はクレーマー患者から医師が難癖つけられるハラスメント事件も相次いでいる。高じると2021年12月の大阪のクリニック放火事件，2022年1月の埼玉の医師射殺事件など凄惨な事件も起きる。しかし，医師が患者を訴えるのは極めて難しい。学校いじめも広義のハラスメントだが，被害者が加害者や学校を訴えるのはやはり難しい。人間関係が破壊され，

子供が通学できなくなる危険もあるからである。自分で実例を調査し，訴えることの是非を立論してほしい。

（4）　医療ミスを訴えるのも難しい。医療ミスかどうか，ふつう素人は判別できない。証拠もつかみにくい。お世話になった医師を訴えることはふつう，誰もしたくない。遺族が苦悩し，病院と話し合っても納得できず，民事刑事の裁判に至ることもある。遺族が刑事告発して最高裁で医師の有罪が確定し，医師側は納得できないまま，という川崎協同病院事件もある。この事件を調査し，有罪無罪どちらも立論してほしい。また，医療過誤事件例を独力で調査し，関心ある事件について判決とは独立に賛否どちらも立論してほしい。

（5）　巧みにマインドコントロールして不安をあおり，高額寄付強要や高額商品売りつけなどで信者を破産や家庭崩壊に追い込む宗教団体がある。問題視されても「本人が自由意思で寄付しただけ」などと受け流す。確かに，本人の自由意思だ，と言えなくもない。しかし，社会的に不相当な勧誘や教化，現金支出をさせる教団は，その不法行為責任が司法認定されることもある。線引きが難しい。旧統一教会など様々な実例を調査し，実例に即して教団側の民事責任の有無をどちらも立論してみよう（例えば，中村修二・升永英俊『真相 中村裁判』日経BP社，2002年）。

第**13**章

小田急高架訴訟・連帯保証人
——法の支配と日常生活（2）

　個人の自由行使は行政裁量と衝突することがある。司法が真実の被害者を救済しないことがある。法の支配は，不合理と紙一重の部分がある。

1　小田急高架訴訟　行政裁量の合理性

■議論の前提

　1964年，小田急線の喜多見駅（世田谷区）から原宿や霞が関を経由して常磐線の綾瀬駅（葛飾区）に至る地下鉄（メトロ千代田線）が都市計画決定された。千代田線は代々木上原から小田急線に乗り入れて1978年に開業した。小田急線の代々木上原～喜多見は地上のまま。東京都は開かずの踏切による慢性的交通渋滞解消のため，この区間約9キロを地下化か高架化することを検討した。地下化は高架化の倍近い事業費になるとの見積が1988年に発表された。都は1964年の都市計画を1993年に変更，この区間を高架化することにした。まず，喜多見～梅が丘の6キロあまりで高架化工事が始まった。

　小田急沿線住民は列車増発による騒音振動の激化に苦しんでいた。高架式では騒音や振動は続く。地下式なら軽減される。彼らは当初計画どおり地下式を求めたが，都は拒否した。一部住民は1992年に公害等調整委員会に裁定を申し立てた。1998年，委員会は環境基本法に照らして70デシベル以上は受忍限度を超える，該当する住民に小田急が賠償する，と裁定した。納得できない住民は1999年に高架化差止を求める行政訴訟を起こした。

　この訴訟には伏線がある。都が1988年に示した見積には杜撰な面があった。第一に，高架式の見積には，既に取得済みの用地買収にかかった金額は含まれない。これを加えると高架式の事業費は地下式の事業費にかなり近づく。買収

済み用地は，地下化に転換しても再度民間に売却して資金回収できるから，結果的に高架と地下の事業費は都の見積ほど差がなくなる。第二に，地下式の建設工法には，トンネルを掘り進めるシールド工法と，地表を開削するオープンカット工法がある。シールド工法は難易度が高く工費も高いが，地価の高い都心部では用地買収が不要なためオープンカット式や高架式よりむしろ安い。同時期に着工された首都高はほとんどがシールド地下式である。だが，都の見積はオープンカットによるものだった。なぜシールドの見積を出さないのか。都は途中駅の経堂駅にホーム2面，線路数3線分の空間が必要で，シールドは施工不可能，との理由を示した。だが，それなら経堂駅だけオープンカットにして，後はシールドで掘ればよい。加えて，1998年の公害裁定後，都は用地買収が困難な代々木上原〜梅が丘2.8キロをシールド地下に方針変更した。なぜ梅が丘〜喜多見も地下化しないのか。住民は納得できなかった。

　日本の行政訴訟で住民勝訴は極めて難しい。行政行為に手続き上の瑕疵がなければ，原則，それを追認する判決が出る。瑕疵があっても，公共工事が進捗中なら，事情判決（工事差し止めは却下し，訴訟費用を行政側負担とする）が通例。また，2005年までは行政事件訴訟法9条1項の「法律上の利益を有する者」という文言を狭く解釈し，行政訴訟の原告適格が著しく制限されていた。用地買収が絡む事件の原告適格は買収にかかる地権者のみで，周辺住民は蚊帳の外。こうした司法解釈は，行政行為の公共性が私人の利益に優先することの裏返しだが，行政の裁量権が濫用されたときチェック機能が働かない。東京地裁（藤山雅行裁判長）は2001年，小田急高架訴訟の原告適格を周辺住民に広く認め，しかも1993年の都市計画変更を違法と断じ，高架化工事を差し止めた。

コラム　事情判決

　一票の格差訴訟でも，最高裁は決まって選挙無効を却下する事情判決を出す。国政の停滞を危惧するからである。行政行為を無効にするのは権利関係を複雑化させ，コスト増にもつながるので，概して望ましくない。しかし，不合理な立法行為や行政行為は是正しないと，できれば予防しないと，国民の利益にならない。藤山裁判官は小田急高架以外にも行政行為を差し止める判決を東京地裁勤務時にいくつか書いたが，すべて事情判決慣行を重視する上級審により覆された。それでよいのだろうか。立法行為や行政行為の合理

性について，日本国民は我がことだと感じて真摯に考え続けるべきだろう。

　前例のない判決に都は驚愕し，マスコミを通じて「工事を止めるとゼネコンに多額の違約金を払う必要がある」「梅が丘〜喜多見の工事は7割がた完成済み」と訴えた。違約金はその通りだった。しかし，実際の工事は半分も完成していなかった。世論は「7割完成済みなら高架を最後まで作れ，さもないと税金が無駄になる」「住民エゴだ」などと反応した（隣人訴訟と似た構図）。都は控訴し，2003年に高裁が周辺住民の原告適格を否定，訴え棄却と判決した。住民は最高裁に上告した。2005年，原告適格を拡大した行政事件訴訟法が施行され（行政法の授業で学習してほしい），最高裁はこれに従って住民の原告適格を認める判決を出した。しかし翌2006年，行政行為に瑕疵はなく行政の裁量の範囲内，として最高裁は上告を棄却した。高架化は2007年に完成した。

　代々木上原〜梅が丘の地下化は2003年に都市計画変更されて翌年着工，2018年に完成した。小田急はピーク時間帯に1時間当たり36本走行している（新宿方面だけで約1分40秒おきに1本が通過する勘定）。その騒音は並大抵でない。「住民エゴだ」という人は小田急線隣接地に居住してみるといい。最高裁で負けた後，住民たちは騒音差し止めを求めて提訴した。東京地裁は2010年，平均65デシベルを超えるなら受忍限度を超える，として42人に計1100万円を支払うよう小田急に命じたが，騒音差し止めは棄却した。住民は東京高裁に控訴し，2014年に和解が成立した。小田急が118人に計5500万円の和解金を支払い，2年以内に防音対策を万全化するとの内容である。小田急は一貫して低騒音車両の導入や防音壁の高性能化に注力してきた。今ではこれらの性能が相当上がっているが，65デシベル以下に騒音を抑えるのは難しいようだ。

　梅が丘〜喜多見間の高架化という行政判断は，正しかったのか。賛否どちらも立論してみよう。判例では，行政事件訴訟法30条に基づき行政の裁量行為を司法が取り消すには，行政の（1）事実誤認，（2）目的違反または動機違反，（3）信義則違反，（4）平等原則違反，（5）比例原則違反，（6）基本的人権の侵害，以上どれかの要件が満たされる必要がある。2006年11月最高裁判決は，小田急高架化はこれらのどれにも該当せず裁量権の範囲内，と述べている。本件では，この判決と切り離し，高架とシールド地下のどちらが公益に資するかを自由に立論してほしい。独力で論点整理してシナリオ構築しよう。執筆したら合評会，続いてディベートへ進もう。

コラム　公共の利益（『法学入門』46頁）

　行政判断のみならず，立法判断や司法判断も公共の利益（公益）を目的とする。個人や家族，会社は各々の私益を追求する。公益は特定の個人団体でなく，あらゆる人にとっての利益。憲法上の「公共の福祉」と類似の概念である。淵源はアリストテレスの「ポリス市民に共通の利益（公共善）」やキケロの「ローマ市民の安寧（salus populi）」。アリストテレスにとっては，各自がポリスにおける自らの地位（父，兵士，笛吹き，等々）に相応しい役割を果たすことでポリス全体が永続的に繁栄する，これが公益だった。現代の公益は公衆衛生，弱者保護，福祉増進，文化教育科学の推進，環境保全，国際親善，等々。力点は国によって違う。米国は弱者保護を私的慈善に委ね，国は関与しない伝統がある（自由重視）。欧州大陸にはフランス革命の影響で国が弱者保護に積極関与する伝統がある（平等重視）。サンデルのように，アリストテレス的な美徳体現，そして対話を通した国全体（人類全体）の折り合いの模索，これが公益だと信じる人もいる。これらは正義を巡る見解の相違でもある。正解はないが，相互理解を模索し続ける必要はある。

　行政の具体的な裁量行為が公益に合致するか。日本橋の上を走る首都高が景観を破壊している，として地下化が計画されている。なぜ最初から地下化しなかったのか。二重投資は公益に反する税金の無駄である。こうした批判を予防するには，行政裁量を公務員の独断でなく，できる限り情報開示して国民参加で行うことが望ましい。国民の声を計画に反映させ，同意を得る。全員の納得は困難でも，決定過程に関与させれば不満は出にくい。市民参加で公益実現を探るパブリックコメントが始まったのは20世紀末。それまでのお仕着せ的な裁量行政への反省結果である。今は国も地方も，市民参加の行政が或る程度，実現している。だが，十分ではない。今後も市民が声を上げ，改善していく必要がある。

　1950年代，日本橋川は生活排水で汚染された厄介者だった。首都高は川の水を抜いて河床を掘割式で走る計画だった。しかし，1958年の狩野川台風で東京の30万戸が浸水，日本橋川を排水路として残せという声が強まり，高架化に変更された。専門家の意見を聞いた善意の行政裁量だった。完成当初の高架は近代的景観として肯定視された。否定視が強まったのは20世紀末。人の評価は移ろいやすい。河床下を地下式で通すことは計画当初の技術では不可能だった。現在はシールド工法の進化により可能である。技術革新と共に行政の選択肢も変わっていく。日本橋の首都高地下化費用は3200億

円と見積もられる。実際にはもっとかかるだろう。見積価格は刻々と変化する。小田急は都が1980年代半ば時点での見積に基づいて高架が安上がりと判断した。今、ゼロから見積もるなら疑いなくシールド地下が安上がり。だが、シールドも万能でない。2020年、外環道の大深度地下シールド工事で住宅地の陥没事故が発生した。公益の具体的実現には困難がつきまとう。

　自由で平等な個人を守る。美徳を守る。どちらも公益を目指している。日本では保守派が「自由ばかり強調するとエゴイストだらけになり、公益が棄損される」「国のため、皆のため、という精神を涵養せよ」と主張する。中国や北朝鮮の脅威、コロナ禍も持ち出して、一致団結の重要性を訴える。リベラル系は「愛国心などを強調しすぎると自由を蹂躙する全体主義に陥る、それこそ習近平の国になってしまう」「一定限度内で皆がエゴイストでいられるのが自由主義の真髄だ、限度を明示する法律を制定し、限度内に収まる節度を皆が身につける、これこそが公益に適う」と言い返す。自由平等が公益か。滅私奉公が公益か。どちらにも一理ある。どちらをも立論してみよう。

　公益は「お国のために」という言葉通り、国を単位として測られがち。だが、グローバル化が進む現代においては、国という単位に固執すると墓穴を掘りかねない。偏狭なナショナリズムに囚われず、将来世代を含めた地球上の皆にとってよかれ。それは具体的にどういうことか、答えるのは難しい。正解はない。だが、真摯に問い続けてほしい。

2　連帯保証人　司法が救済してくれない

■議論の前提

　「頼まれて保証人になり、ひどい目に遭った」に類する話は昔から絶えない。借金の保証人になると、返済が溜ったら保証人が代わって返さねばならない。日本には保証人経験者が1千万人以上、いるらしい。頼まれて断れず判子をついたために自己破産する、果ては自殺する、という事例もある。それゆえ「頼まれても保証人にはなるな」と親が子に諭すことがしばしばある。

　保証人は、ただの保証人（民446以下）、連帯保証人（民454以下）、根保証人（民465-2）の三種類に大別される。根保証とは、将来発生する不特定の債務をまとめて保証するもの。親が子の下宿先に将来の家賃支払いを約束する保証、会社が継続的な商品買取契約（毎日の豆腐の仕入れなど）を結ぶ際に求められる

保証，などが根保証の例。ただの根保証と連帯根保証がある。ただの保証と連帯保証には違いが三つある。まず，保証人は借金取りが来ても「まず債務者に請求しろ」と抗弁する権利がある（催告の抗弁，民452）。連帯保証人にはこの権利がない。「面倒だからお前が払え」と言われたら，払わねばならない。第二に，保証人は「債務者はカネを持っている，債務者から取れ」と抗弁する権利がある（検索の抗弁，民453）。連帯保証人にはこの権利もない。「つべこべ言わずお前が払え」と言われたら，払わねばならない。債務者と保証人の責任順位は違うが，連帯保証人は債務者と責任順位が同じだからである。第三に，保証人は複数いる場合，請求金額を保証人の数で均等に割って負担額を減らせる（分別の利益，民456）。連帯保証人にはこれが通用しない。「お前が全額払え」と言われたら，払わねばならない。保証契約は責任範囲を限定して結ばれるが，連帯保証契約は2020年の改正民法施行まで責任範囲が限定されていなかった。連帯根保証になると借金は青天井となり得る。それゆえ，連帯保証人は時に過酷な借金取り立てに直面した。2020年以降，保証上限（極度額）を決めない連帯保証契約は原則無効となったが，経営者や株主が会社の連帯保証人となる場合は従来通り。会社の借金が膨らめば連帯保証人にどこまでも借金がのしかかる。信用保証協会が助けてくれる場合もあるが，借金を苦に自殺する中小企業の経営者は多い。

■フランス生まれの保証人制度

連帯保証は，信用力が低い人でも金融を受けられるよう，フランス民法が導入した仕組み。ボアソナードが日本民法に持ち込んだ。信用力が高い自然人や法人は，融資を受ける際に連帯保証など求められない。現代の大企業は，監査法人が作成する財務諸表で信用してもらえる。信用力が低い若者や新興法人でも，資金繰りできれば国の経済発展に資する活躍が期待できる。そこで，連帯保証人にその将来性を保証してもらう。フランスは個人主義の国。親子であっても別人格。親は子を自立させようとし，子は親から自立しようとする。親は子から「連帯保証人になってくれ」と仮に頼まれても，保証に十分な個人資産を持っているとしても，子の借り手としての将来的成功に合理的確信を持てなければ引き受けない（安易に引き受けて甘やかすことはしない）。友人に頼まれたときも同様。友人が立案する事業計画の合理性に銀行と保証人が納得したら，連帯保証契約が成立する。事業主個人が法人を連帯保証する場合も同じ。事業計画に合理性がなければ，銀行は金を出さない。連帯保証制度は無理な事業の

抑止効果も持つ。銀行には，その時代その地域そして世界の経済情勢や社会情勢を踏まえて，提案される事業の合理性を評価する眼力が必要である。事業主に経営上の助言やサポートもできなければならない。銀行家を目指すなら学部時代から同時代の社会と経済をよく勉強してほしい。

　日本にはフランスのような個人主義が根を張っていない。親や子，親族や友人から頼まれると断れず（とても断れる雰囲気ではない），法律の知識もなく，つい判子をつく。同調圧力に負ける。借金を背負っても後の祭り。日本の銀行は担保さえあれば事業の合理性と無関係に金を貸す傾向がある。特に1990年代初頭のバブル期はそうだった。貸出額を伸ばした銀行員ほど昇進できた。担保の多くは土地だった。バブル期は土地が高騰し，担保価値も上がった。バブルがはじけて土地が暴落すると，銀行は途端に不良債権を抱え込んだ。自分の眼力を磨くことより機械的な担保に頼って貸し込んだツケに日本の銀行はその後，何十年も苦しんだ。こうした担保重視は江戸期の高利貸を彷彿とさせる。高利貸は「悪事に使おうと何に使おうとお前の自由，利息を付けて返してくれたらそれでいい」という姿勢。シェイクスピアの『ヴェニスの商人』は高利貸を風刺する戯曲である。銀行の歴史は数千年に及ぶが，現代欧米の銀行業は事業家から説明を受け，納得したら自己責任で投資する社会貢献活動。自由で平等な個人どうしが相互に自己決定して社会に参画し貢献する，という近代欧州の人間観を具現する職業である。日本の銀行はどうか。

■バブル期の日本の銀行

　バブル崩壊後，日本の銀行は一部で犯罪的行為に走った。たとえば，銀行員が取引のある顧客に「迷惑はかけないから」と言いつつ，白紙に実印を押すよう頼む。顧客がそれに応じると（とても断れる雰囲気ではなかった），銀行はその白紙を持ち帰り，無断で顧客の住所氏名と金額と日付を書き込み，誰かの連帯保証人にしてしまう。そして，これに基づき顧客に「借金を返せ」と請求する。明らかな文書偽造，詐欺である。バブルの大損を少しでも穴埋めするべく，中間管理職的な地位の上司が講じたからくりだったと推察される。命じられた部下は，上司に言われるまま（とても逆らえる雰囲気ではなかった）。銀行がこんなことをするなんて，信じられないだろう。だが，高度成長期以降，銀行と顧客の関係はアバウトな持ちつ持たれつだった。顧客が困ったとき銀行は助けてあげた。顧客においしい目をみさせてあげたときもあった。銀行が困ったときは助けてくれ。そういう習慣（美徳？）が20世紀の日本にはあった。証券会

社と顧客の関係もそう。今は金融関係の法が改正されてこんなアバウトさは不許容。欧米流の自己責任主義がより徹底されてきた。

　銀行に言われるまま支払いに応じる顧客もいた（泣き寝入り）。支払い拒否して裁判になるケースもあった。裁判所は，本人の署名捺印があれば契約は真正に成立したと推認する（民訴228）。たとえ署名が別人の筆跡でも，実印が押してあれば本人意思に基づき真正に契約は成立したとみなす，と最高裁も判示している。顧客は概して敗訴した。銀行員の求めに応じて白紙押印する場面を録画録音しておけば証拠になったかもしれない。公証役場で押印当日の出来事を記録しておいても証拠になろうが，費用が1万円以上かかる。万一に備えてわざわざ公証役場に出向く人はいない。司法から見れば，白紙に押印して渡すのは無警戒すぎる。顧客たちは「信頼する銀行の求めには素直に応じるのが美徳」と感じたのだろう。個人の自由を前提する法律と，日本的な美徳の衝突である。銀行はこれに乗じ，「裁判になっても勝てる」と踏んでこの策に及んだらしい。関与した銀行員は内心やましいと思っても，バブル後の不良債権で倒産の危機に瀕した勤務先を救うためにやむを得ない，とわが身可愛さでダンマリを決め込んだ。文書偽造罪の時効は5年。当時の警察は民事不介入が今以上に徹底していた。銀行は時効成立後に請求してきた＊。

　　＊バブル崩壊直後の類似事件については次を参照のこと。
　　　・椎名麻紗恵「百万人を破滅させた大銀行の犯罪」（講談社，2001年）
　　　・北健一「その印鑑，押してはいけない！　金融被害の現場を歩く」（朝日新聞社，2004年）

　顧客は警察や国民生活センターに相談した。「銀行が対等な立場で取引していない」と公取委にも申し立てた。政治問題化し，国会でも取り上げられた。行政も動き出し，金融庁が「主要行等向けの総合的な監督指針」で白紙押印など強引なことはやめるよう，銀行に圧力をかけ始めた。2006年頃から銀行は第三者の個人保証を取らなくなっていった。2011年には，金融庁が債務者の経営と無関係な第三者から個人保証を極力取るな，と通達を出している。銀行が白紙押印を求める習慣は消えていった。被害が発生して初めて法の支配がより徹底され，法化社会が実現される。法の後追い現象の一例である。

　行政と司法は，「白紙押印すると悪用されても救済できない。白紙押印はやめろ」と啓発を続けた。啓発は功を奏し，被害は出なくなった。しかし，敗訴した被害者はどう感じるか。自分たちの犠牲を教訓として，後世の被害は予防

されるかもしれない。だが，犠牲になった我々を，司法は原則を盾に救済しない。水俣病事件で司法は例外を作って被害者を救済した（第9章）。なぜ我々には例外を作らないのか。我々は救済に値しないのか。

　代理懐胎では，条文と立法趣旨を考慮すると，司法判断で例外を作れない，と判断された。本件は，押印の事実を重視する従来の司法判断に例外は作れない，という判断。周辺的事実（押印し白紙委任を強要されて連帯保証にはめられた）が詐欺的でも，押印の事実に裁判所はこだわる。これは不合理ではないか。論点整理して賛否を立論しよう。

■論点整理とシナリオ構築

　押印重視賛成論の最大の根拠は，例外を認めると従来有効とされてきた契約を無効と判断するよう迫られるケースが多発し，法の安定性と取引の安定性が損なわれる，という点にある。押印は長年，決定的基準として社会で通用してきた。詐欺だ，と抗弁するなら証拠が必要。疑わしくても証拠不十分なら，救済できない。自分自身の不注意で痛い目に遭ったことを記憶し，今後の教訓とせよ。司法はそう警告し，啓発するしかない。

　押印重視反対論は，実際に詐欺なのだから第8章で紹介したように例外を作って救済すべき，さもないと司法の信頼が失われる，という立場。債権は不法行為と違って要件が機械的に決まっており，例外を作りづらい。作るとしたら，たとえば裁判所が職権で契約書偽造に関わった銀行員を尋問することが考えられる。民事は当事者主義が原則で，職権探知は例外的に公益が問題となる人事訴訟や破産手続などに限られる。しかし，銀行の信用も公益に関わると見なせる。例外を作る合理性がないわけではない（通説ではないが）。

　それぞれのシナリオを定石通り構築し，実際に書いてみよう。

3　類　題

（1）　臍帯血バンク破綻：臍帯血（胎児のへその緒の血液）には造血幹細胞が含まれる。これを白血病（白血球ががん化する病気）患者に移植すると治療効果が期待できる。日本には前世紀末から移植を斡旋する公的バンクがある。白血球には各人特有の型（HLA型）が数万通りあり，骨髄移植にこの一致が必要。臍帯血中の造血幹細胞は免疫反応が未成熟で，型が違っても移植できる。ただし，定着率が低いなどデメリットもある。

臍帯血移植は今も研究途上にある。

　出生時に，本人あるいは兄弟への将来的な移植を視野に入れて，保険のつもりで臍帯血を凍結保存することには一定の意味がある。今世紀に入ると，この目的で私的バンクが登場した。費用は数十万円。希望する夫婦がバンクと寄託契約を結ぶ。一生に一度しか取れない臍帯血を将来の子供に残してやりたい。親心で私的バンクを利用する人はいる。バンク側は何十年にわたって適切な環境で凍結保存する責任を負う。

　そうした私的バンクのうち，筑波大学発のベンチャー「つくばブレーンズ」が2009年10月に経営破綻した。約1500人分の臍帯血を寄託されていた。裁判所が破産手続を進めた結果，株主だった某が1000人超の臍帯血を取得した。某は「医学の発展のために使う」との名目で寄託者に所有権を放棄させ，仲介業者を通じて全国の医療機関（多くは「肌が若返る」と謳う再生医療クリニック）に１件100万〜200万円で転売した。

　再生医療と言えば日本ではiPS細胞が有名である。本人のiPS細胞を培養して組織や臓器を作り出し，本人の組織や臓器を代替すべく移植すれば，ドナーを探す必要がなく，拒絶反応もおきない。こうした再生医療の研究が進んでいる。他人の組織細胞を移植する再生医療も多々ある。臍帯血移植や骨髄移植がその例。21世紀には幹細胞移植によるアンチエイジング再生医療が始まった。本当に肌が若返るか不明で高額な自由診療だが，需要はある。ピンからキリまでの再生医療を規制すべく，2014年に再生医療安全性確保法が制定された。患者の健康被害を予防する目的の特別刑法であり，他人の組織細胞を移植する医療行為に際して，安全性確保のため国への治療計画提出を義務付けた。違反は１年以下の懲役，または100万円以下の罰金。2017年，つくばブレーンズ由来の臍帯血を使った医師や関連業者ら６名がこの法律違反で逮捕された。医師は国に無届で施術を行っていた。

　2012年，骨髄バンクと臍帯血バンクを国の許可制にし，適正運営と質向上を図る造血幹細胞移植法が議員立法された。規制対象は公的なバンクのみ。私的バンクは対象外で，ましてや破綻後の第三者転売は想定外だった。事件後の2019年，この法律が改正され，私的バンクを含めて幹細胞や臍帯血の第三者譲渡が禁止された。事後になったが，流出事件の再発防止は図られた。科学技術の発展に対して法律が後追いとなる一例

である。

　だが，つくばブレーンズに臍帯血を寄託した人の権利はどうなるのか。臍帯血は新生児の血液。万一に際して体内に戻される目的で寄託された。寄託先が破綻したら本人に返還するのが当然だろう。それが裁判所の監視下で債権者の手に渡り，第三者へ転売された。人体部分の売買は公序良俗違反で無効なはず（さもないと人身売買が横行しかねない）。裁判所は民法や倒産法に従っただけだろうが，結果的に国が人身売買を追認した。法に対する国民の信頼を裏切る事態である。人身売買を防ぐ立法措置を事前に講ずべきところ，それをせず放置したのは，国家賠償に値する立法不作為ではないか。賛否を立論しよう。

（2）　中村教授の発明対価：白熱灯や蛍光灯に代わりLED電球が普及している。青色LEDの発明がこれを可能とした。関連特許は日亜化学が押さえている。同社は21世紀初頭までにその特許料で数千億円の利益を上げた。この特許技術はノーベル賞を受賞した中村修二教授が同社社員時代に職務発明したもの。中村氏は，発明対価を数万円しかもらっていない，実質的にすべて自分の発明なのに対価が少なすぎ，として会社を訴えた。2001年の一審は200億円の発明対価を認めたが，二審は6億円で和解するよう勧告し，2005年に約8億円で和解成立した。これは日本の裁判所の無能さを示している，と中村教授は多くの著書で主張している。関連する事実関係を調査し，中村教授の主張への賛否をそれぞれ立論しよう。

死刑制度・外国人政策
——法制度設計への賛否

　自由を行使して立法するのは主権者たる国民自身。具体的社会問題を解決するために，どう立法（法制度構築）するのが望ましいか。具体例に即して賛否それぞれ立論しよう。

1　死刑制度

■議論の前提

　日本には死刑制度がある。世論の過半数は制度存置を支持している。昔はどこの国にも死刑があった。今も中国やインドなど多くの国にある。米国も半数以上の州で死刑がある（米国は連邦国家であり刑法は各州まちまち，死刑の有無も州によって違う）。しかし，多くの国々が20世紀以降，死刑を廃止した。先陣を切ったのはノルウェーやスウェーデンなど。1949年に建国された西ドイツは憲法（基本法）102条で廃止。理由はナチス時代に濫用されたことへの反省だった。フランスは1981年にミッテラン大統領が主導して廃止した。現在では全EU加盟国が廃止しており，死刑廃止はEU加盟の条件となっている。アフリカやアジアでも多くの国が廃止した。米国も廃止する州が少しずつ増えている。韓国やロシアは死刑制度を残すが，長らく執行停止している。

　死刑制度に反対する理由としては，
- 死刑は野蛮であり残酷である
- 死刑廃止は国際的潮流である
- 死刑は憲法36条が絶対的に禁止する「残虐な刑罰」に該当する
- 誤審の場合，取り返しがつかない
- 犯罪抑止効果があるかどうか疑わしい

- 犯人には生きて一生かけて償いをさせるべきである（終身刑に置き換え）
- どんな凶悪犯罪者にも更生可能性はある（教育刑重視）

などがある（法務省HPより）。

死刑制度存置に賛成の理由としては，
- 人を殺したら自分の生命をもって償うべきである（応報性）
- 国民の大多数が死刑制度を支持している（2014年の調査では約80％が支持）
- 昭和23年の最高裁判例で死刑は「残虐な刑罰」に該当しない
- 誤審が許されないのは死刑以外の刑罰も同じ，誤審可能性は死刑廃止の理由にならない
- 死刑の存在は犯罪抑止力となる
- 被害者感情からすれば死刑は至当である
- 凶悪犯罪者の再犯防止のために死刑が必要

などがある（法務省HPより）。

　世論についてはフランスの興味深い事例がある。1981年当時，フランスの世論は過半数が死刑制度に賛成だった。だが，人権を重視するフランスの伝統と北欧の死刑廃止潮流，誤審の可能性と犯罪抑止力のなさを理由に，政治家が世論の啓発と説得を試みた。立法府が死刑廃止の法改正を行った段階でも，死刑制度の存置を求める声が過半数の状態だったが，啓発活動は継続的に行われ，死刑廃止後20年ほど経過した頃から廃止賛成の世論が過半数を占めるようになった。フランスでも凶悪な殺人事件は今も度々発生する。そうした事件が起きるたびに死刑制度復活を求める声が強まるが，じきに弱まっていく。今では世論の死刑賛成派は少数になっている。
　死刑への賛否どちらも立論してほしい。制度を管轄する法務省のホームページ上に様々な資料がある（「法務省」「死刑制度」で検索すると出てくる）。適宜，利用してほしい。

■論点整理とシナリオ構築
　法学部的に論点整理すると，死刑への賛否は大きく見て古典的な美徳と近代的平等の対立として把握できる。死刑賛成派の最も強い論拠は応報性だろう。「目には目を」のハムラビ法典以来，命を奪えば命で埋め合わせよ，という応報性は洋の東西を問わず強い説得力を持ってきた。応報性は「何かしてもらっ

たら，必ずお返しをする」という互酬性，衡平性，民法の双務性（売買や交換）にも通じる法律の根幹的な価値規範。アリストテレスの「矯正的正義」と呼ばれる考え方もこの一例。人類に広く根ざした美徳の一つと言える（北米原住民のポトラッチのように，埋め合わせ合戦が高じて双方が疲弊する文化もある）。仏教やキリスト教など世界宗教も応報性を説いている。応報性の美徳から逃れる自由は誰にもない。皆が等しく，例外なく，この美徳を遵守すべし。人を殺めたなら，例外なく死刑を甘受すべし。

　美徳を支える平等は，欧州近代が掲げた「自由で平等な個人」という理念における平等とは異なる（第8章参照）。後者は，美徳に縛られず自由に選択して生きる個人として，等しく保護されるべし，という文脈での平等。生命の平等な保護が大前提にある。刑罰が犯罪者から自由や財産を奪うのに合理性はあるが，生命を奪うのは不合理。生命は譲れない人道上の最低線であり，近代法はこれを守るべく前近代的な応報性に抗ってきた。例外なく平等に適用されるべきは応報性でなく，生命の尊厳である。現代欧州諸国はこの近代的平等を重視するが，日本の世論は応報性美徳による死刑を是認する。

　犯罪抑止力という論点については，データが必要。死刑を廃止した国での凶悪犯罪の増減データは必須。死刑を廃止すると「人を殺しても死刑にならないから」という動機付けが広まり，凶悪犯罪が増えるのか。自力で調べて賛否の立論に活かしてほしい。実際には死刑廃止で凶悪犯罪が増えたというデータは少ないが，ないわけではない。単に引用するだけでなく，そのデータにどの程度の信憑性があるか，という吟味も行ってほしい。

　死刑にすれば再犯リスクを心配せずに済む，という論点についても賛否どちらの有利にも使える様々なデータや実例がある。自分で調べて立論に使おう。

　憲法36条が禁止する「残虐な刑罰」に当たるか否か，これも賛否両論がある。「残虐」をどう定義するかも立論に影響してくる。

　誤審の可能性は人間の判断である以上，ゼロにはならない。法務省は戦後司法で明らかな誤審による死刑執行はない，というのが公式見解。これには異論がある。国際比較すると，日本の司法は優秀であり，誤審が少ないのは確かだろう。しかし，ゼロではない。最高裁や法務省は誤審に関するデータを集計していない。こうしたデータを探すのは容易でない。法務省は現在，異論のある死刑確定者の刑執行を事実上，停止しているが，かつては執行した（福岡事件や飯塚事件など）。その時の法務大臣の恣意的な判断だった。

　教育刑重視についても賛否が分かれる。更生が期待できる，あるいは更生したと言えるような死刑囚は存在する。永山則夫元死刑囚はその一例かもしれない。不幸な生い立ちを背負って犯罪に走った人が教育で更生したら，生かしておくべきだ，という意見はある。他方，どれだけ教育しても更生の可能性がない人格の持ち主も中には存在する。死刑の基準（最高裁が示した永山基準）はどの犯罪者に対しても一律であらねばならない。教育刑の効果以外に，コスト問題もある。税金を投入して凶悪犯罪者を刑務所で養うのに反対する国民は多い。多くの国民が自助を迫られる中，凶悪犯罪者が税金で手厚い教育を受けることに反発が強くなるのは理解できる。だが，死刑廃止を先導した西欧では，死刑廃止は民主主義の質を反映する，としばしば形容される。国民が社会保障の恩恵を実感している国ほど，死刑廃止に賛成する国民の比率が高い。確かに税金はたくさん取られるが，その代わり老後まで安心できる手厚い社会保障を受けられる。ならば，人間の尊厳に適った社会をより充実させるために，死刑を廃止して終身刑を導入しよう，終身刑囚を養い続けるコストも払おう，という心のゆとりを持てる人の割合が高くなるのは道理だろう。日本は西欧と比較すると税率はそれほど高くないが社会保障が中途半端であり，残念ながら国民がそうした心のゆとりを持てない。

　論点整理できたらシナリオ構築して論文作成，合評会，ディベートへ進もう。

2　外国人政策　ウルトラ極右国家・日本？

■議論の前提

　大日本帝国には孫文やインドのボースなど，植民地解放を目指すアジアの政治指導者たちが亡命した。戦後，日本は米国に占領され，米国軍人以外の外国人はあまり来なくなった。国民も生活に必死で，外部に関心を示さなくなった。ベトナム戦争後の「ボートピープル」と呼ばれた南ベトナム難民に，日本人は無関心だった。戦後の国際社会は難民条約（難民の人権を守るべく保護するための条約）を1951年に結んだ。日本は1981年にこれを批准した。翌年，入管法が改正され，難民認定制度ができた。日本で難民認定されると国民健康保険加入が可能となり，自治体から就労・福祉支援が受けられる。審査は非常に厳格で，認定されるのは毎年，数十人。認定率は1％以下。制度開始後，現在に至る40年で難民認定されたのは累計，2千人弱。世界では紛争が絶えず，心ならずも

難民化する人は毎年，何百万人単位で発生している。欧米諸国は毎年，数万人単位で難民を受け入れる。国際的に「日本は難民に冷たい」と評判になっている。それゆえ日本に難民申請する人はそもそも非常に少ない。今なら孫文やボースも認定却下かもしれない。ロシアのウクライナ侵攻後，日本政府は例外的にウクライナ難民の積極的受け入れを表明したが，他国からの難民受け入れには相変わらず冷たいまま。

　1980年代後半，バブル時代の好景気で人手が不足し，外国人労働力が求められるようになった。1990年に入管法が改正され，新制度が二つできた。一つは日系人への在留資格付与。ブラジルやペルーから多くの日系人が来日し，働くようになった。その数は現在，20万人超。不況になると本国へ帰り，労働力調整弁の役割を果たしてきた。もう一つは技能実習制度の拡充。この制度は最大2年間，日本で技能を身につけ帰国後は現地で活躍してほしい，という趣旨で1981年に創設された。1990年の拡充で，団体管理による実習の大規模受け入れが可能になった。技能実習生は今や農業や土木で欠かせない存在。滞在期間は最大5年に延長され，主にアジアから約40万人が来日して働いている。

　日本では少子高齢化が進み，労働力不足が年々顕著になっている。長期にわたる議論の末，2018年の入管法改正で特定技能制度が発足した。人手不足が著しい14種の職種で，外国人の就労を解禁した。将来的には30万人以上を受け入れる予定だが，2020年段階では数万人に留まる。人手不足はコロナ禍でも深刻で，世界と人材争奪戦になっている。また，21世紀には外国人留学生が急増，コロナ禍直前には30万人に達した。彼らの多くはアルバイトで生計を立て，人手不足解消に一役買っている。

　厚労省データでは，外国人労働者は2009年に50万人突破，2016年に100万人突破，2019年に150万人突破，と急増中。2020年は172万人，内訳はベトナム44万人，中国41万人など。目下，新型コロナの影響で増加は止まっている。ビザが切れて不法滞在になる人も多い。最近は毎年6～8万人が不法滞在状態。彼らは原則，入管に収容され，国外退去処分を受ける。2020年12月に留学生ビザが切れたスリランカ人女性が入管施設で不適切な扱いを受けて死亡し，遺族から国賠請求される事件が起きた。このような事件を起こしてはならない。また，技能実習制度には人身売買が疑われる場合がかなりある。現地でブローカーに金を払って日本の受け入れ先を探し，中間搾取され多重債務者状態になり，日本では奴隷的に拘束されて働かされる，というパターンが多い。この問題の解

決に取り組んでいる指宿正一弁護士は2021年に米国務省から顕彰された。日本政府もブローカーが間に入らないよう制度の改善に努めているが，実効がなかなか上がらない。

■移民への賛否

　労働力不足なら，移民を受け入れたらよい。経済界の一部はそう主張する。だが，日本では自民党を中心に，移民への拒絶反応が強い。理由は（1）日本人の職が奪われる，（2）治安が悪くなる，（3）単一民族国家が崩壊し日本文化が失われる，等々。「移民」は何を指すのか曖昧な語。単に長期外国に滞在する人（国連の定義），永住権保持者（米国の定義），更新可能な在留許可保持者（OECDの定義）など，様々な定義が可能。「米国は移民が作った国」という際の「移民」は，外国から米国に移住し米国籍を得た人，のこと。移民に関する立論を行う際には，どの意味の「移民」なのか明示する必要がある。日本は現状，外国人労働者を入れても，原則，帰国してもらう方針。これら労働者は，国連の定義に従うと，立派な「移民」である。与党の大勢はこれら「移民」に内心反対でも，経済界と妥協し，「期限付きの外国人労働者」という名目で黙認しているのだろう（二枚舌？）。ブラジル日系人の中には既に30年以上，日本に滞在して日本生まれの孫子がいる人も多い。現在の制度だと，外国人は技能実習5年，次に特定技能に切り替えて5年，最大10年日本で働ける。10年滞在すると，永住者資格を申請できる。これから日本はなし崩し的に移民国家になっていく可能性がある。

　米国はまさに移民の国。独立13州は英国移民，南部ルイジアナはフランス移民が建設した。アフリカから連れてこられた奴隷も一種の移民。米国独立後も欧州一円から，そしてアジアからも，移民が来た。20世紀後半は中南米からの移民が多くなった。親族を頼ってくるケースが多く，多くの移民は米国籍を取得する。21世紀になると中南米からの移民は爆発的に増えた。最近は毎年100万人近く。多くは単純労働に就く。不法入国者も多く，トランプ大統領は国境に壁を作って流入を止めようとした。先住移民が後発移民を締め出す構図。現在，米国籍のない移民が5000万人近く米国内にいると推定される（米国の人口は3億人超）。

　欧州も移民が多い。EU域内の移民と，域外からの移民で，事情が異なる。域内では，EU拡大と東西経済格差により，東欧から西欧へと毎年数百万人規模で移民が流れ込んでいる。目的は出稼ぎ。行先はドイツが最多で百万人超。

仏伊へは数十万人。EUから離脱した英国へも数十万人が流れ込む。出稼ぎか
ら帰国する人もいるが，ずっと定着する移民も多い。域外は中東やロシア，ア
フリカなどから，毎年100万人ほどがEU域内と英国へ流入する。行先はやはり
ドイツが最多。現在，ドイツには1000万人超，仏伊英でもそれぞれ500万人超
の移民が暮らしている。人口の1割前後が移民である。多くは外国籍のまま
3K（汚い，臭い，危険）職種に就いている。少子化が進む西欧の労働力減少を
補っているのだが，西欧現地人から見れば，移民が大量流入すると言葉も文化
も風貌も違う人たちが街中を闊歩することになり，職も奪われかねない。恐怖
を感じ，21世紀になると移民流入制限を叫ぶ政治勢力（「極右」と形容される）
がどの国でも20〜30％を得票するようになった。この勢力は移民をゼロにした
いわけではない。大多数の欧州人は，自由で平等な個人という理念的人間像の
普遍性を信じており，移民を同朋として受容する努力をしている。ドイツは
2015年にシリア難民を100万人受け入れ，その多くが労働力として定着した。
ドイツ経済は対中輸出のおかげで潤っており，移民も難民も労働力として吸収
できた。文化的に軋轢は生じる。周囲から孤立してイスラム原理主義テロを起
こす移民2世もいる。しかし，大多数の移民は善良な市民。テロを憎み，自由
で平等な個人という理念を共有する。相互理解の努力を続ければ移民を同化で
きる，と西欧の人たちは信じている。

　「極右」は欧州のマスコミが作ったレッテル。日本のマスコミも踏襲するが，
安直な使用は誤解の元。「右翼」「左翼」は元々，フランス革命の国民会議で議
長から見て右側に王党派，左側に急進改革派が座ったことに由来する。「右翼」
は保守派のこと。しかし，何を「保守」したいのかは，国と時代により違って
くる。米国の「保守」は，白人移民の自由闊達なフロンティア精神を守りたい。
欧州の「保守」は概してキリスト教的な美徳共同体を守ろうとする。日本の
「保守」は総じて明治国家が築いた国体を守りたいように見える。満ち足りた
現状を守りたい，と考える人々も立派な「保守」だろう。現代フランスに王党
派はもういない。現代フランスの「保守」は彼らの歴史文化伝統，とりわけフ
ランス革命の理念（自由・平等・博愛）を守ろうとする。ゆえに彼らは移民の
人権も尊重する。ただ，移民の無制限な流入には社会が対応しきれない。保守
派（共和党）は左派や中道より強い移民制限を欲する傾向にある。フランス国
民連合（旧国民戦線）は，共和党よりも強く移民を制限したい。この点で保守
派以上に保守的であるゆえ，「極右」と称される。だが，彼らは社会福祉充実

を求める点で，左派との共通点も多い。ちょうど移民制限派のトランプ氏が鉄鋼石炭など衰退産業の従事者にも平等な就労機会を保障する保護主義を採ったのと似た構図。「極右」という言葉の一人歩きは実態を覆い隠す。

■フランスの「極右」と日本

　移民難民政策という観点でフランス国民連合を「極右」と呼ぶのなら，日本は「ウルトラ極右国家」と形容できるだろう。国民連合の指導者ルペン女史は事あるごとに日本を引き合いに出し，「日本の国籍法は二重国籍を許容しないが，フランスで外国人が出産するとフランス国籍が与えられる。フランス国籍法は外国人に甘すぎる。日本同様に厳格化しろ」「移民難民政策を日本ほど厳しくしなくてよい。移民は年間1万人程度受け入れてよい」などと主張している。日本は国民連合以上に移民難民締め出しに積極的。もっとも，日本に住む172万の外国人労働者は実質的に移民であり，「移民」の定義次第では日本にも既にこれだけ「移民」が流入済みであることになる。しかし，フランスの「移民」が人口の10%以上なのに対し，172万は日本の人口の1.5%。しかも期間限定の滞在。日仏を比べたら，日本は国家ぐるみの「ウルトラ極右」と形容できる。

　日本が先進国のまま移民難民を厳格に拒否し続けることは，理念的にも現実的にも許されないだろう。理念的には，先進国は外部から閉ざされたまま富を溜め込み消費するエゴイスト国家であってはならない。国際社会の課題解決に金を出すのみならず，人を迎え入れて富を共有してもらう開放的姿勢を示す責任もあるだろう。現実的には，外部労働力を導入しないと経済がもたないほど少子化が進んでいる。もちろん，日本が経済的に衰退すれば，敗戦直後のように誰も日本に来たいと思わなくなるだろう。実際，日本経済は衰退しつつある。移民難民は絶対に嫌だ，外部から遮断されたまま衰退し，誰も来たがらない秘境のような島でひっそり暮らしていけばいい，という考え方もあり得よう。

　日本は現状，まだ先進国である。自らの国際的責任を自覚し，移民難民のために汗を流す有為の日本人も多い。だが，平均的な日本人は，この問題への意識が薄いようだ。国際感覚からかけ離れてガラパゴス化したウルトラ極右国家・日本であなたはまどろんでいはしないか。日本は，あなたは，どうすべきか。難民受け入れを増やすことの是非，期間や職種を限定しない積極的な移民受け入れへ舵を切ることの是非を，立論してみよう。

　なお，上述した日本が移民難民を受け入れない理由（3）は，「日本はかく

あるべし」という一種の美徳観の裏返し。「伝統文化を守るべき」とか「単一
民族国家を守るべき」としばしば言われるが，「伝統文化」や「単一民族国家」
は語義曖昧。日本人は縄文人と弥生人の混血であり，漢人の血もかなり混ざっ
ている。日本文化はこれらの混合から醸成された。これらの語をどういう意味
で使うのか，どういう美徳を喧伝したいのか，なぜその美徳を維持すべきなの
か，明示することが必要である。

■論点整理とシナリオ構築

　移民と難民は違う。別建てで，それぞれの語の定義に留意して，立論してほ
しい。難民認定制度は，目的（人権保護）達成の手段，しかも事後防災的手段
である。事前防災的手段（外交努力による難民発生の予防，すなわち世界中の紛争
抑止）もある。現行の難民認定制度は欧米より認定基準が厳しく，手段として
実効性が薄い。改善の余地はある。

　移民については，現状，期間限定の「移民」を上記（1）～（3）に配慮し
つつ受け入れている。その数は，日本の自然人口減（毎年約20万人）を補う程
度に増加中（コロナ禍で中断したが）。期間や職種の限定を外した移民受け入れ
は，（3）はともかく（1）と（2）に関する具体的対応策とセットで主張す
る必要がある。諸制度の持続可能性のみならず経済成長にも寄与する移民導入
策（米シリコンバレーの日本版を建設するなど）を具体的に示せれば，賛成論の
根拠は厚くなる。自由に論点整理してシナリオ構築しよう。

3　類題　法制度の設計と改善

　法制度は作りっぱなしではダメ。絶えずPDCAサイクルによる更新が必要
（第5章）。以下の法制度について現状と課題について調査し，改善へ向けて具
体的提言を立論してほしい。また，それに対する反論も試みてほしい。

（1）　国民皆保険：少子高齢化や薬価高騰などで持続可能性が問われている。
　　　新型コロナでは医療崩壊が発生した。他方，多くの勤務医が毎月100時
　　　間以上の超過勤務（厚労省の過労死基準を超える）を続けるなど，医療従
　　　事者の労務環境は過酷である。品川区は高校まで医療費無料，八王子市
　　　は中学まで。夕張市は中学まで無料だが親の所得が高いと有料。自治体
　　　の財政余力から来る違いだが，平等原則に反しないか。医療は国民一人
　　　一人が尊重される現代社会に必要不可欠な基本インフラ。現場では法的

理念が経済合理性と衝突し，様々な課題が生じている。これを調査し，克服のためどうすればよいか，論じてほしい。

（2）　国民皆年金：これも少子高齢化で持続可能性が問われている。国民皆年金制度は，老後に無収入で困窮化する人々を現役世代が救う，という世代間扶助を原則に設計された。日本の場合，完成は1960年代。お手本となったのはドイツなど欧州大陸諸国。2050年には日本で１人の現役世代が１人の高齢者を支える勘定になると予測されている。そんな金を現役世代が払えるのか。「年金の掛け金を払っても，自分が受給する頃には制度が破綻しており，どうせ年金はもらえない」「ならば掛け金は払いたくない」という気持ちが若い人ほど強くなっている。制度設計する厚労省は不安払拭に努めているが，解消はできていない。世代間扶助のための税賦課方式から，個人主義的な積立方式への変更が世界的に検討されているが，どこも問題を抱えている。調査して制度改善のために立案してほしい。

（3）　生活保護：生活保護は憲法25条に基づく最低限の生活保障。1950年制定の生活保護法により，自助努力を尽くしても自立できない人たちの最後の頼みの綱として制度設計された。市町村に申請し，要件を満たす人に住所や世帯人数から計算される最低生活費を支給する。昔は「生活保護を受けるのは恥」という美徳があった（審査で扶養照会が行われ，親族に生活実態が知られることを嫌う人が多かった）。最近は，健康で文化的な最低限の生活を送るための純粋なセーフティネットとして理解される傾向にある。生活保護制度は就業支援や社会復帰支援という建付けになっておらず，一度生活保護を受給すると頼りっぱなし，反社勢力が生活保護でパチンコ通い，という例もある。生活保護費が最低賃金を上回る逆転現象もしばしば発生している。こうなると，真面目に働くより生活保護を受けた方が楽，というモラル崩壊につながる。コロナ禍直前の生活保護受給者は約200万人，総額４兆円弱が支給されていた。負担割合は地方自治体が４分の１，国が４分の３だが，地方交付税を考慮すると大半は国税である。コロナ禍で受給者は増えている。この制度を持続可能とするために，どう制度改善すべきか，調査の上で立案しよう。

（4）　税の公平性：1989年に導入された消費税の現行税率は10％（軽減品目は８％）。この間，法人税は下がり続けてきた。企業の税負担を軽減し

てその活動を支援し，雇用機会を保障して皆が稼げる社会を実現する。企業の国際競争力強化の支援にもなる。この意味で，法人税下げは理解できる。しかし，過去30年を振り返ってみると，企業は節税分を内部留保するばかりで，必ずしも国民の実質所得増につながっていない。日本の実質賃金は最近，韓国に抜かれた。消費税は逆進性が高く，富裕層はますます富裕化し，貧困層との格差が開く。これが正しい税制と言えるか。消費税を廃止して法人税を上げるべきではないか（第11章）。

　親の財産は子が努力して勝ち得たものではない。相続税率を100％とし，所得再分配の原資とすべきだ，という意見がある。古典経済学の労働所有説（汗水たらして労力投入した分，自分の所有が正当化される）に立てば，真っ当な考え方。その賛否を立論しよう。

　住民税は定率徴取される。だが，住民サービスを受ける対価という意味では，納税額は全員同額とするのが筋だ，という意見がある（リバタリアン的な意見）。ちょうど電車料金が金持ちもそうでない人も同額であるように。これに対する賛否も立論しよう。

第**15**章

科学技術の発達と法律

　人間は自由を行使して創意工夫を重ね，科学技術を発展させてきた。科学技術は我々に恩恵をもたらす半面，様々な課題を突き付ける。法律や政治はどう対処すべきか。従来の法律で対応できるところは対応し，できないところは政治的吟味を経て必要なら新たな立法を行う。これを地道に繰り返すしかない。

1　ブロックチェーン企業の日本脱出

　データサイエンスは，統計学や情報工学，人工知能（AI）などを使ってデータから実用的な価値を引き出す創意工夫の総称。スマホの位置情報やスイカの使用履歴，ネット広告の閲覧情報などは，顧客の行動パターンや購買嗜好を割り出す貴重な資料であり，使い方ひとつで宝の山となる。GAFAの収入は大部分がデータサイエンスを駆使した広告収入。

　データサイエンスが生み出した創作物の一つにビットコインのような仮想通貨（暗号資産）がある。通貨は交換媒体。昔から貨幣や紙幣など物理的な形を取って流通してきた。現代の通貨は発行主体にその信用力が左右される。大半の通貨は国家が発行主体（ユーロはEUの一部国々が条約を結んで共同発行）。米ドルは米国の国力をそのまま反映して国際的な基軸通貨となっている。日本も今のところ経済力があり日本円の信用力は高いが，国の借金が1000兆円超ある。信用を失うと，一万円札はただの紙切れになる。

　仮想通貨は近年の情報技術の産物。物理的な形はなく，発行主体もない。すべてコンピューターシステム上で管理されるが，古典的なシステムと抜本的に異なるブロックチェーンという新技術がその基盤。古典的なシステムは，データベースを起点に構築される中央制御型。中央に万一の事態が起きるとデータ

は消失する。誰かがシステムに入り込んで勝手に改竄することも原理的に可能である（ハッカーに狙われる）。また，二つの独立した中央制御システムは相互に閉鎖状態で，互換性がない。互換性を作りたければ互換システムを追加設計して二つをつなげる必要がある。ここで不具合があると全体がダウンする。みずほ銀行は前身である第一勧銀，富士銀，日興銀が相互独立に開発したシステムを一本化したのでトラブルを起こすことがしばしばあった。

　他方，ブロックチェーンは中央制御でなく，全員の相互監視状態で共通データを構築，参照し合うシステム。すべてが衆目にさらされた状態の単一システムなので，構造上，情報が秘匿できず，データの改竄や喪失が起こりにくい。これが仮想通貨の信用力の源泉。仮想通貨なら口座を転々とさせて取引履歴を秘匿するマネーロンダリング（資金洗浄）はできない。データの融通に手数料等も発生しない。信用不安がつきまとうドルや円より仮想通貨の方がまし，と考える人が世界中で増加し，その価値は上昇を続けている。

■仮想通貨と法定通貨

　日本では仮想通貨に悪いイメージを持つ人が多い。北朝鮮は毎年，世界中で仮想通貨などを奪って何百億円も稼ぎ，核やミサイルの開発に使っている。ロシアもウクライナ侵攻後の経済制裁を仮想通貨で凌いでいる。日本では2014年，交換業者マウントゴックス社のサーバーがハッキングされ，当時の市場価値で470億円相当のビットコインが奪われ倒産した。2017年には交換業者コインチェック社が不正アクセスを受けて580億円分の仮想通貨NEMが流出した。どちらも業者のセキュリティの甘さが原因。同種の事件が起きる度に質の低い業者は淘汰されており，ブロックチェーンそのものの信用は揺るぎない。今も新たな仮想通貨が次々と発行されている。20世紀前半のリバタリアン経済学者ハイエクは，通貨発行権を国の独占から解放して自由市場に委ねよ，と主張した。市場で信用力の低い通貨が淘汰され，高い通貨だけが生き残る。世界はこうした市場原理主義が徹底される途上にあるのかもしれない。

　現状，仮想通貨は投機対象のように価値が乱高下することがあり，交換媒体として安定的な役割を果たせていない。2022年には世界的な（日本を除く）金融引き締めのあおりも受けて米国の交換業者FTXが7兆円規模の負債を抱えて破綻した。仮想通貨は法定通貨を凌駕する地位にまだ遠く及ばない。しかし，法定通貨を発行する日銀など各国中銀は内心穏やかでない。フェイスブックが打ち出した仮想通貨リブラ構想には圧力をかけ，2019年に潰してしまった。各

国中銀自身，ブロックチェーン技術には高い関心を持っており，これを用いたデジタル通貨を周到に研究している。デジタル通貨なら貨幣や紙幣が不要になり，これらの製造保管コストを低減できる。銀行口座を経由せず決済できるようになる。お金の流れがすべて白日の下に晒され，脱税や資金洗浄の防止にも寄与する。当局には都合がよい。中国は2020年にデジタル人民元を実用化した。

　各国は仮想通貨の法的位置づけを手探りで進めてきた。国によって対応は違うが，日本はだいたい以下の通り。マウントゴックス事件以降，資金決済法が改正され，2017年から仮想通貨も決済通貨の一つとして位置づけられた。交換業者は資金移動業者として金融庁への登録を義務付けられ，犯罪収益移転防止法などの法律を遵守し，消費者保護のルールにも従うことになった。2020年からはICO（initial coin offering，仮想通貨の新規発行）実施にも金融庁への登録が必要になった。同時に金商法も改正されSTO（security token offering。株式や社債，不動産などをデジタル化してブロックチェーンで取引するもの）並びに仮想通貨デリバティブ取引が規制された。

■ブロックチェーンの可能性

　ブロックチェーンは金融以外にも幅広い可能性を持つ。GAFAは情報を中央制御システム内に独占することで成長した。利用者がGAFAを利用すればするほど，四社の情報独占は進む。個人情報保護や独占禁止の観点で，看過できない状態が世界的に生じた。ブロックチェーンは個人どうしが直接つながることで，中央集権型ビジネスによる寡占を突き崩す可能性を秘める。GAFA自身も自らの収益につなげるべくブロックチェーンを熱心に研究している。最近話題のメタバース（3次元ネット空間の共有サービス）も現状，提供会社が中央制御している。もし運用が停止されたらアイテムやオブジェクトは消失する。ブロックチェーンを使うとメタバースに永続性を持たせられる。これ以外にも，たとえば物流企業が荷物のトラッキングに，あるいはロケット部品や食品のトレーサビリティに（不具合や産地偽装の防止），ブロックチェーンを使える。衆目監視で確実性を担保し，ヒューマンエラーや悪意の改竄を防げる。米国では既に実用化段階にある。

　GAFAやマイクロソフトのような大企業以外にも，ブロックチェーンを使ってよりよい社会を実現しようとするスタートアップ起業家は世界中にたくさんいる。こうした起業家は仮想通貨を熟知しており，資金調達にICOを使うことが多い。起業家が投資家に仮想通貨を新規発行し，投資家が見返りに資金提供

する。仮想通貨の将来的値上がりを見込んで投資するわけで，担保なき完全な自己責任投資である。米国やシンガポール，アラブ首長国連邦などではブロックチェーンによる経済成長を後押しするためこうした起業家の資金調達を支援する国策が取られている。2020年にシンガポールは個人によるICOをすべて非課税とした。アラブ首長国連邦もすべてのICOが非課税となる特区をドバイに設けている。中国や韓国も特区設置を検討している。こうした先進地から将来のデファクトスタンダード（次世代GAFA）が形成されていくと推測される。

■日本政府の過剰規制？

　日本では2020年改正の資金決済法により，スタートアップ起業家がICOを行うにはまず金融庁と協議を重ね，資金移動業者登録を受けねばならなくなった。起業家から見れば，ブロックチェーン開発は時間との勝負。資金調達も機動的に行う必要がある。金融庁と協議などしている暇はない。更に，日本では法定通貨による資金調達（株式や社債の発行，借入金など）なら資本取引や負債取引と見なされて非課税だが，仮想通貨での資本調達は収益取引と見なされ，課税対象とされる。また，企業が所有する仮想通貨は毎年の決算で時価評価され，価値が上昇すると含み益分に課税される。ICOでスタートアップする意欲を挫く施策ばかり。日本の有望起業家は次々とシンガポールなどへ脱出中。日本経済は衰退しつつあるのに，なぜ政府は成長の芽を潰しにかかるのか。

　日本政府にも言い分はある。資金決済法の目的は資金移動の安全性確保。金商法の目的は市場の透明性確保と投資家保護。ICOの8割は詐欺と言われる。新規技術を使って悪事を企む人間がたくさんいるのは事実。交換業者のセキュリティ問題も解決されたわけではない。資金提供者保護のため起業家の自由を制限するのは理解できる。しかし，一律に制限すると，社会発展につながり得る善意のICOまで潰してしまう。融通を利かせてシンガポール並みの自由を保障する特区を設け，善意の起業家を支援すべきではないか。日本でも2002年に構造改革特区法，2011年に総合特区法，2013年に国家戦略特区法がそれぞれ制定され，特区を設けて規制緩和や補助金支給，税制優遇が行われている。自由にICOが可能な特区，投資家も自己責任で自由に応じることができる特区を新設すべきか。

■論点整理とシナリオ構築

　特区設置は起業家支援（日本の経済発展）という目的を達成するための手段。手段の構築方法には様々あろうが，基本的に，特区内では投資家保護を全面停

止する（抜本的な規制緩和）。メリットは上述した通り。特区設置にはデメリットも多い。第一に，詐欺など犯罪の温床となる懸念がある。犯罪が多発すると警察が振り回されるだけでなく，風評被害で結局は善意の起業家が恩恵を得られない恐れも出てくる。第二に，私利私欲に駆られた一部の人がICOを乱発しバブルが発生する懸念がある。こうした人々が法外に利益を上げることに，世論の納得が得られるだろうか。また，バブル発生は結局善意の起業家を潰してしまうリスクもはらむ。こうしたメリット・デメリットの比較衡量は，カジノ解禁にも通じる。カジノは賭博場であり，金を落としてもらう手っ取り早い手段だが，依存症や多重債務者を生み出し，人々の精神を荒廃させるリスクもはらむ。自力で調査して論点整理し，シナリオ構築，論文作成，合評会，ディベートへと進もう。

2　ゲノム科学と個人情報

■議論の前提

　ゲノムとは生物の全遺伝情報。ヒトゲノムはヒトの，イネゲノムはイネの，全遺伝情報である。人体は約60兆の細胞からできており，どの一つを取っても細胞核内に23対の染色体がある。その正体はDNA（デオキシリボ核酸）で，4種類の塩基（AGCT）が対をなし，この対が幾つも連なって二重らせん構造を成している。塩基対の総延長は約30億。ヒトゲノムは，この約30億の塩基配列パターン。3塩基の配列パターン（ATC，GATなど全部で64通り）それぞれに一つのアミノ酸が対応し，これが結合してたんぱく質が合成され，人体を形作っていく。ヒトゲノムは人体の設計図である。

　ヒトゲノムはチンパンジーやネアンデルタール人のゲノムとは違い，人類に共通する。しかし，30億対のうち約0.5％の部分に個人差がある。人種の差，体質の差，性差，すべて個人差の表れ。この観点では「個人のゲノム」という表現がされる。ゲノムの個人差には様々なタイプがある。たとえば性差は男性を特徴づけるY染色体の有無で発現する。よりミクロな個人差には，たとえば，塩基配列上のどこか一か所だけAGCTのどれかが別物に置き換わっている一塩基多型（SNPs）や，数塩基の短い配列が何回も反復するSTR（short tandem repeatの略，反復の回数が人によって異なる）がある。完全に塩基配列が同一の人は，事実上，一卵性双生児しかあり得ない。STRに着目した遺伝子型鑑定は

犯罪捜査や親子鑑定に使われる。現在スタンダードな鑑定法は23対の染色体の
あちこちに分散する15のSTRについて，それぞれの反復回数を調べ，ここから
個人を識別する。その精度は，１兆人から１人を識別するのに十分なレベル。

　ヒトゲノムは国際的に何千億円のお金をかけて21世紀初頭に解読された。現
在では高速解析機により個人のゲノムが数万円のコストで１日あれば解読でき
てしまう。個人のゲノムは人の究極なプライバシー。体質や病気に関連する遺
伝情報も含まれる。ゲノムは髪の毛一本からでも解析できる。人は誰でもあち
こちに髪の毛を落として歩いている。それを無断で拾って，勝手に遺伝子解析
できてしまう。しかし，そのようなことをしてはならない。ましてや，他人の
遺伝情報を勝手に解読して結果をネット上に流すようなことがあってはならな
い。それは人権侵害である。遺伝情報は厳重に保護されねばならない。フラン
スでは既に1994年の段階でヒトゲノム解読を見越して，ゲノム解読は医師によ
り医療目的でのみ行える，違反したら刑事罰，という法律を作った。しかも，
インフォームドコンセント（本人に説明して理解してもらい，同意を取り付ける
手続き）が必須であり，検査結果を医師が丁寧に説明すること（遺伝子カウン
セリング）も義務づけられた。

■遺伝情報の法的保護　フランスと日本

　なぜ遺伝子検査が医師の専権事項となるのか。個人情報保護という観点の他，
遺伝的資質がどのように病気と関連しているのか，素人にはわかりにくいから
である。たとえば「がん発症と関連する遺伝子を持っている」と言われただけ
では，すぐに発症するのか，発症確率はどのくらいか，普段から食生活に気を
つけるなどして発症を止められるのか，等々，分からないまま悲観してしまう
可能性もある。筋ジストロフィーのようにX染色体劣勢遺伝の遺伝病は，男児
が原因遺伝子を受け継ぐと発現を食い止められない。しかし，生活習慣病と一
定の仕方で関係している遺伝的資質は，多くの場合，必ず発症につながるわけ
ではない。環境要因により発症しないこともある。医師はこうした専門知識を
持っている。検査結果を誤解しないよう，医師がかみ砕いて丁寧に説明する必
要がある。それゆえ，フランスでは遺伝子検査が医師の判断で患者に説明の上，
本人の了解を取り付けた場合に限り実施許可される。医師による検査結果の説
明（遺伝子カウンセリング）も必須である。この要件を満たさない遺伝子検査
を実施するのは違法行為である。ましてや勝手に他人のゲノムを解読する，ゲ
ノム情報を勝手に公表する，これらは犯罪であり，刑事罰が科され，民事的に

も不法行為となる。

　日本には長らく法律が何もなかった。21世紀になると，ソフトバンクや DeNA，スポーツクラブなどが遺伝子検査サービスを始めた。体質に応じて，必要な運動や食生活をアドバイスする，という触れ込み。消費者から検体を預かり検査会社に委託する，あるいは消費者と検査会社との契約をマッチングする，等の契約形態を取っている。需要はある。遺伝子カウンセリングは略式の書面説明程度だが，良心的なサービス業者がほとんどだと推測される。お客様のニーズにきめ細かく応えた商品を提供する日本特有のビジネス形態の一例だろう。しかし，こうしたビジネスは，一つ間違えると遺伝情報の第三者漏洩につながる。検査会社が突然倒産して検体が差押えられ，債権者が競売にかけたらどうなるのか（第13章参照）。個人情報保護法23条は，本人の同意に拠らず個人情報を第三者に提供してはならない旨を規定している。しかし，検査前の検体なら個人情報とはみなされない。転売されて海外に持ち出され，日本法の及ばないところで無断解析される可能性はある。日本には，こうした事態の発生を予防する法的仕組みは現状ない。個人情報保護法は2015年に改正され，個人の遺伝情報は「個人識別符号」として保護されるようになった。しかし，仮に漏洩や第三者提供が発生しても，悪質でなければお咎めなし（悪質なら6か月以下の懲役）。住所氏名クレカ番号などの個人情報漏洩に対する損害賠償請求事件は数多く起きており，1人5000円から5万円が相場。遺伝情報漏洩の判例はまだ，ない。おそらく賠償金がもう少し高額にはなるだろう。これが日本の現状。フランスより規制は緩い。

　フランスは原則を重視する国。遺伝子検査は人権侵害につながり得る技術応用であり，市場でのビジネスに委ねるべきでない，という原則が明確である。遺伝子関連技術の発達を見越して人権侵害を予防する法制度を構築したのは，事前防災の一例とも言える。対する日本は，できるだけ経済活動の自由を認めつつ法制度を事後的に作ってきており，しかも制度に穴がある状態。日本でフランス的な立法を試みると，経済界が「営業妨害だ」「有望な市場の芽を摘むな」「民間の活力を削ぐな」「岩盤規制はドリルで壊せ」などとロビー活動を展開し，選挙を恐れる国会議員たちの政治的圧力で潰される可能性がある。だが，フランス的な立法は必要な規制ではないだろうか。そもそも，遺伝情報を市場に委ねてよいのか。遺伝子検査に関して日本でフランス型立法をすることの是非を立論しよう。論点整理とシナリオ構築は自力でやってみよう。

■日本の立ち遅れ

日本の現状は，表面上，米国に似る。米国は当事者主義の国。市場参加者の自由と機会均等を担保する最低限のルールを敷けば，後はすべて市場に委ねる。市場参加者の間で問題が発生したら，当事者どうし裁判で決着をつければよい。判例は何百年分も溜まっている。19世紀以降は英米でも成文法が多く作られている。米国には2008年にできた遺伝子差別禁止法という連邦法がある。雇用や保険加入に際して遺伝的資質を理由に差別することを禁止する。規制は最低限の人権保護のみで，基本的に民間の遺伝子検査を奨励するスタンス。経済活動の自由を最大限享受して果実も得よう，という立法趣旨である。遺伝子カウンセリングの法定義務はない。同様の法律は日本でも議員立法の動きがあるが，コロナ禍の混乱もあり，2022年現在，未制定。米国よりも立法が遅れている。

日本の法制度の骨格は明治時代にフランスやドイツを模倣して作られた。自由を金科玉条とする米国の法制度と比べて，自由を重視しつつ平等も担保する，というフランス革命的な思想が日本には共有されている。国民皆保険や国民皆年金はドイツの鉄血宰相ビスマルクが発案し，フランスなど欧州大陸へ広まった制度。日本も段階的にこれを導入し，1960年代に完成させた。英国でも平等重視の労働党アトリー内閣が1945年以降に導入したが，米国には広まらなかった（21世紀にオバマケアが導入されたが，国民皆保険としては不完全であるにもかかわらずトランプ大統領から目の敵にされた）。

日本国民はこうした政府方針を支持してきた。すべてを自由に委ねるより，最低限の平等が担保され安心して暮らせる国が望まれているようだ。米国流の市場原理主義には格差拡大が必然的に伴う。勝ち組は巨万の富を蓄え，負け組は自己責任で格差の底辺に落ちるが再チャレンジの機会はいつも均等に与えられる。このように市場原理ですべて決める社会を肯定するなら，日本国民はゴーン氏が年間報酬20億円もらっても笑って許容したはずだ（第4章参照）。この報酬額は米国の強欲CEOよりはるかに謙抑的なのだから。1980年代の中曽根内閣や21世紀初頭の小泉内閣など米国流の規制緩和を推進した政権もあったが，総じて日本国民が米国流の市場原理主義を望んでいるとは思えない。「遺伝子検査でトラブルになったら裁判で戦え。国は関知せず」「どの検査会社が信頼できるか，自己責任で判別しろ。眼力に自信がないなら，サービスを利用するな」と言われたら，あなたはどう感じるか。国の責任で最低限必要な規制を講じておくべし，と感じる人が多いのではないか。「米国流でよい。私は眼

力を磨くべく一生懸命勉強する。訴訟で勝つために法律も勉強する」と考える人も中にはいよう。感じ方は人それぞれ。各人がよく考えて主権を行使し，多数決で国の方針を決めていくしかない。

■法制度設計　仏独型？　英米型？

　社会が新たに直面する課題に対して，新たな法制度が必要になる。法制度が事後対応になるのは当然だろう。ドイツやフランスが国民皆保険や皆年金を制度化したのも，日本が遅れてこれにならったのも，病気になって医者にかかれない人，老後に貧困化する人が，大量発生していた現実に対処するためだった。他方，仏独など大陸成文法国には，原則を重視した体系的法整備の伝統がある。人権侵害の発生が予見できるなら，原則を貫いてそれを予防する法体系を構築しようとする。体系化を求めない英米法の国も，人権侵害の発生予測はできる限りやっている。特に20世紀後半から，科学技術の急速な発展を見越して，立法行政の技術評価活動がどの先進諸国でも活発化した。新しい技術が社会に浸透するとどんな問題が発生するか，それを予防するのにどんな法制度が有効か，といった問題を予防的に議論し，必要に応じて立法していくのである。その際にも，欧州大陸と英米には前述のような方法論の違いがあった。大陸諸国は人権侵害を予防する法制度を予め構築する（そのための行政コストもかける）。英米は最小限のルールを用意するに留め（国はできるだけ関与せず），当事者間での問題解決に委ねる。日本も技術評価は行ってきたが，最低限のルール作りにも手間取っている。霞が関は専門家の意見を集約すべく努力しているが，審議会を作っても欧州大陸流と英米流の問題解決策を両論併記して終わってしまい，立法につなげられないことが多い（第8章の代理母問題など）。

　歴史的に見れば，これは仕方ないのかもしれない。明治日本は欧米列強の脅威にさらされ，主として仏独をお手本に法制度の構築に追われた。戦後は米国の影響が強くなった。占領政策により憲法を始めとして多くの法律が変わり，その後も米国の意向に従って経済法や金融法などを改正してきた。結果的に，仏独流を基軸とし，表面的に米国流も取り入れたハイブリッドな日本スタイルが出来上がった。だが，原則を仏独流とする軸足が定まっているのか，と言われると，どうも心もとない。明治以降の日本における法整備は，その時々に影響を受けた欧米諸国の動向を風見鶏のように反映してきただけなのかもしれない。では，今後どうしていくべきか。自由と平等，どちらに重心を置くのか。自由でも平等でもない美徳を掲げるのか。いくら美徳を強調しても，現代の

我々にとって自由と平等が最重視されるべき価値であるのは動かしがたい。自由でも平等でもない第三の道があるとは思えない。米国のように民間の活力を最大限発揮させて経済発展しつつ，同時に欧州大陸のように最低限の平等を担保する社会を構築するのは，二兎を追う困難な道。国民がそれを望むなら，知恵を絞って道を模索するしかない。

3　類題　科学技術と法

（1）　クッキー警告のポップアップ：最近，ネットでサイト閲覧すると「クッキーを利用してアクセスデータを集めるから同意してほしい」に類するポップアップが頻繁に出てくるようになった。これは2016年のEUデータ保護規則（EU法）にならった2020年改正個人情報保護法で義務づけられた。我々がどんなサイトを閲覧しているか，クッキーを使えばサイト側に筒抜けになる。それでもいいか，とサイト側が閲覧者にリマインドするのがこのポップアップ。自分の個人情報をどう処分するか，各自が自身で自己決定すべき。情報の自己決定原則と呼ばれる考え方である。新たにサイトアクセスする度にポップアップが出てくるのは鬱陶しいかもしれない。自分のサイト閲覧情報が漏洩してもあなたは何とも思わないかもしれない。だが，本人の同意なく個人情報を収集することはプライバシーの侵害であるのみならず，実際に不利益も発生する。2019年にはリクルートキャリアが就活サイト「リクナビ」へのアクセス記録から学生の内定辞退率を割り出して企業に販売していたことが問題になった。面倒でも自覚を持ってネットアクセスした方が自分のためである。ネット上は見えない地雷だらけ。現代の科学技術にはこうした思わぬ落とし穴があちこちに潜んでいる。ポップアップを無視して次々とネットサーフを続けた人がトラブルに巻き込まれたら，救済するべきか。自己責任なので救済しなくてもいいか。

（2）　AIの進化と法律：2013年にオックスフォード大学の研究者が「将来，多くの単純作業的な職業がAIに代替される」という趣旨の論文を出して話題となった。ディープラーニングが実用化され，膨大なデータを読み込ませて従来判断が困難だった状況に対応できるAIが次々登場している。一般事務職や接客業など，マニュアル通りに動く職種はAIで代

替できる。機械的処理が求められる行政職種もAI化されるだろう。他方，創意工夫が必要なマネジャー業務や人と人の交流が不可欠な福祉業務（介護や医療など）はAIで置き換えが難しい。法曹職も機械的な要件への当てはめはAIで十分だが，法創造は代替困難である。

　AIは多くの社会問題も引き起こす。米国では黒人の犯罪率が高い，という相関データがある。このデータを読み込んだAIは黒人を差別してしまう。顔認証技術でも黒人の識別精度が低い。犯罪者やゴリラと取り違える，女性を男性と取り違える，等が問題となり，2020年にはアマゾンとマイクロソフトがサービス停止した。読み込ませたデータの偏りから生じた問題である。オランダでも書類不備を自動判別するAIを導入したら低学歴層や貧困層が社会福祉サービスから締め出されてしまい，混乱の責任を取って2021年1月に内閣が総辞職した。EUではその後，こうしたAIを法律で禁止する方針が打ち出された。AIの品質基準を策定し，AIを導入する企業はその旨を顧客に情報開示するよう義務づける方針も示された。他方，米国では人権侵害には敏感だが当事者主義が基本。上述した米国と欧州大陸の立法論の違いが露見している。例によって日本は「時期尚早」との様子見姿勢が強い。日本はすぐさま法整備を具体的に検討すべきか。賛否を立論しよう。

（3）　先端医薬品：現代の医薬品開発には膨大なコストがかかる。その元を取るために，そして次なる創薬研究の原資を得るために，新しい医薬品はとても高額になりがち。新型コロナのmRNAワクチンは開発費用が比較的安価だったが，これは例外。ノーベル賞を取った本庶教授の抗がん剤オプジーボは1回処方が数千万円。1回処方で1億円以上の医薬品もある。他方，日本には「高額医療費制度」があり，保険医療であれば毎月の自己負担に上限がある。オプジーボも保険医療対象で，高額所得者が服用しても自己負担額は数十万円止まり。残りは健康保険組合が支払う。薬価がこれだけ上昇すると，保険組合が破綻し，国民皆保険が崩壊する可能性がある。かといって，高額医薬品を保険対象外とすれば，払えない人は死ね，ということになる。国費で皆保険制度を支えると，増税しない限り，国債残高1千兆円は更に増える。高額医薬品は今後も増えると予想されている。増税を回避して国費で支え続けると日本は早晩，財政破綻するだろう。どうすればよいか。

164

（4）　EMSと破局噴火：大気圏外で大規模な核爆発を起こすと，高高度電磁パルス（EMS）が発生して周辺地域に大規模な停電や通信障害が起こる。1950年代後半に米ソが実験してこれを確かめた。EMSの影響は長期にわたって続くと予測されている。電力や電波にインフラを依存する現代社会で大規模な大気圏外核爆発を起こせば，周辺地域はマヒするだろう。スマホや電子機器はすべてダウン，仮想通貨は消失，ヒトは瞬時に石器時代へ逆戻りする。医療も物流も長期にわたり停止，人びとは餓死するだろう。軍事的に極めて有効な攻撃手段となる。大気圏外核爆発は1963年に調印された部分的核実験禁止条約で禁止されたが，この条約を中国や北朝鮮は批准していない。北朝鮮は2017年にEMS攻撃手段を確立した，と国際社会に誇示した。非核三原則を堅持する日本はこれにどう対処すべきか。

　破局噴火（火山爆発指数7以上の噴火）が起きても同様の結果になる。周辺100キロに火砕流が及び，生命が死滅する。地球全体では千年に1度，火山列島日本では1万年に1度の頻度でこれが起きている。直近は約7千年前の鬼界カルデラ噴火。南九州の縄文文化が滅んだ。今この規模の噴火が九州で起きると，九州は壊滅し，遠く離れた首都圏にも火山灰が数十センチ堆積して都市機能はマヒし，海外からの救援なしでは本州の住民が早晩全員餓死すると言われる。九州四国の原発は火砕流で破壊され，本州西部の原発も制御不能になって爆発し，取り返しがつかない放射能汚染が発生する可能性も高い。あなたは1万年に1度という頻度をどう受け止めるか。生きているうちに出くわす可能性は小さいから何も対策しなくてよいのか。子孫の安全も含めてリスク管理する必要があるのか。福島第一原発事故は，千年に1度を甘く見て何十兆円の経済損失を出した。破局噴火に前兆があるかどうか，データが乏しすぎて科学者にもわからない。破局噴火を科学的に観察した記録はゼロ。被害は杞憂なのか，人生設計や社会設計で考慮すべきポイントか。

　類似問題に，富士山大噴火がある。こちらはかなり議論が進んでいる。現状を調べて危機管理上の様々な立場を洗い出し，合理的な対応策を立論してほしい。

第16章

巨大企業と経済社会と法規制

1 巨大IT企業だけを規制するルールは必要か？

■議論の前提

　企業活動，たとえば，どのような商品やサービスを販売するのか，どのような価格で販売するのか，誰と取引してどこで販売するのか，どのように広告宣伝を行うのか等は，その商品やサービスを取り扱う企業自身が決めることである。もちろん，企業がこれらの意思決定をする場合，それらの判断を行うための諸条件，そして，判断過程といった企業の内外の諸事情（社内の意思決定，市場でのライバルや取引先との駆け引きや交渉等）が大きな影響を与えるであろう。これらに加えて，「国」がこれらの判断の前提となる法律等を事前に決める場合もある。そのような場合，企業はそのような法律等に沿った企業活動を行うことになる。

　ここでは，企業活動に対する「国」の関わり方の一側面について，昨今話題となっている「プラットフォームビジネス」という視点で見てみることにする。

■論点整理

　実際の経済社会を自分事として考えてみよう。

　私たちの一日の生活を思い出してみる。朝起きるときは，目覚まし時計ではなく，スマートフォンまたはスマートウォッチを使っているかもしれない。そして，朝起きて確認することは，寝ている間に届いているメールやSNSであり，その後，横目でテレビではなく，スマートフォン（上のアプリケーションであるSoptifyやYoutube）から流れる音楽等を聞きながら，または，片手で友だちとSNS等でやりとりをしながら朝食をとったりしている人もいるかもしれない。

　通学の際も，途中でコンビニエンスストアに立ち寄り，PayPay等のキャッシュレス決済を利用して飲み物を購入し，スマートウォッチをかざして電車やバスを利用している人もいる。大学に到着すると，パソコンを取り出し，様々なアプリケーションを起動させて，友だちとの連絡や授業内容の確認，そして，授業資料をダウンロードして講義に参加する。

　このように情報端末機器であるスマートフォンやPCを使っている間にも様々な広告やダイレクトメール等が手元に届く。なぜこんなにも商品やサービスの宣伝広告が自分に届くのかなと思いつつも，「確かに一度買ったことのある商品もあるな」とか，「もう宣伝はいらないよ」と，（ほとんど放置するが）少しうんざりとした気分になる。このような光景は，今では日常の中にとけこんだワンシーンかもしれない。

　私たちの生活は（学生であろうとなかろうと），スマートフォン等の通信端末機器とそこから流れ出る多くの情報やコンテンツに囲まれていることは間違いない。

　ここで，Google，Amazon，Facebook（現Meta），Apple，Microsoftといった企業の名前を列挙してみる。皆さんも聞いたこと，見たことのある企業の名前であり，実際にこれらの企業が提供する様々なサービスを利用している人もいるであろう。同時に，これらが巨大IT企業であるという一般的な認識を皆さんも持っているであろう。その他にも，これらの企業を総称して，たとえば，The Four，GAFAM，ビッグテク，ゲートキーパー，プラットフォーム事業者等様々な呼び名が付いている。

　これらの企業について皆さんはどのようなことを知っているであろうか。たとえば，これら巨大IT企業の時価総額について，こんな新聞記事がある。上記の5社の時価総額（2020年）が計560兆円となり，日本の東証1部2170社の合計を上回ったという内容である（日本経済新聞2020年5月8日）。また，最初の4社の時価総額合計が日本株全体を超えたという内容の記事もある（日本経済新聞2021年8月26日）。もちろん，この数字をどのように評価するのかは様々である。それでも，これら巨大IT企業が持つ社会や経済に対する影響力の大きさを感じるには十分であろう。

コラム　　共通点&相違点を探して分類する

　では，私たちの生活にはどのような影響が出ていると考えることができるか。まずは，私たちの生活にこれらの企業と企業の提供するサービスはどの程度認知されていて，また，浸透していると考えられるか。たとえば，どこで何を食べようかと悩んだら，手元のスマートフォンでどのように探すか。旅行を計画する場合に宿泊施設と移動手段をどのように探すか。そして，就職活動を開始するときにどんなサービスを利用するか。そして，これらを検索して見つけた結果，実際にどの程度そのとおりに行動するのか，また，皆さんの様々な個人情報を入力しないと利用できないサービスも中にはあることを確認してみよう。

　ここでは，後ほど他の人とも共有（報告）できるように，各自，そして，隣の人とも相談しながらそれら企業名とその提供しているサービスを列挙してみよう。その際，次の点を考えつつ，是非その企業やサービスのホームページ等から情報を入手して紹介できるようにしよう。

（ア）　調べることができた企業名について，それらの企業が提供するサービスを挙げてみる。

（イ）　それらのサービスを，たとえば，提供しているのは商品なのかサービスなのか，これまでにもあったサービス等を便利にしたか，新しくこれまでつながらなかったビジネス同士をつないだか，人と人とをつなぐ（仲介の）特徴をもつかどうか，等自分の視点で分類してみる。お店での支払い・ネットショッピング・ネット宿泊予約・配送・クレジットカード，Web会議システム，SNS等である。

（ウ）　（イ）で分類した基準は何らかの共通点や相違点をサービスの間に見つけたからではないだろうか。そのような共通点や相違点から，これらのビジネスの特徴として，何か目新しい点はあるだろうか。

■ 賛否のシナリオ（1）—賛成論（規制が必要）を考える前に

　私たちは，これだけ様々で便利なサービスを利用する機会にあふれた日常生活を送っている。また，これだけの機会，言い換えると選択肢があることも私たちにとっては極めて魅力的である。しかしながら，私たちは本当にこれらの企業が提供しているサービスを「選んで」使っていると言えるのであろうか。

　たとえば，スマートフォンを利用する場面を考えてみよう。日常的に利用し

ているため気が付かないことがあるかもしれないが，今ここで自分のスマート
フォンを利用するときの動きを確認してみることも大事であろう。スマート
フォンやタブレット等の情報通信端末機器を使っていない人は，日常的に使っ
ている商品や利用しているサービス（電車，バス等の移動手段，コンビニやスー
パーでの買い物等）を思い浮かべよう。

　第1に，どこでスマートフォンを契約したのか（場所）？　何故その場所で
契約したのか？　そして，どこの通信会社と契約しているのか？　次に，その
スマートフォンはiPhoneか，それとも，Android機種か？　または，それ以外
か？　何故そのブランド（機種）を選んだのか？

　第2に，iPhoneであれば，どのようなブラウザを使っているか（インター
ネットを見るときにタップするアプリケーションは何か）？　何か興味あるアプリ
ケーション（ソフト）がある場合はどこから入手（ダウンロード）するのか？
そもそも初めから画面上に存在したアプリだから入手する必要もないという場
合であれば，それはどんなアプリか？　同じこれらの質問について，Android
機種を使っている人はどうか？

　また，別の視点から，スマートフォンを利用して使うことができる他のサー
ビスに関しても，次のような質問にどう答えるか。たとえば，飲食店業界，旅
行業界，動画配信業界，就活業界等ではどんなサービスが提供されているか，
そして，皆さんはどのサービスを頻繁に利用しているか，上記のコラムでの作
業を思い出してみよう。具体的な企業名とサービス名はすでに出たかもしれな
いが，そうすると，これらの業界では，おそらく皆さんのほぼすべての人が，
同じ企業名やサービス名を挙げるのではないか。その企業やサービスのWeb
サイトでは，様々なお店や企業の情報を列挙して，私たち利用者とつなぐとい
うサービスを提供している。そして，それぞれの業界では，ほんの一握りの数
少ない企業（場合によってはほぼ1社）によって，そのようなお店や企業の情報
やコンテンツが提供されていることが分かる。

　加えて，私たち利用者は，情報端末機器を通じて，常に情報の受信と発信を
行っている。それらを可能にするアプリケーションの需要は大きい。まさに企
業にとっても魅力的な産業分野となっている。では，私たちはなぜ数社しかそ
れら企業やサービスの名前を知らず，実際に使っているのは1社だけなのであ
ろうか。また，これだけ需要が大きいにもかかわらず，なぜ他の企業は同じ
ようなサービスを提供しようと考えて，どんどんこの業界に入ってこないの

か？ 加えて，このような数少ない企業が提供する情報やコンテンツは本当に信じて良い情報なのか？ もし自分自身が1社のサービスしか使っていない場合，情報の入手先の選択は行っていないと言えるかもしれない。

その上で，私たちはこのようなサービスを利用する際にどれだけ「お金」を支払っているのか？ 無料で使っている場面が多くはないか？ 使う前に様々な自分自身の個人情報を入力した経験はないか？ 無料ならなぜこれらの企業は存在し続けていることが可能なのか，そして，これほどまでに大きくなった企業が存在するのか？ 加えて，インターネットを見ていて，Webサイトにアクセスした際に「Cookie」という文字をどの程度目にするか？ 様々なWebサイトを見ていて，ポップアップしてくる広告はどの程度目にするか？検索サイトは何を利用しているか？ 検索した結果はどこから見ていくか？検索した結果の最初に掲載されているサイトに何か特徴的な表記はないか？私たちは，検索やアプリケーションの利用のために「自ら」ビジネス的にも価値の高い個人情報を入力しているようにも考えられる。

通常，このように数少ない大企業の行動は，同じ行動を中小企業がしている場合に比べると，その影響ははるかに大きいであろう。加えて，それが社会や経済に対する悪影響であるならば，中小企業の場合よりも，その損害は大きいであろうし，また，それだけの損害を迅速かつ適切に回復することは極めて困難であろう。

最後に，スマートフォンやタブレットから流れる（たいした意味があるとは思えない）情報やコンテンツに身を任せて（現実逃避という場合もあるが）必要以上の時間を費やして（滞留して），後になって後悔したことはないか？ そんな低品質なサービスを私たちが長時間利用することが企業の利益となっていると考えたことはないか。

■賛否のシナリオ（2）—反対論（規制は不必要）を考える前に

もちろん，そんなことは考えたことがないし，そもそも便利だし，使っているアプリもしっかりと選択できている，という人もいるかもしれない。これらのサービスは確かに便利で機能的でアクセスしたらいつでも答えてくれる，そして，向こうから利用者が必要としているであろう情報も届けてくれる優れものである。特定の企業が情報端末機器そのものを提供するだけでなく，その情報端末機器に入っていたり，ダウンロードできるアプリケーションをうまく使えば，日常生活に必要なモノは全部簡単に入手することもできる。情報端末機

器を一つ持つだけで生活できるかもしれない。一つの企業とその企業が選んだサービスがすべてを見繕ってくれるなら，時間があるときなら色々なWebサイトを巡って比較したり評判を確認したりできるが，何か調べたい時には色々なWebサイトを巡る必要はないため，その分時間の短縮になる。加えて，自分自身の個人情報を入力したからこそ色々なサービスを無料で利用することもできるから，私たちには便利で問題はない，という意見もあろう。

　そして，何よりも，このようなサービスは，巨大IT企業だからこそ可能とも言える。膨大な情報量とコンテンツ量を用意できているということは，かなりの数のお店や企業と関係性をもって取引が可能ということであろう。これは，その企業の営業や投資や効率化をはじめとする経営努力の結果であるという考え方もできるかもしれない。加えて，それらのお店や企業の情報が集まったということは，かなりの数の私たち利用者がそのサービスを利用したということでもある。利用者への宣伝にも多大の労力を使ったと考えられる。結果として，膨大な情報量とコンテンツ量は，私たち利用者には魅力的であって，さらに利用者を多く集めることを可能とし，利用者が集まって使えば使うほど，利用者の数自体が魅力的となり情報量もコンテンツ量，そして，それらを提供するお店や企業もさらに増えていくという，とても良い循環を巨大IT企業が作ってくれていると言えるかもしれない。

　もちろん，巨大IT企業ではない他の大企業でも良い点はたくさんある。製薬，航空，通信，商社，食品等の業界を考えてみよう。これらの業界で規模が大きいからこそビジネスを行う上で可能なことを考えてみる。たとえば，様々な人材を獲得することができるから，それらの人材を存分に使って，多様な問題にも対応することができる。そして，同時に複数のビジネスを行うことができるかもしれない。資金が豊富にあるので（資金をそもそも集めないといけないが，この点は省略する），商品開発の研究や大量生産をはじめとして，商品やサービスをたくさん生み出すことができると考えられる。規模が大きいからこそ，ビジネスで実現可能な事柄が多く存在し，そして，その結果として，私たちは多くの良い商品を安い価格で入手することができるのかもしれない。

　また少し視点を変えてみよう。数十年前の大企業が今の大企業であるかというと，全部が全部そうであるとも限らない。技術の進歩や私たち利用者の行動，政治・経済・文化等社会状況も時代により変化していく。先に見た業界において，1980年以降，どんな会社が隆盛を極め，または，衰退していったのか。今

ITと総称される業界は1980年代においてどのような規模であったのか。大企業は次の大企業にとってかわられるかもしれない。それほどにビジネスは熾烈な競争に直面していると言える。

　以上のように考えると，規制を肯定する側が考える諸問題は，別に気にするほど重要な問題ではなく，すぐに解決しなければならないほど急を要する深刻な問題でもないと考えられるのではないか。

■シナリオ構築の例

　では，巨大IT企業を含めた大企業に対する規制の是非を次のように整理していこう。

　（ア）　まずは，これまでに挙げた諸点を参考に，規制の是非に関する具体的な情報を列挙する。

　（イ）　列挙した諸情報を，よく似た内容ごとのかたまりになるように分けてみる。

　（ウ）　分けることができたら，それぞれのかたまりを「まとめることができるような」表現を探して書く。

　（エ）　それらかたまりを，規制を肯定する側と規制を否定する側の考え方に分ける。

　（オ）　それぞれの立場に分けた個々の考え方に対する反論と再反論も考えてみる。

　（カ）　それぞれの立場の主張を適切に行うために，考え方の並べ替え等を行う。

　以上の作業を，まずは個人で行ってほしい。その後，時間が許す限り，周りの人と相互に確認するようにしよう。

　いきなり整理することに対して難しいと思った人は，抽象的ではあるが，以下のそれぞれの立場の考え方の整理に沿って，上記（ア）の諸情報を当てはまる番号に振り分けてみてほしい。所々空欄となっている反論，そして，考えられる再反論も書き出してもらいたい。

〔肯定側〕──────────────────────────────

（1）　深刻な問題として解決する必要がある

　　（反論：重い責任を負わすことで問題を解決するという確証はない　　　　　）

（2）　行為主体の特徴としての企業規模とそれが社会経済に与える影響の大き

さは密接な関係にある

　（反論：　　　　　　　　　　　　　　　　　　　　　　　　　　）

（3）　問題となるであろう行為の防止と抑止

　（反論：法律を運用するコストとその実効性　　　　　　　　　　　）

（4）　社会経済における大企業としての責任が重要である

　（反論：　　　　　　　　　　　　　　　　　　　　　　　　　　）

否定側

（1）　重い責任が企業に与える悪影響という問題

　（反論：　　　　　　　　　　　　　　　　　　　　　　　　　　）

（2）　大企業の社会経済に及ぼす影響を実証するデータの妥当性

　（反論：今後の同様の問題となる行為の予防的措置としての重要性と意義　）

（3）　大企業だけに対する効果だけでは本来の目的を達成するには不十分

　（反論：　　　　　　　　　　　　　　　　　　　　　　　　　　）

（4）　法律やルールがそこまで介入すべきなのか

　（反論：だれも大企業になりたがらないのではないか　　　　　　　）

コラム　古くて新しい問題？

（ア）　ダビッド・E・リリエンソール（永山武夫＝伊東克己共訳）『ビッグ・ビジネス－大企業の新しい役割－』（ダイヤモンド社，1956年）（原著は1953年）

（イ）　コーウィン・D・エドワーズ（小西唯雄・松下満雄共訳）『大型企業と競争政策』（ぺりかん社，1969年）（原著は1956年）

（ウ）　タイラー・コーエン（池村千秋訳）『ビッグビジネス－巨大企業はなぜ嫌われるのか』（NT出版，2020年）（原著は2019年）

（エ）　ティム・ウー（秋山勝訳）『巨大企業の呪い－ビッグテクは世界をどう支配してきたか』（朝日新聞出版，2021年）（原著は2020年）

　以上の書籍について，出版された年代に違いがあるのを確認することができる。（ア）と（イ），そして，（ウ）と（エ）について，原著はほぼ同時期の出版と言っても良い。それに，タイトルを見ても「巨大企業」が共通するテーマであることも確認できる。

しかしながら，同時期の（ア）と（イ），そして，（ウ）と（エ）の内容は
ほぼ正反対となっている。ということは，（ア）と（ウ），（イ）と（エ）は
同じような主張となる。時代が変っても，「巨大企業を規制すべきか」とい
うテーマは，私たちが生きる経済社会において常に問われていることが分か
るのではないか。（ア）については入手は無理かもしれないが，是非これら
の書籍を手に取って読んで欲しい。

2　類　題

　もし，巨大IT企業のみを規制するということになると，その他のIT企業と
区別して規制するということになる。実は，日本では，事前に（前もって）企
業を指定して，その企業だけを規制する，また，その企業に特定の行為をさせ
る（または，させないようにする）等を定めるルールが既に存在している（もち
ろん，欧米でも同様であるが）。

　具体的には，法律等で定められた基準にしたがって規制の相手方を事前に指
定する，そして，その相手方にだけ，行って良い行為または行ってはいけない
行為を指定する，また，特定の行為については事前に法律に基づいて「国」の
許認可等を得る必要がある等の規制である。

　たとえば，日本において，次のような私たちの生活に必要不可欠なサービス
を提供している産業分野を見てみる。

（1）　電気通信分野：「電気通信事業法」という法律をe-gov法令検索
　　　（https://elaws.e-gov.go.jp/）で探してみよう。この法律の中の第30条を
　　　使って考えてみる。とにかく一文が長く，複雑で，括弧書きまである。
　　　諦めずに読んでみよう。まず，第30条第1項において，「総務大臣は」,
　　　「総務省令で定める割合」，そして，「指定することができる」という言
　　　葉に注目する。次いで，第30条第3項において，「第1項の規定により
　　　指定された電気通信事業者は，次に掲げる行為をしてはならない。」と
　　　いう文章に注目する。つまり，事前に指定された電気通信事業者という
　　　企業は，掲げられた特定の行為をしてはならないという規制を受けてい
　　　ると理解することができる。そして，この規制の話には続きがある。
　　　「電気通信事業法施行規則」をe-gov法令検索で探して，その中の第22条

の３を見てほしい。引き続き粘って，そこに書いてある「告示によって
これを行う。」や「総務省令で定める割合は，四分の一」といった言葉
に注目してみよう。「〜法」，「施行規則」，「告示」が，階層的に積み上
がって特定の企業に対してルールとして適用されることの証明でもある。
法律というものは，本当に複雑である。

（２）　電力分野：「電気事業法」という法律をe-gov法令検索で探してみよう。
そして，この法律の中の第22条の２第１項を読んでみてほしい。上記
（１）の電気通信事業法第30条と同じで長く，複雑である。何とか粘っ
て読んでほしい。大枠としては，「一般送配電事業者」が「してはいけ
ないこと」と「場合によってはできること」の二つで構成されている
ことが分かる。つまり，原則としては「営んではならない」が，例外とし
て「経済産業省令で定めるところにより，経済産業大臣の認可を受けた
ときは」「営むことができる」というルールの構造である。実は，「一般
送配電事業者」自体も，「経済産業大臣の許可」を受けないといけない
存在であり（第３条と第５条を見てほしい），誰でも自由になれる企業で
はない。ここでも，「省令」を意識する必要がある。そして，ガス分野
も大変よく似た規制を持っている。それにしてもこれだけ複雑なシステ
ムをよく作り上げたものである。

①　実は，上記（１）や（２）で，これらのルールが適用される特定の
　　企業名を皆さんは知っているはずである。見つけ出してほしい。

②　なぜこのように事前に規制する企業を具体的に決めておく必要があ
　　るのだろうか。規制を行う根拠と規制を行うことで期待される結果は
　　どのようなものか考えてほしい。

3　発展的研究　関心事を調査し論点整理してみよう

　それでは，日本において，これらの巨大IT企業が従うべきルールはどのよ
うに設計することが求められるのか考えてみよう。ここでは，上で整理した今
あるルールや規制では対応しきれないような問題があるとして，とりあえず
「必要がある」という点を前提にルールを考えてみる。

　その際，これまでに見てきた「良い」と「悪い」とされている諸点は，両方
を同時に確認することもできることが分かっている。したがって，一律に「悪

い」からダメというルールは避ける必要があると同時に，まったく規制を行わないということも言えない。つまり，巨大IT企業の自由と巨大IT企業に対する規制のバランスをとることが可能なルール，言い換えると，「良い」（便利なこと）を妨げず，「悪い」（不当なこと）を許さずという，単純な「～してはならない」というルールではなく，何か工夫が求められているということになる。

　現在，これらの問題に対処しようと新しい法律の制定が行われた。ここで，その法律をe-gov法令検索で探してみる。「特定デジタルプラットフォームの透明性及び公正性の向上に関する法律」で検索してほしい。そして，この法律について，以下の項目ごとに整理してみよう。どうも法律を読むことは辛いと思った人は，https://www.meti.go.jp/policy/mono_info_service/digitalplatform/index.htmlを見ながら自分でこの法律の全体像を他人に説明するために整理する作業を行っても良い。

（ア）　この法律の目的は何か？
　　①　背景となった問題とは何か（この法律を作って守られるものは何か）考えてみよう。
　　②　上記の問題を解決して，何を達成しようとするのかを考えてみよう。
（イ）　この法律で使われる様々な言葉の意味（定義）は何か？
　　①　「デジタルプラットフォーム」の意味はどこを見れば分かるのか探してみよう。
　　②　「特定」とはどのように行うのか，その方法を図示してみよう。
（ウ）　この法律の特徴はどのように説明できるか？
　　①　「特定デジタルプラットフォーム」を提供する者は，何をしなければならない（またはしてはならない）のか特定してみよう。
　　②　「やったらダメ」と言っているだけではない。たとえば，「報告書」や「評価」という言葉を探して，それらがどのような意味なのか考えよう。

　時々刻々変化する技術と競争，そして，その結果として巨大となっていく企業に対して，法律はそもそも対応できる道具なのであろうか。巨大IT企業が一国や世界にどれだけの影響を及ぼしているのかについて，何となくではあるが理解できる。同時に，実際に規制するか，しないかを判断し，そして，規制する場合にどのように規制するのかは極めて困難であることも理解できる。そ

うすると，仮に，社会，経済全体に対して，良い影響，または，悪い影響を同時に及ぼしている（及ぼす可能性がある）として，法律はこの二つの関係性を見極めて適切に対応することがそもそも可能なのであろうか。

　最後に注目してほしい点は，類題や発展的研究で紹介した法律には，問題が起ってから白黒をはっきりさせる，正しい方はどちらかを決める（これもかなり語弊があり誤解を生じさせる言い方でもあるので留意が必要である）だけではないということである。問題が起らないように「予防」や「防止」という役割を持つという特徴である。そして，法律を作って終了とはしていない。今後の状況変化の把握や対応にも配慮した特徴も見ることができる。いずれの特徴においても規制を受ける企業が積極的かつ継続的に問題解決に関与していくという点が重要なのである。第14章「3．類題　法制度の設計と改善」と合わせて法規制の様々な形を考えてほしい。

　今回取り上げたテーマと類題は，これらの特徴に対応する役割と機能を法律に求めている場面と言えるかもしれない。今後，「メタバースプラットフォーム」と「ワールド（バース）」等新サービスの言葉を聞いた時，本章の内容を思い出してほしい。

コラム　海外と日本を比較するきっかけに……それはなぜ？

　以下に見る諸事案は，皆さんも聞いたことのある企業の行為に対して今現在ある法律やルールを適用して問題を解決しようとしたものである。
（ア）　日本の諸事案
①　アマゾン確約事案（興味がある場合は，https://www.jftc.go.jp/houdou/pressrelease/2020/sep/200910.html参照）
　アマゾンは，アマゾンと継続的に取引関係にあり，アマゾンに自分の商品を納入（販売）している納入業者に対して，契約で定めていない取引価格の減額や返品等を行っていた。これらの諸行為が問題視されたが，アマゾン自身がこれらの諸行為を止めることを自ら申し出ることで決着した。
②　楽天トラベル確約事案（興味がある場合は，https://www.jftc.go.jp/houdou/pressrelease/2019/oct/191025.html参照）
　楽天は，ホテル等の宿泊施設との間で締結する契約において，「楽天トラベル」にそのホテル等の宿泊施設が掲載する部屋の最低数の条件を定め，加えて，宿泊料金及び部屋数について，他の宿泊予約サイトやホテル等の宿泊

施設自身のサイト等よりも有利なものとする条件を定めていた。これらの諸条件が問題視されたが，楽天自身がこれらの諸条件を止めることを自ら申し出ることで決着した。

　③　「食べログ」が関わった事件について裁判所の判決がある（東京地裁判決2022年６月16日）。皆さんの大部分が使ったことのあるサービスであると思う。是非判決を読んでほしい。しかし，その前に自分自身で外食する際にどのように情報を入手するのか，どこから情報を入手するのか，その情報をどのように受け止めて利用してきたか，または，利用しなかったか等を周りの人と確認してみよう。

（イ）　海外の事案

　①　Google Shopping事案（興味のある場合は，英語文書であるが，https://curia.europa.eu/jcms/upload/docs/application/pdf/2021-11/cp210197en.pdf参照。）

　欧州の規制当局は，グーグルの総合検索エンジンを使って商品検索を行った場合，グーグルの比較ショッピングサービスによる検索結果の方が，ライバルの比較ショッピングサービスによる検索結果よりも利用者が認知しやすい配置や表示となっている点等を問題視した。これは，グーグルによる自社優遇であり，自身の総合検索結果を示すページで用いられたアルゴリズムによって，ライバルの比較ショッピングサービスの検索結果の表示順位が下の方に位置されやすいということである。

　②　グーグルやアップル等の行為に対する欧州の規制当局の動きについては，たとえば，https://www.jftc.go.jp/kokusai/kaigaiugoki/index.html参照。

　世界各国ではこれらの巨大IT企業に対して，現在ある法律やルールを適用し，また，特別に巨大IT企業にだけ適用する新しい法律やルールを策定している。やはり巨大IT企業の特定の行為には何らかの問題があると考えている国や地域があるということになる。欧州では，デジタル市場法（Digital Markets Act）やデジタル・サービス法（Digital Services Act）と呼ばれる法律が2022年に施行された。

　日本を含めた巨大IT企業に対する新しいルール（規制）の策定は，プラットフォームを運営する企業（巨大IT企業であろう）の様々な行為が問題視された結果であるとも言える。たとえば，朝日新聞2023年２月10日（朝刊）３面と７面を確認してほしい。そして，記事の元になっている「モバイルOS等に関する実態調査報告書について」（公取委，2023年２月９日）も確認してみよう。可能であれば，大学在学中に日本の法律や事例と比較してみ

178

てほしい。その際には，「何故これらを比較するのか」，「比較する場合にど
のような方法で比較するのか」等についても是非身近な教員に相談してほし
い。

第17章

裁判官たちの議論に参入しよう

本章では，裁判官たちの間で意見がわかれたトピックについて取り組むことにしたい。自分が裁判官になったつもりでいずれの立場をとるかを考えてほしい。また立論にあたっては，他の意見をとる裁判官に対し，どのように自分の意見の優位性を説得していくかを考えながら書いてもらいたい。

1 死刑の決め方 多数決か全員一致か?

■議論の前提

死刑は極刑である。被告人に死刑を科すべきかという判断も，究極の決断である。現在，日本では裁判員制度が採用されている。重大な犯罪は裁判員裁判で裁かれるものとなっており，死刑が問題になる場合には，裁判員と裁判官とからなる合議体で審理が行われる。この合議体は，被告人が罪となる行為をしたか否かの判断とあわせ，量刑についても判断する。例えば殺人罪について規定する刑法199条によると，殺人罪の法定刑は，「死刑又は無期若しくは5年以上の懲役」となっており，この幅の中で（実際には減刑もあるので下限はもっと下がる）刑を決めなければならない。懲役5年と死刑とでは文字通り雲泥の差があるが，死刑を選ぶからといって特別な手続があるわけではなく，裁判員と裁判官たちの合議の場の様々な判断の中の一つの選択肢として死刑があるにすぎない。そして，意見がわかれた場合には，最終的には多数決によって決定される。しかし，死刑という極刑をこのようにして決めていいのだろうか。死刑という特別の刑については特別の決め方が必要なのではなかろうか。他の判断とは異なり，死刑にするということについては全員一致が求められてしかるべきではなかろうか。

　実はこの疑問は，有名な永山事件の高裁判決の中で示されているものである（永山事件についてここで詳述する余裕はない。できれば読者には，本節の課題に取り組むにあたっては，堀川惠子『永山則夫　封印された鑑定記録』〔講談社文庫・2017年〕を読んでいただきたい）。永山の刑事裁判は，一審で死刑，二審の高裁で無期懲役，最高裁で高裁に差し戻しとなり，二度目の高裁で死刑，改めて最高裁に上告されたが，上告は棄却され死刑が確定した。この一連の裁判の中で唯一死刑にすべきでないとの判断を出したのが一度目の高裁判決である。その判決では，死刑判断の在り方について次のように述べられている。「すなわち，ある被告事件につき死刑を選択する場合があるとすれば，その事件については如何なる裁判所がその衝にあつても死刑を選択したであろう程度の情状がある場合に限定せられるべきものと考える。立法論として，死刑の宣告には裁判官全員一致の意見によるべきものとすべき意見があるけれども，その精神は現行法の運用にあたつても考慮に価するものと考えるのである」。

　高裁判決はこの後，最高裁でくつがえる。そこでは死刑判断の在り方として次のように述べられている。「死刑が人間存在の根元である生命そのものを永遠に奪い去る冷厳な極刑であり，誠にやむをえない場合における究極の刑罰であることにかんがみると，その適用が慎重に行われなければならないことは原判決の判示するとおりである。そして，裁判所が死刑を選択できる場合として原判決が判示した前記見解の趣旨は，死刑を選択するにつきほとんど異論の余地がない程度に極めて情状が悪い場合をいうものとして理解することができないものではない。結局，死刑制度を存置する現行法制の下では，犯行の罪質，動機，態様ことに殺害の手段方法の執拗性・残虐性，結果の重大性ことに殺害された被害者の数，遺族の被害感情，社会的影響，犯人の年齢，前科，犯行後の情状等各般の情状を併せ考察したとき，その罪責が誠に重大であって，罪刑の均衡の見地からも一般予防の見地からも極刑がやむをえないと認められる場合には，死刑の選択も許されるといわなければならない」。

　この引用の中にでてくる「原判決が判示した前記見解の趣旨」というのが上に引用した高裁判決の文言である。高裁判決と最高裁判決の言っていることは，表現としては微妙に違うだけのように見えるかもしれないが，内容的には決定的に異なることを述べている。すなわち，高裁は，どんな裁判官であっても死刑しかないと判断するような場合にのみ（つまり全員一致になるような場合のみ）死刑と判断すべきと言っているのに対し，最高裁は，そこまでの厳格性はもと

めず「ほとんど異論の余地がない程度」であれば死刑とすることができると言っている。つまり，大多数が死刑もやむなしとするならば死刑にしてよいといっているのである。なぜこうした違いがでるかについて，最高裁は「罪刑の均衡の見地」からと言っている。この点は重要である。

　ところで日本の裁判員制度は，アメリカの陪審制度とヨーロッパの参審制度を参考にしてつくられた。アメリカでは日本同様まだ多くの州で死刑は廃止されていない。そこでは，死刑か否かの判断は，そのためだけに特別に選任された陪審員により決定される。この決定は，連邦の他，アーカンソー，カリフォールニアなど30州では全員一致でなされるべきものとされている。全員一致でなくてもよいとされるのはフロリダ（単純多数決），アラバマ（10票以上）のみである（岩田大『陪審と死刑』131頁注11〔信山社，2009〕）。全員一致を要求するところでは，通例，長時間にわたる議論を経ても意見の一致をみることができなければ，あらためて陪審を選任し直し，もう一度審理をはじめからやり直すことになっている。そして，こうしたプロセスを経て陪審員たちが全員一致で決めた判断は最大限尊重され，基本的には上訴審でも覆されることはない。

　この最後の点も日本では事情が大きく異なっている。日本では，一審の裁判員裁判の結論を二審や最高裁で覆すことができる。実際，裁判員裁判が開始されてからすでに7件，一審の死刑判決が二審で無期懲役に変更されたケースがある。

■論点整理

　全員一致と多数決との間には，賛成者の数の量という違いを超えた質的相違がある。多数決で決定する合議体においては，数名の反対者がいても合議体として意思を形成することができる。これに対して，全員一致では，いわば一人ひとりが拒否権をもっている。仮に陪審員の中に徹底した死刑廃止論者が一人でもいれば，その合議体は死刑の結論に至ることはできない。ただ，逆にほとんどが死刑に反対していても，一人が徹底的に死刑を主張していれば，死刑にしないという結論に至ることもできず，審理がやり直しとなる。多数決では，少数の反対者の意見は無視できるので，多数者はその数にものをいわせていれば，立論をみがきあげなくとも自らの意思を押し通すことができるが，全員一致が求められている合議体ではそうはいかない。議論を尽くすという観点からすると，全員一致という決め方にもちろん軍配があがる。

　しかし，日本の今の裁判員制度の下で，そこまで慎重な議論が果たして必要

なのかという疑問も湧く。アメリカの陪審制度では，陪審員の判断は最終判断である。そこで決めた通りに刑が執行されることになる。ところが日本では，二審で量刑をかえることができる。死刑判断については，さらに最高裁も判断する。そうすると，一審の裁判員裁判で全員一致の判断に至るまでとことん議論を尽くし，全員一致に至らなければ審理をやり直すというところまでして判断したとしても，場合によっては被告人の顔も見ないで進められる上級審の手続の中でこの判断が覆ってしまうことがある。やや挑発的なものいいをすれば，一審の死刑の可否の判断は，上級審の裁判官たちにとっては一種の参考意見にすぎないともいえる。

　公正な裁判とはどのような裁判であろうか。この問いにどう答えるかも，全員一致が必要か否かに関係する。アメリカの陪審裁判においては，公正な裁判とは，犯罪がおきた地域の人々の市民感覚を反映した裁判であると理解されている。この市民感覚の代弁者が陪審であるとされるのである。これに対し，日本では，過去の裁判例と調和した量刑であることが重視される。この点に関し最高裁は，「死刑が究極の刑罰であり，その適用は慎重に行われなければならないという観点及び公平性の確保の観点からすると，同様の観点で慎重な検討を行った結果である裁判例の集積から死刑の選択上考慮されるべき要素及び各要素に与えられた重みの程度・根拠を検討しておくこと，また，評議に際しては，その検討結果を裁判体の共通認識とし，それを出発点として議論することが不可欠である」と述べている（最高裁決定平成28年2月3日）。

　本来，同一の事件というものは二つとして存在しない。しかし，裁判の公平性というものをこのように捉えるならば，各事件を要素に分解し，類型化し，相互に比較可能なものとすることが必要となる。そして，その上で，一定以上罪責の重大性がある場合に死刑とし，そこまで至らない場合には死刑としないということが公正な裁判ということになる。ここで気をつけなければならないのは，こうした類型化の作業の中では，当然，切り捨てなければならない事情がでてくるということである（永山事件では，高裁では重要視された生育歴が最高裁以降切り捨てられて死刑となった）。どこかの段階で何かを切り捨てなければならないという判断枠組をもっているならば，どこまでもとことん考え尽くすために全員一致という判断の仕方は過剰ということになろう。また，過去の事例との調和した判断が重要ということであれば，そもそも裁判員に死刑判断をさせることすら無意味と思えてくる。

■賛否立論

　以上を踏まえて，賛否を立論してもらいたい。しかしくり返すが，死刑は極刑である。この問題，頭の中だけの論理的操作で取り組んでもらいたくはない。是非，前に紹介した堀川氏の著作には目を通してもらいたい。また併せて，同氏の『教誨師』（講談社・2014年）も読んでもらいたい。

　死刑の判断は全員一致にすべきとする立場からすると，死刑という刑の重大性ゆえ判断が慎重になされるべきこと，またそこではその事件について個別的に徹底的に精査することの必要性が論拠となろう。また，裁判員の判断は，国民の多様な視点・感覚の反映という点を強調することも全員一致を支持する方向性につながるであろう。

　これに対して，全員一致は必要ないという立場は，現行制度下では，裁判員の判断が終局的なものではないこと，量刑の均衡を実現することが論拠となろう。

　ここの論争は，結局のところ，死刑判断に関して，永山事件の高裁の立場をとるか，それとも最高裁の立場をとるかという問題に帰着する。現在の判例の立場は，基本的には，高裁の立場を否定した最高裁の立場を踏襲しているといってよい。それをあらためて覆すのか，それとも永山事件以来踏襲されてきた最高裁の従前の立場にたつのか，あたかも自分が最高裁の裁判官になり，死刑事件に向き合って呻吟しているという想定の下で真剣に悩んでもらいたい。

2　父とは何者か？

■議論の前提

　2014年7月17日，最高裁は，DNA鑑定で血縁がないと証明された場合に父子関係を取り消すことができるかについての初の判断を行った。その結論は，これを認めないとするものであった。その翌日の朝日新聞は，この判決を受けて，1面・3面・37面・38面に4つの記事を掲載した（大学の検索システムや図書館で過去の新聞が閲覧できる人は是非，入手してみよう）。この記事を読みながら，父とは何かについて考えてみることにしよう。

　裁判の経緯について，1面の記事には次のようにある。

　「争っていたのは北海道，近畿地方，四国地方の各夫婦（2夫婦はすでに離婚）。訴えなどによると，このうち北海道と近畿の夫婦は，妻が夫とは別の男性と交

184

際。出産した子と交際男性との間でDNA型鑑定をしたところ，生物学上の父
子関係が『99.9%』との結果が出た。これを受けて妻が子を原告として，夫と
は親子でないことの確認を求めて提訴した。(改行) 一，二審はいずれも親子関
係を取り消す判決を出した。『DNA型の鑑定結果は親子関係を覆す究極の事実』
などと指摘した。ともに父子関係の維持を求める夫側が上告した。これに対し
て最高裁は，『科学的証拠によって生物学上の父子関係が認められないことは
明らかであるうえ，夫婦がすでに離婚して別居している。それでも子の身分の
法的安定を保つことは必要』と指摘。そのうえで『夫と子の間に嫡出推定』が
及ぶとして二審判決を破棄し，夫と子の父子関係を認めた。」

　法律上父となっていた者が実は父ではなかったことがわかったのになぜ。そ
う思う人は多いだろう。最高裁の裁判官の中にもそう考えるものもいた。記事
の続きの部分を読んでみよう。「この判断について反対意見を出した金築誠志
裁判官は『夫婦関係が破綻して子の出生の秘密が明らかになっている上，血縁
上の父親と新たな親子関係を確保できる場合には，元の父子関係を取り消すこ
とを認めるべきだ』などと指摘した。」こちらの意見の方が直観的には理解し
やすいだろう。

　それではなぜ金築裁判官の意見は通らなかったのであろうか。この背景には，
嫡出推定制度というものがある。この制度について，１面の記事は「結婚して
いる妻が出産した子は夫の子（嫡出子）と推定する，と定めた民法の規定。父
親を早期に決めて親子関係を安定させることが子の利益につながる，との考え
にもとづく。1898（明治31）年に定められたもので，DNA型鑑定などは想定し
ていない。ただし，子の出生を知ってから１年以内に限り，夫は父子関係の取
り消しを求められるとしている。」とある。ただ，この説明だけだとわかりに
くいのですこし補足的に説明しておこう。

■嫡出推定・嫡出否認・嫡出子

　嫡出推定制度の起源はローマ法にある。ローマ法大全の中の「学説類集」の
中に次の一節がある。「なぜなら常に母は確かであるからである。たとえ婚外
で懐胎したとしても。これに対し，父とは婚姻が指し示す者である」(D. 2, 4,
5)。この一節から二つの法格言が生まれた。すなわち「母は確かであるmater
certa est」と，「父とは婚姻が指し示す者であるpater est, quem nuptiae
demonstrant」。前者は，母とは，婚姻関係にあるか否かにかかわりなく，そ
の子を産んだ女性であることを意味している。母による子の出産という事実は

証明が容易であることから「確か」という表現が使われている。これに対し，父とは誰かは本質的に不確かである。実の父が誰かを確実に知りうる手段を長いこと人類は有していなかった。そこで活用されたのが婚姻制度である。婚姻中に女性が懐胎したならば，その子の父はこの女性の婚姻相手であるとするという発想がとられた。この発想のことを後者の法格言は意味している。

　ところで婚姻中に懐胎しているからといって100パーセント夫の子であるわけではない。もちろん婚姻中の女性が夫以外の男性と性交渉をもつことは道徳的にも法律的にも禁じられていた。しかし常に守られたわけではない。そのため，妻が婚姻中に懐胎したとしても，夫が妻の不倫を確信しているならば，夫は，その子は自分の子ではないと否認することができた（嫡出否認）。この場合，妻がこの否認が不当であると考えるならば，子を原告とする形で裁判に訴えることもできた。ただ，夫が否認しない場合にあって，妻や子から，その子の父はその人ではないとして訴える仕組みはなかった。

　「嫡出」の意味についても説明しておいた方がよいだろう。古代ローマ社会の父子関係は，ただの血縁上の関係ではなく，ある家の継承者を決めるための関係でもあった。つまり，父から子に家の長たる地位が引き継がれていく。逆にいうと，ある父の子であるということは，この父の継承者たる地位にあることを意味する。

　この継承者の決定は，その家の内部だけの問題とは考えられていなかった。つまり，その家の継承者は，その家の主が完全に自由に決めていいものではなく，一定の範囲の人間からしか選ばれないという形で社会的（法的）制約が課せられていた。その制約は，ローマの市民法上適法な婚姻から生まれた子，あるいは市民法上適法に成立した養子縁組により子となっていた者（つまり，嫡出子）に限るというものである。したがって，仮に主の血を引いているとしても，主が奴隷に生ませた子や，婚外で設けた子は，その主の家の継承者たる地位はもたなかった（仮にこの発想が日本の江戸時代にも生きていたとすると，徳川吉宗は将軍家の継承者とはなれなかったはずである）。こうした家の継承者を決めるための父子関係というところでは，血縁というものとは全く無縁ではないものの，それだけですべてがきまるというものではなかったことに注意を払う必要がある。

　ローマ時代の嫡出推定制度は，その後の時代に若干の変容をうける。この制度の中に，ローマ時代にはほとんどといっていいほどみえない子の利益の保護

という観点が盛り込まれる。ちなみに，ローマ法では，父が自らの子を必ず扶養しなければならないとされてはおらず，子を捨てることすら許されていた。ところがその後，父は子を必ず扶養しなければならないという思想が法の世界に入り，その実現の機能が嫡出推定制度に入り込むことになる。つまり，ローマの嫡出推定制度というものは，文字通り，嫡出子かどうかを推定するための制度につきていたのであるが，後世になると，このようにして推定された子について，父は，扶養する義務を負うものとされたのである。また，これにあわせ嫡出否認制度もかわる。ローマ時代のように父が一方的に宣言するのではなく，嫡出否認のためには裁判所に訴えをおこすことが必要とされる。また，その訴えはいつまでもできるものではなく，出訴期間に制限が加えられることになった。そして，その期間内に訴えがおこされないならば，推定された子を自らの子として扶養しなければならないということになった。

　以上のような歴史を経て現行の嫡出推定・嫡出否認制度ができあがり，そして我が国へと伝わってきた。その特徴を箇条書きにすると次のようになる。

- 婚姻中に懐胎した場合，母の婚姻相手が父として推定される。
- この推定を覆す訴えをおこすことができるのは，法律上父として推定された者のみである。また，この訴えは，1年以内に起こされねばならない。
- 上の訴えが起こされない場合，法律上の父子関係は確定，何人も覆すことができないものとなり，父は子を扶養する義務を負う。

■DNA鑑定の誕生

　さてここまで述べてきた嫡出推定制度の設計にあっては，本当の血縁上の父が誰であるかは外部からはわかり得ないこと，いわば神のみぞ知ることであるという理解が前提となっている。父子の血縁上のつながりを確実なものにするには，それこそ中国の後宮（そして宦官）や日本の大奥といった閉鎖的な，時に非人道的な装置を必要とした。つまり，女性が夫以外の生殖能力をもった男性と接触する機会そのものを物理的に遮断する装置が必要であった。こうした装置は皇帝や将軍でもなければ持ち得ないものであり，通常の人々については，血縁上の父が誰であるかについての完全に確実な知識は持ち得ないという前提で制度を設計しなければならなかった。

　近年になり，血液型で親子関係を判定する方法が編み出された。この技術も画期的ではあるものの，これが機能する場面は限られていた。ところが20世紀末のDNA鑑定技術の登場により状況が大きくかわることになった。当初こそ

この技術の信頼性には疑問符がつくこともあったが，技術革新によりもはやその技術自体の信頼性に疑問の余地はなくなった。この革新が法律上の父子関係のありかたに亀裂を生じさせることにもなったのである。

■判決を受けての当事者の声

　議論に入る前に，当事者の声に耳を傾けてみよう。朝日新聞の38面の記事に，北海道の事件の元夫（法律上の父）と元妻の声がのっている。

　　「ようやく胸を張って，『子どもがいる』と言えます」
　　北海道在住の40代の男性は，最高裁の法廷で判決を聞いた。閉廷後，涙をこらえながら報道陣に喜びを語った。「DNA型鑑定で，すべてが決まるものじゃない。親子とは，愛情と時間の蓄積だと思います」
　　男性は自宅に，数百枚の写真をいまも大切にしまっている。ベビーバスに入って気持ちよさそうな娘。飼い猫といっしょに困ったような表情の娘。最後に別れた朝，不安そうな瞳で見つめる娘——。
　　写真は，娘が1歳3カ月時で止まっている。「子育てが楽しかった。あれほど愛した娘を，忘れるなんてどうしてもできません」
　　娘が生まれたのは2009年7月。夫婦にとって初めての子だった。だが，直後に妻から血縁上の父親が自分ではないと打ち明けられた。
　　「もちろんショックでした。でも，生まれた子に罪はない。自分の子として育てようと決めました」
　　その思いを伝えると，妻は黙って泣いたという。離婚もしなかった。しかし，ささいなけんかが絶えず，夫婦は長続きしなかった。翌年，離婚。妻が娘を引き取った。
　　その後，妻がDNA型鑑定の結果を証拠として，娘と自分の父子関係の取り消しを求めて提訴。男性は「娘を育てたい」と争ったが，一，二審とも妻側の訴えを認めた。あきらめずに上告した。
　　「妻が出て行く前の夜，ようやく言葉を覚えはじめた娘が，初めて『パパ』と呼んでくれた。あの顔は忘れられない」。その娘に，もう3年以上会っていない。「いつか娘と2人で暮らしたい。再び関係を築くのに，長い時間がかかっても」

　一方，元妻の声は次の通りである。

　一方の妻は，娘の血縁上の父親と再婚し，娘とともに新たな家庭を築い
ている。代理人の池田めぐみ弁護士によると，5歳になった娘は今の夫を
「パパ」と呼ぶ。最近も休日に2人で公園に行った。自転車の練習をして，
娘は補助輪を外して乗れたことを喜んだという。戸籍上，娘は今の夫の
「養子」になっている。妻は池田弁護士にこう訴えたという。「元夫から子
との面会を求められており，元夫と娘の法的な関係が維持されると，今後
何が起きるのか不安です。血のつながった親子で暮らしている現状を娘の
ためにも法的に認めてもらいたい」

■論点整理メモ

　父とは何者なのだろうか。父とは，ローマ法由来の法格言が示すように婚姻
が示すものなのであろうか。それとも，DNAが示すものなのであろうか。前
者であれば，最高裁の多数意見通り，元夫がこれまで通り父ということになる。
後者であれば，一・二審や金築裁判官が考えた通り，元夫は父ではないことに
なり，元妻と同居する男性（DNA鑑定により生物学的に父であると判定された者）
が父となり得ることになる。

　歴史的沿革から，嫡出推定制度の目的は何であるかを考えていくというのが
いかにも法学部生らしい考え方である（この点，詳しくは『法解釈学教室』II第
9章参照）。ただ，そうであるにしても，どちら側に有利な形にも展開できる。
嫡出推定制度は，一つには，血縁関係に沿った家族関係をつくるための制度と
みることもできる。本当の父が誰かをそれなりの精度ではあるが，当時として
は精一杯のやり方で特定するために嫡出推定制度が設けられたとみることもで
きる。そうするとDNA鑑定は，これよりも優れた制度であるので，DNA鑑定
結果と嫡出推定制度の結果とが食い違う場合にはDNA鑑定結果を優先すべき
ということになる。他方，嫡出推定制度は，本当の血縁関係とは関係なく，子
の利益のために父を確定させるための制度であるとみることも可能である。こ
の見方によれば，DNA鑑定があろうとも，一度確定した父子関係は崩すべき
ではないということになる。

　あまりお勧めできる方法ではないが，誰が悪いかという観点から考えていく
方法もなくはない。この裁判は，子が父を訴えているという形をとっているが，
子はまだ幼児であって，実際のところは，元夫と元妻との争いである。両者の
言い分を聞いた上で，非の大きい方の主張に軍配を傾けていくということは，
通常の裁判ではよくあることである。ただ，やはり子供にとってよいこととは

何かという観点から考えるべきではなかろうか。

　子供の利益を中心に考えたならばどうなるであろうか。ここで悩ましいのは，この事件のその子供のことだけを考えればよいというものではないという点である。法律上の議論は常にそうであるが，その事件だけうまく解決してそれで一件落着ということではなく，そこの解決のために用いたルールは，今後おきるであろう同種の事件でもまた適切な解決を導き得るものであるのかという観点が必要になる。今回の事件では，DNA鑑定により生物学的に父であることが判明した男性の下で子は問題なく生活しているが，それはたまたまのことかもしれない。単純にDNA鑑定が嫡出推定制度を覆すということになると，法律上の父の下で何事もなく生活していた子がDNA鑑定によりいきなり父を奪われてしまうということもおきかねない。Googleで「DNA鑑定 父子」で検索をかけると，鑑定結果により不幸な状態がうまれた例が結構あることがわかる。また，同時に，この種の鑑定がいとも簡単にできてしまう状況にあることもわかる。この状況も視野に入れた上で，DNA鑑定により嫡出推定制度できまる法律上の父を覆すことの是非，またそれを許すとするならばどういう条件を追加すれば可能であるかを考えてみよう。

　さて以上の点を踏まえて立論のシナリオを各自でたててもらいたい。ここでは，自分が最高裁の裁判官になり，裁判官たちの評議の場（そこには多数意見を書いた裁判官も，反対意見を書いた金築裁判官もいると想定してほしい）に入り，裁判官たちと議論を闘わせるという想定の下でシナリオを考えて欲しい。なお，法律的な議論をするにあたっての一種のマナーともいえる留意点を記しておきたい。第一に，両者の話し合いによる解決というオプションはこの種の議論ではないということである。それが可能であればこの事件はとっくに解決している。それができずにいるから最高裁まで持ち込まれているのである。第二に，この事件限りの解決というオプションもない。最高裁の判断は，今後の同種の事案で先例となる。今後の同種の事案でも適正な解決になるような解決方法は何かという視点をもっていてもらいたい。

3　発展的探求

　本章の**2**を読んでいて多くの読者は気づいているかもしれないが，ここで取り扱っている論点は，法解釈学の勉強の中で取り上げられているようなタイプ

の論点である。この種の論点について，法学部の学生は，様々な科目の中で学び，考察していかねばならない。そして，単に判例や学生がどういっているかではなく，自分自身で価値判断を行い，自分が裁判官だったらどう判断するかを考えなければならない。法律学の学習は，単なる暗記ではない。価値判断を行う思考能力・教養・判断力をつけることである。

　本書では，判断がわかれるポイントだけを抜き出して解説している。実際に法解釈学の枠内で議論していくためには，そこにいきつくまでに条文の操作を丁寧に行っていかねばならない。また価値判断の部分についても，法解釈学特有の議論の型が存在する。こうした手法については，本書の姉妹書の『法解釈学教室』を利用して，勉強してもらいたい。ただ，条文操作や議論の型の向こう側にあるのは，本書でとりあげてきたような価値判断そのものである。

あとがき

　我々は皆，自由を行使して生きている。立論も自由行使の一つ。本書は読者が自由を合理的に行使して立論する手助けとして執筆された。合理性の定義は難しいが，一言で言えば，誰にも納得できること。だが，人は「嘘をつくな」「嘘も方便」のように，文脈次第で相反する内容どちらにも納得してしまう。合理性とは，文脈を丁寧に区別し，個別具体的な問題に棹差して他者を説得する努力をお互いに続ける中で，初めてその内実が示されていくものだろう。各自，一生かけて様々な立論を試み，その内実を探ってほしい。

　本書が取り上げた具体的な社会問題は，2021～22年の世相を反映して選別された。今後も次々と新たな問題がクローズアップされ，世間の注目を集めるだろう。本書を通して身につけてほしい能力は同じだが，それはどんな素材でトレーニングしても同じこと。本書が提示する具体的問題にこだわる必要はない。そのつど，読者が関心を持った具体的問題を調査し，トレーニングしてほしい。本書が提示するのはサンプルにすぎない。

　自由・平等・美徳といった法哲学（政治哲学・倫理学）の諸問題は，時代と文化圏を超えて普遍的である。中でも美徳は，内容的に各時代各地域で千差万別だが，普遍性は極めて高い。自由であるべき，平等であるべき，という価値規範すら，人が具現すべき美徳の一種と言えてしまうからである。だが，これは言葉遊びかもしれない。古代以来の伝統的美徳と，近代欧州が提起した自由で平等な個人（尊厳ある人格）は，本書で示した通り，様々な文脈で対立する。どちらを重視するかにより，求める社会のあり方，方向性が違ってくる。正解はない。今はどちらに軍配を上げるべきか決しかねるやもしれぬ。立ち止まって考えながら，地道に自分の立場を合理的に形成していってほしい。そして，社会がどういう方向へと進むべきなのか，積極的に発言してほしい。皆がそのように対話を重ねれば，意見の収斂を見なくても，正しい社会を実現するという目標は共有できる。この目標共有こそが法学部生にとって最も重要だと言ってもよい。

　末尾となったが，本書の出版にあたっては，株式会社中央経済社・露本敦氏に多大なるご尽力をいただいた。この場を借りてお礼を申し上げたい。

▶参考文献

　参考文献（HP含む）は無数にある。ここでは，各章のトピックについて原則 1 冊を挙げるに留めたい。各自，興味関心に応じて自分でリサーチしてほしい。

全体を通じて　マイケル・サンデル（鬼澤忍訳）『これからの「正義」の話をしよう』（早川書房，2011年）

第 1 章　Wセミナーなど刊行の適性試験過去問集（書誌リサーチしてほしい）

第 2 章　原発推進派：関西電力HP　https://media.kepco.co.jp/_ct/17528047
　　　　再稼働差し止め判決：樋口英明『私が原発を止めた理由』（旬報社，2021年）
　　　　最近の動向：日野行介『原発再稼働　葬られた過酷事故の教訓』（集英社，2022年）
　　　　アイザック・バーリン（小川晃一他訳）『自由論』（みすず書房，1997年）
　　　　エーリッヒ・フロム（日高六郎訳）『自由からの逃走』（東京創元社，1952年）

第 3 章　尊厳死：松田純『安楽死・尊厳死の現在　最終段階の医療と自己決定』（中央公論新社，2018年）
　　　　同調圧力：鴻上尚史・佐藤直樹『同調圧力　日本社会はなぜ息苦しいのか』（講談社，2020年）

第 4 章　ゴーン逮捕の是非：郷原信郎『「深層」カルロス・ゴーンとの対話　起訴されれば99％超が有罪となる国で』（小学館，2020年）
　　　　金商法：黒沼悦郎『金融商品取引法入門〔第 8 版〕』（日本経済新聞出版，2021年）
　　　　イマヌエル・カント（中山元訳）『道徳形而上学の基礎づけ』（光文社，2012年）

第 5 章　名張毒ぶどう酒事件：江川紹子『名張毒ブドウ酒殺人事件　六人目の犠牲者』（岩波書店，2011年）
　　　　冤罪事件：木谷明『違法捜査と冤罪　捜査官！その行為は違法です。』（日本評論社，2021年）など多数
　　　　犯罪心理学：法と心理学会監修『入門　司法・犯罪心理学　理論と現場を学ぶ』（有斐閣，2022年）

第 6 章　大川小事件：河北新報社報道部『止まった刻　検証・大川小事故』（岩波書店，2019年）
　　　　不法行為：大村敦志編著『法的思考の基礎　新・百万人の民法学　発展編

（上）　不法行為（法）』（商事法務，2022年）

公務員個人の責任を否定する有名な判例は昭和30年4月19日最高裁判決。

第7章　吉見俊哉編著『検証　コロナと五輪　変われぬ日本の失敗連鎖』（河出書房新社，2021年）

因果関係：津田敏英『医学と仮説　原因と結果の科学を考える』（岩波書店，2011年）

中室牧子・津川友介『「原因」と「結果」の経済学　データから真実を見抜く思考法』（ダイヤモンド社，2017年）

第8章　選択的夫婦別姓：栗田路子・冨久岡ナヲ 他『夫婦別姓　家族と多様性の各国事情』（筑摩書房，2021年）

榊原富士子・寺原真希子編著『夫婦同姓・別姓を選べる社会へ　わかりやすいQ&Aから訴訟の裏側まで』（恒春閣，2022年）

明日への選択編集部編『「選択制だから問題ない」は本当?』（日本政策研究センター，2021年）

代理懐胎：辻村みよ子『代理母問題を考える』（岩波書店，2012年）

第9章　「トヨタ」「EV」，あるいは「ユニクロ」「ウイグル」で検索するとヒット多数。賛否両論あり。いわゆる「ガセネタ」に注意。

加藤尚武『現代倫理学入門』（講談社，1997年）

第10章　水俣病：原田正純『いのちの旅　「水俣学」への軌跡』（岩波書店，2016年）

野澤淳史『胎児性水俣病患者たちはどう生きていくか　〈被害と障害〉〈補償と福祉〉の間を問う』（世織書房，2020年）

コンパクトシティ：谷口守編著『世界のコンパクトシティ　都市を楽しく縮退するしくみと効果』（学芸出版社，2019年）

ジョン・ロールズ（川本隆史他訳）『正義論〔改訂版〕』（紀伊国屋書店，2010年）

リバタリアン：森村進『自由はどこまで可能か　リバタリアリズム入門』（講談社，2001年）

第11章　徴用工：波多野澄雄『「徴用工」問題とは何か　朝鮮人労務動員の実態と日韓対立』（中央公論新社，2020年）

台湾危機：東アジア情勢研究会編『台湾有事　どうする日本　2027年までに中国の台湾侵奪はあるか』（方丈社，2021年）

国際課税：諸富徹『グローバル・タックス　国境を超える課税権力』（岩波

書店，2020年）

第12章　違法ダウンロード：小泉直樹『知的財産法〔第2版〕』（弘文堂，2022年）

　　　　過労死：森岡孝二・大阪過労死問題連絡会編『過労死110番　働かせ方を問い続けて30年』（岩波書店，2019年）

第13章　小田急高架：小田急高架訴訟弁護団編『住民には法を創る権利がある　小田急高架訴訟大法廷の記録』（日本評論社，2006年）

　　　　保証人問題：新潟弁護士会編『保証のトラブル相談Ｑ＆Ａ　基礎知識から具体的解決策まで』（民事法研究会，2019年）

　　　　公共の利益：宇沢弘文『社会的共通資本』（岩波書店，2000年）

第14章　死刑制度：井田良『死刑制度と刑罰理論　死刑はなぜ問題なのか』（岩波書店，2022年）

　　　　外国人政策：望月優大『ふたつの日本　「移民国家」の建前と現実』（講談社，2019年）

第15章　情報技術：大塚雄介『最新　いまさら聞けないビットコインとブロックチェーン』（ディスカヴァー・トゥエンティワン，2021年）

　　　　遺伝子工学：高橋祥子『ゲノム解析は「私」の世界をどう変えるのか　生命科学のテクノロジーによって生まれる未来』（ディスカヴァー・トゥエンティワン，2017年）

第16章　大橋弘『競争政策の経済学　人口減少・デジタル化・産業政策』（日本経済新聞出版，2021年）

　　　　小塚荘一郎『AIの時代と法』（岩波新書，2019年）

　　　　渋沢和樹『稲盛和夫　独占に挑む』（日経BPマーケティング，2012年）

第17章　堀川惠子『死刑の基準　「永山裁判」が遺したもの』（講談社，2016年）

　　　　堀川惠子『永山則夫　封印された鑑定記録』（講談社，2017年）

　　　　堀川惠子『教誨師』（講談社，2018年）

　　　　瀬木比呂志『檻の中の裁判官　なぜ正義を全うできないのか』（KADOKAWA，2021年）

　　　　川名壮志『密着　最高裁のしごと—野暮で真摯な事件簿』（岩波書店，2016年）

＊　　　＊

　なお，本書では，永井和之・森光編『法学入門〔第4版〕』（中央経済社，2023年）（本書において，「法学入門」）と，森光著『法学部生のための法解釈学教室』（中央経済社，2023年）（本書において「法解釈学教室」）を随所で参照している。

〔編著者紹介〕

古田　裕清（ふるた・ひろきよ）

現在　中央大学法学部教授

　　　担当：第1章〜第15章

森　光（もり・ひかる）

現在　中央大学法学部教授

　　　担当：第17章

〔執筆者〕

西村　暢史（にしむら・のぶふみ）

現在　中央大学法学部教授

　　　担当：第16章

法学部生のための小論文教室

2023年3月25日　第1版第1刷発行

編著者　　古　田　裕　清
　　　　　森　　　　　光

発行者　　山　本　　　継

発行所　㈱中　央　経　済　社

発売元　㈱中央経済グループ
　　　　パブリッシング

〒101-0051　東京都千代田区神田神保町1-31-2
電話　03 (3293) 3371 (編集代表)
　　　03 (3293) 3381 (営業代表)
https://www.chuokeizai.co.jp
印刷／三 英 印 刷 ㈱
製本／㈲井 上 製 本 所

© 2023
Printed in Japan

<〈書籍紹介〉>